누가 백인인가?

누가 백인인가?

::: 미국의 인종 감별 잔혹사 :::

진구섭

푸른역사

contents

들머리
인종주의, 미국사의 응달

"숨을 쉴 수 없어."

2020년 5월 25일 미국 미네소타주 미니애폴리스. 흑인 조지 플로이드(46)는 이런 신음을 몇 차례 토해낸 뒤 생을 마감했다. 그의 검은 몸은 아스팔트 위에 축 늘어졌고 푸른 제복의 백인 경찰은 플로이드가 숨을 거둔 뒤에도 계속 무릎으로 그의 목을 짓누르고 있었다. 8분 46초 동안. 20달러 위조지폐 사용 혐의로 체포된 뒤 벌어진 비극이었다.

사건 현장을 담은 한 컷 이미지는 미국의 억압적 인종관계를 상징적으로 보여주며, 분노의 쓰나미를 일으켰다. 흑인에 대한 경찰의 과잉 진압과 가혹행위에 항의하는 시위 물결이 전국의 대도시를 덮쳤다. '이게 나라냐'라는 함성이자, 사람 사는 세상에서 사람답게 살고 싶다는 절규였다. 인종차별에 대한 저항의 물결은 미국 국경을 넘어 타국으로 퍼져 나갔다. '흑인 생명도 소중하다'라는 고함과 함께.

이런 사태는 인종과 인종주의가 미국 사회의 영원한 딜레마일 수밖에 없음을 극명하게 보여주고 있다. 사실 인종을 축으로 서로 반목하거나 결집하며 다툼을 벌여온 게 새로운 일은 아니다. 미국사의 커다란 흐름 가운데 하나다. 이 와중에 인종 이데올로기는 사회적 약자에 대한 끊임없는 폭압과 모멸적 예속을 두둔하는 데 동원되어왔다.

미국에선 사람 팔자가 인종에 달렸다. 피부색이 개인 신분과 삶의 기회를 쥐락펴락하기 때문이다. 지금도 인종을 축으로 삶의 큰 궤적이 그려진다. 예를 들면 흑인에게 인종은 여전히 주홍글자다. 무쇠로 만든 족쇄가 되어, 그들 삶을 옥죈다. 반면 백인에게 인종은 후광이다. 찬연히 빛나는 아우라가 되어, 그들 앞길을 평탄케 한다. 얼굴 색깔에 따라 삶이 음지와 양지로 확연하게 갈리는 것이다. 백인종은 일평생 갑이고, 유색인종은 영원한 을이다. 적폐도 이런 적폐가 따로 없다.

그런 점에서 미국은 여전히 '인종국가'다. 인종이 제도와 관습으로 굳은 사회다. 건국 이전부터 지금까지 인종은 혐오와 차별, 억압과 투쟁의 토대였다. 인종 갈등 탓에 미국은 주기적으로 홍역을 치르고 몸살을 앓는다. 인종주의가 미국사의 응달이자 미국의 원죄라 불리는 이유다. 지난 35년 동안 미국에 살며 거듭 보고 듣고 느낀 바다. 종국엔 이걸 가르치는 게 내 밥벌이가 됐다. 인종 문제가 쉬 사라지지는 않을 터이니, 당분간 밥 굶을 걱정 안 해도 된다.

인종과 인종주의는 미국을 이해하는 키워드다. 혹 누가 미국과 미국인을 아는 데 가장 중요한 게 뭐냐 묻는다면, 나는 주저 없이 인종이라고 콕 집어 답할 것이다. 미국이 인종 토양 속에서 건국됐고, 미국사에 인종의 영향력이 깊고 진하게 배어 있기 때문이다. 또한, 오랫동안 지배-예속관계가 인종이라는 형식으로 굳어졌기 때문이다. 미국의 실상을 파악하려면 인종에 대한 이해가 선행되어야 하는 이유다.

이 책이 지금부터 하려는 게 바로 그 일이다. 인종주의 본고장 미국에서 자란 '인종 신화'를 까발리는 일이다. 먼저 인종이라는 괴물을 수술대에 올려놓고 해부하려 한다. 출생에 얽힌 비밀부터 시작해서, 자라온 환경과 내력, 성깔과 행동거지, 어울리는 무리, 뒤에서 돌봐주는 검은 손을 낱낱이 살펴볼 것이다.

이를 통해 미국의 인종이 어떻게 배타와 통제의 도구로 '만들어졌는지'를 파헤치려 한다. 인종이 지배집단의 특권과 권력 추구의 산물이자, 약자 억압의 이데올로기로 창작됐다는 게 이 책의 고갱이다. 인종이 생물학적 분류가 아니라, 집단 간 불평등을 정당화하기 위해 만들어진 가면이라는 말이다. 날조된 신화, 이게 '인종 신화'의 참모습이자 미국 인종 탄생의 어두운 비밀이다.

인종이 만들어졌다는 말은 인종집단에 부여된 속성이 객관적 사실이 아니라 주관적 추론이라는 말이다. 사회적 약자의 복속과 이들에 대한 부당 대우를 얼버무리려 이들의 열등성과 위험성을 강조하는 가운데 인종 개념과 범주가 주조됐다는 뜻이다. 이미 존재하는 차별을 정당화하려는 의도 속에 '열등 인종'에 대한 혐오와 멸시가 사회적으로 고안됐다는 말이다.

한국에도 인종과 인종주의에 관한 책자가 수두룩하다. 지금 당신 손에 들린 이 책이 그 책들과 차이점이 있다면, 그것은 '만들어진 인종'이라는 시각에서 인종 개념을 파고들었다는 점일 것이다. 지난 30년간 인종 연구 분야에선 '패러다임의 대전환'이라 부를 수 있는 지각 변동이 일어났다. 이 책은 그런 연구 흐름을 담았다. 주요 알짜배기는 생물학 결정론의 비판과 대안으로 부상한 '인종 형성' 담론, '백인성 연구,' '비판적 인종이론'에 뿌리박고 있다. 비록 자세히 다루진 않았지만, 인종 연구의 새 지평을 연 유전학 분야의 최근 연구 성과에도 많이 기대고 있다.

이 책은 3부로 구성됐다. 1부는 이 책의 가장 흥미 있는 부분일 것이다. 미국인도 잘 모르는 미국 인종 이야기이자, 한국에 제대로 소개된 적이 없는 얘기다. 여기서는 먼저 미국이 '인종화'된 사회라는 점을 논의한 뒤, 백인, 흑인, 아시안, 히스패닉계 인종이 창작된 역사가 기술된다.

예를 들어 이민 초기 '흑인' 취급받던 이탈리아·폴란드 이민자, 유대인 집단이 점차 백인으로 편입되는 과정, 또는 피의 함량으로 흑·백 혼혈인의 인종 범주를 가름하려 했던 사회사, 한국인을 비롯한 아시안 이민자가 몽골리안과 백인 등으로 다양하게 분류됐던 역사가 다뤄진다. 특히, 인종 정체성이 위에서 부여될 뿐만 아니라, 아래로부터 형성될 수 있음도 거론했다. 즉 소수자 집단이 주체적으로 자신의 인종 정체성을 '만들어가는' 과정을 구체적 사례를 통해 예시했다.

2부의 초점은 미국에서 인종 개념이 제조되고, 인종적 편견이 형성된 사회·경제적 맥락이다. 백인 지배집단이 흑인의 반영구적 예속 상태로부터 이익을 챙겨온 것이 인종 문제의 시발점이라는 점이 강조된다.

3부는 인종적 혐오에 자양분을 보급하고 인종차별 고착화에 이바지한 '교회'와 '과학'과 '법'의 역사를 다룬다. 먼저 강자 편에 서서 인디언 예속과 흑인 노예화의 대변인이 된 미국 개신교의 흑역사를 조명한다. 이어 미국의 과학적 인종주의를 파고들었다. 사이비 과학이 인종 서열화에 기여한 점을 밝혔다. 뒤를 이어 인종 권력이 법에 따라 구축되는 방식이 다뤄진다. 법과 법원의 판결이 인종 범주화에 미친 막대한 영향이 주된 관심사다.

이 책의 핵심은 인종이 창작된 가공물이라는 사실이다. 개인이나 집단의 인종 범주는 태어날 때부터 정해진, 영구적이고 고정된 울타리가 아니다. 사회·정치적 상황에 따라 줄곧 변하는 가공물이다. 지난 220년 동안 실시된 미국 인구조사의 인종 범주가 24번이나 바뀐 게 그 증거다.

그런 점에서 인종은 도깨비다. 허구이자 동시에 실재라는 말이다. 사람의 인종이 허상이라니, 이 무슨 귀신 씨나락 까먹는 소리냐고 혹 반문할지 모르겠다. 그러나 현대 유전자 연구는 생물학적 인종이 존재하지 않음을 극명하게 보여준다. 인종 유전자 같은 것은 발견되지 않았다. 인종이 실재하지 않는다는 말이다. 사람이 특정 인종으로 태어나며 이들 인종집단 사이에 우열이 존재한다는 통설이, 실은 과학적 근거가 희미한 낭설이라는 것이다. 사람은 특정 인종으로 태어나는 게 아니다. 단지 외모를 토대로 가공된 인종 딱지가 개인이나 집단에 부여될 뿐이다.

그런데도 대다수 사람은 여전히 인종이 실재한다고 믿는다. 아시아인, 백인, 흑인 등 피부색에 따른 별도의 인종이 엄연히 존재하며, 이를 토대로 개개인의 지능·운동 능력·범죄성을 가늠할 수 있다고 생각한다. 백인 경찰의 무자비한 숨통 압박으로 명을 달리한 조지 플로이드도 이런 허황된 믿음의 희생자였으리라. 이처럼 대중이 허상을 진짜라고 철석같이 믿는 한, 인종은 사회적 실체로 실재한다. 고정관념의 익숙함에 물든 대중의 타성과 맹신 탓에, 인종은 21세기에서도 여전히 신화에 버금가는 위세를 떨치고 있다.

인종과 인종주의는 더는 먼나라 얘기가 아니다. 21세기 한국의 문제이자 당면 과제이기도 하다. 한국에도 이미 미국식 '인종 질서'가 뿌리를 깊게 내린 채, 개개인의 인간관계와 세계관을 왜곡시키고 있다. 그런 점에서 미국의 인종담론이 한국의 인종 혐오나 갑질문화를 이해하는 데 통찰을 줄 수 있다고 생각한다. 역사적·지리적 맥락은 다를지언정, 인종이라는 '딱지'가 계층·성·학연이나 지연·국적·장애 등으로 치환될 수 있기 때문이다.

이 자리를 빌려 어려운 출판 환경 속에서도 이 책의 출판을 결정해준 도서출판 푸른역사와 원고를 매끄럽게 다듬어준 편집부에 감사의 마음을 전한다. 글을 통해 독자와 교감하고, 생각을 공유하고, 서로 공감할 수 있으리라는 기대가 나를 무척 설레게 한다. 욕심을 하나 더 얹자면, 책이 많이 팔리고 널리 읽혀 '다름'에 대한 인식 틀을 바꾸는 작은 계기가 됐으면 좋겠다.

2020년 10월
캔자스에서 진구섭

1
만들어진
인종

1.
인종 혐오와 차별은 미국의 전통

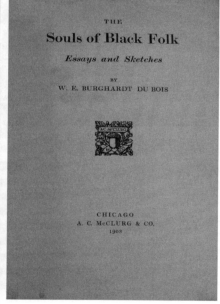

왼쪽은 1918년
두 보이스가 50세였을 때의 모습.
오른쪽은 《흑인의 영혼》 제2판의 표지
(출처: 위키미디어 공용 이미지).

이야기 1.
두 보이스의 일갈: "바보야, 문제는 인종이야"

1890년 6월 하버드대 졸업식장. 학부 졸업생 대표가 단상으로 걸어 나갔다. 166센티미터의 작은 키로 체구는 왜소했지만, 그의 걸음걸이는 위풍당당했다. 최우수 졸업생 가운데 오직 여섯 명에게만 주어진 영예를 거머쥐었으니 어깨에 힘이 들어갈 만했다. 젊은이가 연단 앞에 선 순간 모든 시선이 그에게 집중됐다. 아연 식장이 술렁거리기 시작했다. 전혀 의외의 인물이 단상에 올랐기 때문이다. 무엇보다도 졸업생 대표의 얼굴색이 '먹빛'이었다. 하버드대 개교 이래 처음으로 '검둥이'가 졸업생 연설을 하는 순간이었다. 물론 졸업생 대표 선정을 둘러싸고 교수 사이에 한바탕 우여곡절이 벌어진 뒤였다.[1]

5년이 흐른 1895년. 그 젊은이는 다시 한번 같은 졸업식장 단상 위로 걸어 나갔다. 그가 학위증을 받는 순간, 하버드대 최초의 흑인 박사가 탄생했다. 개교 260여 년 만에 처음 일어난 일이었다. 청년의 이름은 윌리엄 두 보이스. 그는 노예의 후예였다. 두 살 때부터 홀어머니 밑에서 온갖 역경을 딛고 자라나, 마침내 빛나는 성취를 이룬 것이다.

이후 두 보이스는 자유를 향한 흑인 투쟁의 상징이 됐다. 그는 상아탑에서 거리로 나왔다. 시골 대학 사회학 교수직을 내려놓고, 민권운동가·문필가·잡지 편집인·평화운동가로 변신을 거듭했다. 그리고 95세로 머나먼 아프리카에서 숨질 때까지 흑인의 자유와 권익 신장을 위해 온 힘을 바쳤다.

그는 세상과 불화했다. 빈번히 시대의 부조리에 딴죽을 걸며 불평등한 사회와 '맞짱' 떴다. 요즘 말로 골수 운동권이었다. 다소 모난 성격, 흑인 해방을 위해서라면 사회주의 이념마저 마다치 않았던 사상 편력, 타협을 거부하고 오로지 온전한 흑인 권리를 옹호한 강직함 탓에, 끊임없는 비난에 시달렸다. 그는 어느 한 곳에 발을 붙이지 못한 채 러시아·중국·가나를 순례하듯 떠돌며, 참으로 굴곡진 삶을 살았다.

1903년, 두 보이스는 흑인 문학의 백미로 꼽히는《흑인의 영혼》을 펴냈다. 미국 조야가 아직도 신세기의 장밋빛 분위기에 들떠 있을 때였다. 그는 책 서문에 다소 암울한 예언을 화두처럼 툭 던졌다.

"20세기의 문제는, 인종 문제다."[2]

이 경구는 두 보이스 저서의 절창이었다. 요즘 표현대로 하자면 "바보야, 문제는 인종이야"라 일갈한 것이다. 그가 볼 때 미국이 안고 있는 가장 큰 문제는 전쟁·범죄·소득 불균형·실업·여성차별·종교적 독선이 아니었다. 바로 인종 불평등이었다. 인종이 미국 사회 문제의 핵심이라는 선언이었다.

이후 미국 역사는 두 보이스의 예견이 족집게였음을 보여준다. 미국 사회는 20세기 내내 인종 혐오와 인종차별 문제로 심하게 앓았다. 미국 사회학자들은 끊임없는 인종 갈등을 예로 들며, 21세기에도 여전히 인종주의가 기승을 부릴 것이라 점친다. 두 보이스의 예언이 20세기뿐 아니라, 21세기에도 맞아떨어지고 있다는 것이다.[3]

두 보이스는 죽어서 이름을 남겼다. 하버드대학은 매해 졸업식에서 두 보이스의 이름을 딴 상을 수여한다. 한때 잊혔던 그의 삶은, 광휘에 둘러싸인 채 새롭게 조명되고 있다.[4] 그는 많은 후학도의 영웅이자 사표로 귀환했다. 시대를 꿰뚫는 그의 통찰력은 자유를 향한 투쟁과 영감의 원천이 됐다. 전설이 된 것이다.

인종화된 미국

인종차별, 미국의 전통

미국은 인종화racialize된 사회다. 태어날 때부터, 혹은 미국 영토에 발을 내딛는 순간 모든 사람이 인종화를 경험한다. 혈통이나 피부색, 머릿결, 눈동자의 색깔 등 겉모습을 기준으로 특정 인종으로 분류되는 것이다. 종종 본인 의사와 무관하게 인종 카테고리가 부여되기도 한다. 이어서 각 인종 범주에 대한 사회·문화적 특성이 자동으로 따라붙는다. 예를 들어 피부가 검은 사람은 흑인 인종이며, 흑인은 근로 의지가 약하고 범죄성이 높다는 식으로.

특정 인종으로 범주화된 순간, 개인은 하나의 개별적 주체가 아닌, 테두리에 갇힌 객체로 취급되기 시작한다. 사람을 특정 인종 틀 속에 집어넣어 재단하려는 성향은 미국 사회의 오래된 습속이다. 세 살 적 버릇 여든까지 간다고, 영국 식민지 시절(1607~1775) 싹튼 폐습이 오늘날까지 여전히 기승을 부리고 있다.

인종화는 곧잘 등급 매김으로 이어진다. 피부색이 종종 서열과 우열의 기준이 된다. 마치 치아 상태로 가축을 품평하듯, 겉모습으로 사람을 재단한다. 백인이냐 혹은 유색인종이냐에 따라 개인과 집단에 대한 사회적 평판과 태도가 확연히 달라지곤 한다. 대체로 동일집단 내 성원들은 유사한 특성을 가진 것으로 간주되며, 이를 토대로 특권을 누리거나 혐오와 차별의 대상이 된다. 더 나아가 미국에선 인종에 따라 교제, 결혼, 취업, 승진, 주거, 체포, 교도소 재소 가능성 유무가 직간접적으로 영향을 받는다. 이런 점에서 미국 인종제도는 근본적으로 패권적이라 할 수 있다.

물론 1960년대의 민권운동 후 이런 기류가 다소 바뀌긴 했다. 오랫동안 미국인의 사고를 지배해왔던 백인 우월성 이념이 많이 누그러지고, 온정주의적 인종관을 피력하는 이들도 많아졌다. 또한, 인종 평등에 대한 대중의 자각과 지지가 점차 견고해졌으며, 미국 사회에서 "인종의 중요성이 감소하고 있다"라는 목소리도 점차 커지고 있다.[5] 그러나 인종차별 존재 여부에 대한 의견은, 평자의 인종에 따라 커다란 편차를 보인다.

대체로 다수 백인은 민권운동 이후 명백한 인종차별이 사라졌다고 생각한다. 이들은 미국이 이제 '후기 인종사회', 즉 인종차별이 사라진 청정사회가 됐다고 확신한다. 미국 사회에 불평등이 존재한다면, 그것은 오로지 개인 능력 차이 때문이라는 것이다. 만약 아직도 인종차별이 있다면, 이는 단지 개인 차원의 편견이나 차별일 뿐이라고도 주장한다. 그런데도 인종주의가 끊임없이 거론되는 것은, 일부 불순한 운동가들 탓이라 강변한다. 개인 능력에 따른 불평등을 마치 인종차별 때문인 양, 선동가들이 호도하기 때문이라고 주장한다. 다수 백인은 21세기 미국에서 인종차별 운운하는 건 낡은 유성기를 계속 돌리는 격이라고 반박한다. 이들이 볼 때 인종차별은 과거완료형이다.[6]

반면 대다수 흑인은 상반된 의견을 개진한다. 이들도 눈에 띄는 인종차별이 줄었다는 점은 인정한다. 그러나 300년가량 계속된 차별의 누적 효과를 과소평가해서는 안 된다고 강조한다. 고용시장·교육기관·형사제도 속에는 소수인종을 부당하게 다루는 관행이 여전하다고 항변한다. 이들은 흑인에 대한 린칭lynching이 모습만 달리해 지금도 계속되고 있다고 본다. 흑인은 사회계층에 상관없이 여전히 이등시민 취급을 받는다는 것이다. 언론에 보도되는 차별 사례는 빙산의 일각일 뿐이며, 지금도 숨 쉬는 순간순간마다 차별을 겪는다고 주장한다. 그런데도 마치 인종차별 없는 태평천국이 도래한 것처럼 떠벌리는 건, 눈 가리고 아웅 하는 격 아니냐고 되묻는다. 이들이 볼 때 인종차별은 현재진행형이다.[7]

인종 현실에 대해 백인과 흑인의 인식 사이에는 이처럼 메우기 어려운 커다란 틈이 있다. 흑인 저널리스트이자 작가인 터나하시 코츠는 저서 《세계와 나 사이》에서 이런 대립적 모순을 신랄하게 비판한다. 미국이 역사상 가장 위대하고 고상한 국가라 치켜세우는 '미국 예외주의'와, 미국 뒷마당에서 수백 년간 흑인에게 가해진 일상적 폭력 사이엔 넓고도 깊은 골이 패어 있다는 것이다.

백인국가인 미국의 진보는 흑인에 대한 폭압 위에 지어졌으며, 흑인의 몸을 파괴하는 일은 "미국의 전통, 아니 미국의 유산"으로 현존한다고 코츠는 꼬집는다. 그런데도 인종차별이 마치 아주 먼 과거의 일인양, 이를 그냥 무시하고 살라는 분위기가 조성돼 있다는 지적이다. 코츠도 결국은 두 보이스와 같은 결론에 도달한다. 즉, 미국 사회는 결코 인종과 인종차별 이슈에서 벗어날 수 없다는 것이다.[8]

이처럼 인종은 미국사에 드리운 어두운 그림자다. 인종 혐오와 인종차별은 미국사의 가장 음습한 부분이자, 미국의 아킬레스건이기도 하다. 자유세계의 보루라는 미국의 선한 이미지 한쪽에는 노예제, 인종분리, 린칭, 토착주의운동과 같은 흑역사가 자리 잡고 있다. 예일대 사학자 에드먼드 모간이 지적했듯이 이 또한 부인할 수 없는 미국 역사의

중요한 부분이다. 인종차별이 "미국사의 예외적 현상"이 아니라, "미국의 전통"이라는 말이다.[9]

인종, 미국의 원죄

미국은 평등이념 위에 건국됐다. 식민 모국 영국의 압제를 끊고 자유를 쟁취했다. 그러나 이 자유는 모두를 위한 것은 아니었다. 흑인 노예에게 자유는 그림의 떡이었다. 자유와 평등이라는 건국이념과 노예제의 공존은 근본적 모순이었다. 역사학자 에드먼드 모간의 말을 빌리자면, 이는 "미국의 역설"이었다.[10]

노예제는 분명 미국이 내세운 이상과 상충하는 제도였다. 미국은 흑인의 예속을 설명해야 했다. 궁여지책으로 미국은 '인종'이라는 이야기를 만들어냈다. 태고부터 인종이 있었다는 것이다. 이 가운데 우수한 인종도 있고 열등한 인종도 있었다고 했다. 미국 지배집단은 흑인은 본래부터 열등하게 태어났다는 설화를 유포했다. 마치 흑인과 백인은 태어날 때부터 씨가 다른 종자였던 양 흑인의 지적 수준은 인간과 짐승 중간쯤에 위치하기에, 흑인은 노예가 될 수밖에 없었노라고도 했다. 따라서 흑인 노예제는 생물학적 상태에 따른 자연스러운 결과라고 말했다. 지배와 예속을 선천적 우성집단과 열성집단의 자연스러운 상태로 포장한 것이다.[11]

인종집단 사이의 우열관계는 종종 신, 과학 또는 법의 이름으로 정당화되고 제도화됐다. 모든 미국인에게 성경이 자연세계에 대한 궁극적 안내자였을 때, 지배집단은 인종적 차이의 기원과 본질을 성경 속에서 끄집어냈다. 하나님이 열등한 존재로 창조한, 독특하고 구별되는 집단이 있다고 가르쳤다. 그리곤 검은 피부를 저주와 형벌의 징표로 만들었다. 성경을 비틀어 해석한 것이다. 이런 왜곡은 지금까지 답습되고 있다.[12]

18세기와 19세기에 막 피어나던 자연과학도 인종 존재 증명의 수호자로 나섰다. '과학자'는 두개골 크기와 뇌의 무게, 얼굴 각도 등을 들먹이며 별개의 인종집단이 존재함을 '증명'하려 했다. 20세기 들어 인종 과학자는 IQ와 혈액형에서 인종 구분의 증거를 찾을 수 있다고 주장했다. '지능'이 인간 차이의 새로운 척도로 한동안 거론됐다.[13] '법'도 거들었다. 의회나 법원은 입법과 판결을 통해 인종의 경계를 정함으로써 '인종 형성'에 이바지했다.

그 결과 소수집단에 대한 혐오와 편견은 깊어만 갔다. 유럽계 정착민 마음에 자리 잡은 인디언 상과 흑인 상은 온갖 부정적인 것으로 메워졌다. 이들은 선주민 인디언을 악하고, 게으르고, 사특한 존재로 비하했다. 인디언을 사탄과 동일시하며, "좋은 인디언은 죽은 인디언뿐"이라고 떠벌린 것이다. 이렇듯 초기 정착민은 인디언을 '야만인'으로 부각하며, 자신들의 인디언 영토 탈취를 변호했다.[14]

또한, 유럽계 주민은 흑인이 지적 능력이 떨어지며 비합리적이고 감성적이라며 이들을 경멸했다. 흑인이 백인과 똑같은 인간일 수 없다고 본 것이다. 따라서 흑인을 짐승 혹은 짐승과 비슷한 존재로 간주하곤 했다. 아울러 게으름, 비열함, 폭력성, 과잉 섹스와 같은 추악한 언어로 흑인 이미지를 착색해나갔다. 그 결과 백인은 '정상적'인 것의 대명사로 굳어졌지만, 비백인은 '비정상적'인 것의 상징으로 인식됐다.

인종에 근거한 혐오와 차별은 이렇게 미국의 '풍토병'이 됐다. 양지에선 자유와 평등의 이상이 굳게 뿌리를 내렸고, 음지에선 인종차별의 전통이 똬리를 틀었다. 미국 사회에선 이 양립하기 어려운 두 흐름이 마치 어깨동무하듯 공존해왔다.

인종 패러다임의 대전환

인종은 미국인 의식 밑바닥에 단단히 뿌리박고 있으며, 사회제도 속에 깊숙이 녹아 있다. 그뿐만 아니라 인종은 미국의 정체성, 미국의 이상, 그리고 미국사의 본질과도 맞물려 있다. 인종 이슈에 대한 시각에 따라 미국 역사를 '자유의 확장사'로 보거나, 혹은 '억압의 역사'로 못 박기 때문이다. 이렇듯 인종은 오랫동안 미국 사회를 구성하고 해석하는 인식 틀이었다. 또한, 미국의 지리적 국경과 상상된 울타리를 순찰하는 데 끊임없이 동원돼왔다.

1990년대 이후 이런 인식 틀에 코페르니쿠스적 전환이 일어났다. 인종에 대한 지금까지의 접근 방식을 근본부터 뒤엎는 사고의 역전 현상이 벌어진 것이다. 이 지각 변동의 진앙은 학계이며, 그 배경에는 축적된 유전학 연구와 인문·사회과학 연구가 자리 잡고 있다. 이 새로운 사조는 인종에 대한 이해의 지평을 한껏 넓혀 놓으며, 지금껏 군림해온 인종 도그마의 허위성과 비과학성을 여지없이 드러내 보여준다.

이 패러다임 전환은 '만들어진 인종' 담론의 등장으로 요약될 수 있다. 이 지적 흐름은 세 가지 특징을 보여준다.

첫째, 새로운 인종 패러다임은 생물학적 인종 개념을 철저하게 부정한다. 식민시대 이래 미국인의 인종 태도를 가장 잘 드러내는 것이 '생물학적 결정론'이다. 생물학적 시각은 인종이 사람의 신체적 특성에 기인한다고 본다. 인종이란 태초부터 신 혹은 자연이 서로 다르게 분리해놓은 것으로, 사람이 태어날 때부터 지닌 고정된 특성이라 보는 견해다. 이런 탓에 이 시각은 '본질주의'라고도 불린다. 인종은 원초적이고 불변의 생물학적 실재이며, 개인의 도덕적·지적 능력을 반영한다고 믿는다.

생물학적 결정론은 19세기 미국에 널리 퍼진 '사회진화론'과 결탁한 뒤, 인종 간 차이와 서열을 옹호하며 기득권 세력의 이익에 충실히 복무했다. 즉, 건강, 부, 교육 등에서의 불평등을 인간의 생물학적 차이에 따른 자연스러운 결과로 설명했다. 말인즉슨 이렇다. 우수한 종족이 좋은 직업을 갖고 수입도 더 많은 것은 이들이 근면하고, 똑똑하며, 직업윤리도 철두철미하므로 당연하다는 것이다. 반면 흑인종은 선천적으로 게으르고 폭력적이며 열등하다고 치부한다. 이처럼 본질주의는 사회적 불평등을 개인의 생물학적 특성이 반영된 것이라 봤다.[15]

그러나 인종 연구의 최근 성과는 생물학적 인종 개념을 그 밑동부터 흔들어버렸다. 사실 인종이 신체적 특징이 아니라는 주장은 전혀 새로운 목소리가 아니다. 이미 오래전부터 꾸준히 제기돼왔다. 그러다 1990년대 전후로 유전학, 인류학, 역사학, 사회학, 법학, 과학철학 등 여러 분야의 일관된 연구가 서로 합류하면서 커다란 흐름을 형성하게 된 것이다. 그 발원지 가운데 하나가 현대 유전학의 '인간 게놈 프로젝트'다.

여기서 과학자들은 창세 이래, 오직 신만이 알고 있던 인간 생명의 설계도를 엿보고 펼쳐 보였다. 인간 게놈 프로젝트는 인간 유전자의

99.9퍼센트가 서로 같다는 사실을 밝혀냈다. '인종'에 상관없이 인류가 유전적으로 아주 동질적이라는 의미다. 이 기념비적 연구는 사람을 몇 개의 특정 인종으로 유형화하는 일이 얼마나 무의미한가를 보여줬다.[16]

문제는 '0.1퍼센트의 차이'다. 현대 유전학계의 논쟁은, 과연 이 작은 다름 안에서 유전적으로 또렷이 구분되는 인종을 식별해낼 수 있느냐는 문제로 좁혀진다. 유전학자들은 현생인류Homo Sapience가 유전적으로 독특한 집단을 만들어낼 만큼 고립된 시간을 가지지 못했다는 사실을 밝혀냈다. 아울러 인류의 대이동과 혼합 탓에, 여러 집단이 유전적으로 중복된다는 것도 알아냈다. 하여 경계가 분명하게 고정된 별개의 인종 집단, 즉 순수 인종이란 애당초 없다고 이들은 단언한다. 마치 두부모 자르듯 인종 경계를 가르는 게 아주 자의적이라고 보는 이유다.[17]

둘째, 인종에 관한 새 패러다임은 인종이 객관적 실재가 아니라 인간의 주관적 창조물이라는 사실을 강조한다. 이것이 1980년대 후반과 1990년대 초반에 부상한 '사회적 구성론'의 핵심 주장이다. 즉 인종이 명백히 존재하는 실체가 아니라, 17세기부터 19세기 초반에 걸쳐 인간이 임의로 만들어낸 발명품이라고 설명한다. 무엇보다도 인종 분류가 '생물학적 묶음'이 아니라 정치적·문화적·사회적 맥락 속에서 구축된 '사회적 가공물'임을 조명한다. 즉, 인종이 만들어진 이데올로기일 뿐이라고 본다. 인종이란 게 허구이자 기만이라는 것이다.

최근의 역사학 연구는 인종 카테고리가 국가와 사회, 시대에 따라 서로 다르게 규정돼왔음을 보여주고 있다. 사람을 백인, 흑인, 아시아인 등으로 나누는 방식이 매우 자의적이고 제멋대로라는 것이다. 각 집단의 '경계 짓기'를 통해 국외자를 타자화하고, 지배집단의 특권을 증가시키려 했다는 것이다. 이를 통해 인종집단이라는 꾸러미가 절대적 테두리가 아니라, 가변적 테두리였음을 낱낱이 보여준다. 인종이 만들어졌다는 말이다(제3부 참조).

셋째, 새 인종 패러다임은 인종 문제의 주연과 조연을 바꿔놓았다. 지금까지 미국 인종 문제를 다룬 대다수 저서는 흑인은 말썽꾸러기, 백인은 모범생이라는 전제를 깔고 있었다. 인종 불평등이나 인종 갈등 같은 사회 문제는 소수인종, 특히 흑인의 일탈적 문화와 행동 때문에 생겼다고 진단해왔다. 따라서 소수인종이 주류집단의 문화를 받아들이면 인종 문제는 걱정할 게 없다는 사고가 지배적이었다.[18]

그러나 역사학, 사회학, 법학의 최근 연구는 상반된 주장을 펼친다. 소수인종에 대한 지배 인종의 '갑질'이 인종 문제의 핵심이라는 것이다. 즉, 백인 지배집단이 흑인의 반영구적 예속 상태로부터 반사 이익을 챙겨온 것이, 미국 인종 문제의 근본 원인이라는 것이다. 인종 문제의 악역과 선한 역을 바꿔놓은 것이다. 동시에 그동안 등한시했던 백인을 조명하기 시작했다.

실제로 흑인 사회의 문제점을 부각한 연구는 차고 넘쳤지만, 백인 인종에 관한 연구는 아주 적었다. 물론 폴란드, 아일랜드, 독일, 이탈리아 등 유럽에서 미국으로 이주해온 특정 유럽 이민자 집단에 관한 연구는 있었다. 그러나 유럽계 미국인을 아우르는 통합적인 범주로서의 '백인 인종'에 대한 연구는 드물었다.

이런 자각에 힘입어 1990년대 초부터 역사학계를 중심으로 백인 인종에 관한 연구가 활발해졌다. 이들 연구자는 주로 백인의 역사적 형성 과정과 백인의 특권에 초점을 맞췄다. 미국에서 백인 인종이 어떻게 형성됐으며, 누가 백인 범주에 포함될 수 있었는지, 그 경계가 어떻게 변해왔는지, 그리고 '백인됨'의 특권이 무엇인지를 집중적으로 탐구하기 시작한 것이다. 다음 장에서는 이런 내용을 좀 더 자세히 살펴보려 한다.

2.
백인 만들기:
누가 백인인가?

1891년 뉴올리언스 중심가 광장에 모인 군중을 묘사한 신문 삽화.
이들은 형무소에 수감 중인 11명의 이탈리아인을 끌어낸 뒤 살해했다
(출처: 위키미디어 공용 이미지).

이야기 2.
교도소 습격 사건: 미 역사상 최악의 린칭[1]

"저 '백인 검둥이whitenigger' 살인마를 교수형에 처하라!"

"저 '검둥이 백인Dago' 놈들의 목을 매라!"

"이탈리아 악당을 처단하라!"

1891년 3월 14일, 뉴올리언스시 광장에 모인 8,000여 명의 군중은 분노에 싸인 채 고함을 질러댔다. 이탈리아인을 헐뜯는 육두문자가 광장에 난무하기 시작했다. 모두 전날 열렸던 재판으로 인해 격앙된 상태였다. 이탈리아인 피고들에게 당연히 사형이 언도될 것으로 확신했는데 무죄가 선언되었으니 그럴 수밖에 없었다. 대중은 재판 결과를 받아들일 수 없었다. "법이 못 하면, 우리가 나서야 한다!" 라이플과 권총으로 무장한 자경단원들은 무리 앞에서 연신 격한 언사를 쏟아냈다.

"자, 형무소로 쳐들어가자!"

마치 이 말을 기다렸다는 듯 성난 군중은 광장 옆 교도소로 우르르 몰려갔다. 선두에 선 150여 명의 무장 자경단은 교도소 문을 부수고 안으로 진입했다. 이들은 수감돼 있던 11명의 이탈리아인을 끌어내기 시작했다.

이 수감자들은 전해 발생한 뉴올리언스 경찰서장 살해 사건 관련자로 체포된 19명 가운데 일부였다. 이탈리아인 피의자들은 겁에 질린 채 감방 침대 밑으로 몸을 숨겼다. 최후를 직감한 듯 감방 기둥을 부여잡고 울부짖으며, 완강하게 저항하는 이들도 있었다. 자경단은 끌려 나가지 않으려 발버둥치는 수감자를 그 자리에서 살해했다.

나머지 이탈리아인들은 목덜미를 잡혀 끌려 나왔다. 흥분한 군중은 이들을 교도소 밖에 있는 가로등과 가로수에 매달았다. 이탈리아인 수감자들의 몸은 총알 세례로 이내 벌집이 됐다. 자경대는 살해된 시신을 밧줄로 묶어 질질 끌고 다녔다. 일부 대원은 시신을 발로 차거나 몽둥이로 팼고, 그때마다 군중은 환호성을 질렀다.

전국의 신문이 일제히 이 사건을 머리기사로 다뤘다. 대부분 11명을 "도살"한, 미국 역사상 "최악의 린칭"을 비판적으로 취급했다. 그러나 남부 지역 언론 등 적지 않은 신문이 군중들의 행위를 두둔했다. 무법행위가 아니라 불가피한 행동이었다는 입장이었다. 한 신문은 린칭당한 시칠리아 사람의 "미개한 근성"이 "낮게 튀어 들어간

이마, 혐오감을 주는 인상, 지저분한 옷차림"에 그대로 드러나 있다고 평가했다. 《뉴욕 타임스》지도 사설에서 이탈리아 출신 이민자들을 "교활하고 비겁한 시칠리안", "강도와 암살범의 후손들"이라 묘사하며, 살해된 이탈리아인 혐의자를 거침없이 폄훼했다.

이런 반응에는 남부 지역에 널리 퍼진 반이탈리아인 정서가 그대로 반영돼 있었다. 이탈리아 이민자는 신장도 작고 피부도 "가무잡잡"했다. 지역 주민들 눈에 비친 이탈리안은 백인도 아니고 흑인도 아니었다. 이탈리안 노동자는 무식하고, 촌스러우며, 폭력적인 반미개인으로 취급됐다. 무엇보다도 백인 주민을 격분케 한 것은 이탈리아 이민자가 흑인과 잘 어울려 지낸다는 점이었다. 이탈리아인과 흑인 노동자는 사탕수수농장에서 자유롭게 어울렸고, 그들 사이의 이성교제도 빈번했다. 그 때문에 백인 주민은 이탈리아인을 '백인 검둥이'라 얕잡아 불렀다.

이탈리아 이민자에 대한 린칭은 뉴올리언스에 국한되지 않았다. 1899년 여름, 같은 루이지애나주의 탈룰라시에서 또다시 5명의 이탈리아인이 린칭으로 살해됐다. 이번에는 염소 한 마리로 인한 다툼이 빌미가 됐다. 한 백인 주민이 자기 소유지에 들어온 이웃 이탈리아인의 염소를 총으로 쏴 죽였다. 그러자 염소 주인인 이탈리아인이 즉각 복수에 나섰다. 그 백인 주민에게 총격을 가해 상처를 입힌 것이다.

이에 격분한 백인 주민 수백 명이 이탈리아인 주민 5명을 겁박해 끌고 갔다. 이들 가운데 2명은 가축 도살장 기둥에 목이 매달린 상태로 죽었고, 3명은 미루나무에 매달려 살해됐다. 염소 한 마리로 인해 촉발된 비극이었다. 주민들 사이에선 염소는 핑계일 뿐, 사실은 흑인과 어울려 지내는 이탈리아인에 대한 반감이 사건의 직접적 도화선이라는 말이 돌았다.

1880년부터 1920년까지 모두 49명의 이탈리아인 이민자가 린칭으로 명을 달리했다. 이 당시 이탈리아인 이민자는 아직 온전한 백인으로 받아들여지지 않았다. 비단 이탈리아인뿐 아니라 그리스인과 폴란드인, 그리고 유대인과 중국인도 린칭의 피해자였다. 모두 사회적으로 흑인과 동류로 취급되던 집단이었다.

누가 백인인가

'백인성 연구'

미국 역사는 이방인의 유입과 합류로 점철돼 있다. 이질적 집단의 대규모 도래로 인해 사회가 자주 요동치고, 지역 주민 구성이 확 바뀌곤 했다. 그래서일까. 미국인은 집단 정체성에 대한 물음을 종종 제기해왔다. 도대체 저 낯선 사람들은 누구인가. 나그네인가 정착민인가. 이방인인가 미국인인가.

이런 질문은 자연스레 '미국인은 누구인가'라는 공적 담론으로 발전하곤 했다. 과연 누가 미국인인가. 이렇게 물으면 사람들은 반사적으로 백인을 떠올린다. 실제로 미국인과 백인이란 말은 오랫동안 동의어처럼 쓰였다. 지금도 백인 인종만이 진정한 미국인이라고 생각하는 풍조가 있다.

그렇다면 백인이란 누구를 말하는 걸까. 누가 백인으로 받아들여졌을까. 미국에서 '백인'이라는 용어는 흔히 인식하고 있는 것보다 훨씬 복잡한 역사를 갖고 있다. 자세히 들여다보면 백인도 여러 상이한 성원으로 구성된 집단임을 알 수 있다. 그 범주 안에 다양한 '소수 백인'이 존재하는 다의적多義的 명칭임을 알 수 있다. 그런데도 사람들은 백인이 서로 동일하고 균질적인 무리라고 생각한다.[2]

특이한 점은 누가 백인인가라는 질문은, 누가 미국인인가, 혹은 누가 시민권자이냐는 질문과 맞물려 있다는 사실이다. 백인, 미국인, 시민권 이 세 가지 개념이 종종 한 세트로 묶여 있었다는 말이다. 즉 시민권, 투표권, 재산권 등 많은 '법적 권리'가 인종화되었다는 의미다. 백인으로 분류되는 것은 마치 양반이 되는 것과 마찬가지였다. 백인에겐 신분과 재산상 여러 특권이 따라붙었기 때문이다.

백인들 자신은 어떻게 생각했을까. 백인은 자신을 인종이라는 관점에서 바라보지 않는 경향이 강했다. 자기가 누구인가를 고민하지 않아도 되는 집단이었다. 대다수 백인은 인종이란 그저 유색인들에게만 관련된 것일 뿐, 자신은 특정 인종에 속하지 않는 것처럼 생각해왔다. 마치 이성애자처럼, 백인이란 단지 다른 무리와 비교할 때 기준이 되는 사람들 정도로 상정해온 것이다. 즉, 백인은 정상적인 것을 상징하는 반면, 비백인은 궤도를 이탈한 변종쯤으로 보는 성향이 강했다.[3]

그러나 이런 현상은 1970~1980년대를 전후로 서서히 바뀌었다. 백인들 사이에서도 인종적 자각이 생긴 것이다. 여기엔 몇 가지 요인이 있다. 첫째는 소수인종 우대정책에 대한 백인의 집단적 반발을 들 수 있다. 민권운동 이후 정부가 소수인종에 유리한 여러 정책을 펼치자, 백인들 사이에 자신의 이해가 위협받고 있다는 광범위한 공감대가 형성됐다. 이는 백인이 인종적 측면에서 자신의 이익을 집단적으로 생각하는 실마리가 됐다.

둘째는 인종별 인구 구성비의 변화를 꼽을 수 있다. 이는 백인 인구 비율의 감소와 비백인 인구, 특히 남미계 인구 비율의 증가로 요약된다. 1950년에는 전체 인구의 90퍼센트에 육박했던 백인 비율은, 이후 하락에 하락을 거듭해, 2018년도엔 60퍼센트로 줄어들었다. 인구학자들은 2050년경에는 백인 비율이 48퍼센트로 떨어질 것이라 예견한다. 백인이 소수인종이 된다는 말이다. 엄청난 변화가 아닐 수 없다.[4]

이런 변화에 대한 반작용으로, '백인'에 대한 연구가 1990년대 초부터 급증하기 시작했다. 법률학자들은 백인에 대한 공적 정의와 대중적 정의가 어떻게 진화해왔는가를 연구하기 시작했다. 하나의 인종집단으로서 백인에 대한 학문적 관심이 점증한 것이다. 역사학자들과 학계는 이를 '백인성 연구whiteness studies'라 부른다. 여기서 '백인성'이라 함은 그냥 '백인' 혹은 '백인됨', 또는 '백인의 의미와 특권'을 뜻한다고 보면 된다.

백인성 연구의 주요 주제 가운데 하나가 백인의 범주다. 백인이라는 인종적 신분과 정체성이 어떻게 사회적으로 만들어지고 유지되는지를 다루는 분야다. 특히 유럽 이민자가 미국 사회의 일원이 되어가는 과정을 중점적으로 조명한다. 사실 유럽 이민자가 백인으로 자리매김하는 과정은 미국 인종 연구나 이민사의 빈 공간으로 남아 있었다. 앞에서 언급했듯 기존 연구가 소수인종에게만 쏠린 탓이다.

백인성 연구자들이 밝혀낸 것은 백인 개념의 뚜렷한 유동성이다. 백인의 경계와 정의가 때와 장소에 따라 끊임없이 변화해왔다는 사실이다. 사람들은 유럽 이민자가 미국 땅에 도착할 때부터 모두들 백인으로 행세했을 것이라 지레짐작한다. 그러나 최근 연구는 백인 인종 카테고리가 생각했던 것보다 더 복잡하고, 상황적이라는 것이라는 것을 보여준다.

유럽에서 건너온 '이민자'들이 '백인 민족집단white ethnic group'으로 취급되고, 마침내 '백인 인종'으로 탈바꿈하는 과정은 서서히 일어났다. 출신 국가에 따라서도 차이가 있었다. 이처럼 백인의 경계는 마치 연못의 파문이 동심원을 그리며 퍼져나가듯 순차적으로 확장됐다. 백인 인종 형성 과정을 연구하는 학자는 다양한 일차자료와 이차자료를

취합해, 백인 테두리가 어떻게 확장됐는지를 추적해왔다.[5]

백인 인종 변천사

원조 백인: 앵글로 색슨계

영국이 북미 대륙에 최초의 영구 정착지를 세운 해는 1607년이다. 많은 역사학자는 이후 약 반세기 동안 미국 식민지 사회엔 인종 개념이 없거나 아주 흐릿했다고 본다. 그럴 수밖에 없었다. 역사적으로 유럽에서도 이때쯤 인종이라는 아이디어가 겨우 움트기 시작했기 때문이다.

북미 대륙에서도 인종 개념은 아주 천천히 형성돼갔다. 1670년 이후, 혹은 1690~1725년 사이 노예제가 식민지 버지니아 지역에 뿌리를 내리면서, 흑인과 백인이라는 서로 분리된 인종 범주가 서서히 정착돼갔다. 당시 여러 노예법에 포함된 흑인의 법적 정의가 거꾸로 누가 백인인가를 정하는 데 도움을 주었다(11장 참조).[6]

영국 식민지시기와 독립 초기 시절 백인 여부를 정하는 가장 중요한 기준은 민족 배경과 종교, 그리고 경제적 신분이었다. 자신과 타인을 기독교인 혹은 이교도로 구분하거나, 또는 농장주와 연한계약하인 등으로 나누어 봤다. 이들은 사는 지역을 토대로 자신을 '버지니아인', 혹은 '펜실베니아인' 등으로 구분하곤 했다. 아울러 출신국을 따라 자신을 영국인 혹은 아일랜드인 등으로 소개하곤 했다. 자신을 미국인으로 지칭하는 이는 드물었다.[7]

프린스턴대 역사학자 넬 페인터는 당시 이들 가운데 오직 '영국계 기독교인'만이 백인으로 간주됐다고 분석했다. 즉, 식민지시기와 독립 초기엔 오직 영국계 이민자나 그들 후손만이 백인으로 여겨졌다. 오로지 앵글로 색슨계만이 백인의 전범이었다.[8] 이는 영국이 미국의 식민 모국이며, 유럽에서 건너온 초기 정착민 대다수가 영국인이었던 점을 감안하면 당연하다고 할 수 있다.

지금이라면 당연히 백인으로 분류되는 이들이 당시엔 백인으로 취급되지 않았다. 예를 들면, 독일계 정착민이나 아일랜드계 거주민은 온전한 백인으로 간주되지 않았다. 이런 사실은 몇몇 '건국 아버지'의 말이나 글에 잘 나타난다. 페인터에 따르면, 미국 제3대 대통령 토머스 제퍼슨은 진정한 미국인 혹은 백인을 '앵글로 색슨계 시민'으로 규정했다. 이들만이 이성적 판단을 내릴 수 있는 문명인이라고 본 것이다.

벤저민 프랭클린(1706~1790)은 인류를 백인과 비백인으로 구분했다. 그리고 백인을 '앵글로'와 '색슨'족으로 좁게 정의했다. 그는 아예 '앵글로'와 '색슨'족만이 지구상에서 "가장 중추적인 백인"이라 단언했다. 프랭클린의 눈에는 독일인이나 프랑스인, 스페인, 스웨덴인, 아일랜드인은 그저 피부가 "가무잡잡"한 종족일 뿐이었다. 그는 미국에서 "순수한 백인"의 수가 다른 비백인의 수에 밀리는 것을 우려했다.[9]

프랭클린의 평가는 식민지 거주민 중 비영국계 주민이 늘어나는 데 대한 반응이라고 볼 수 있다. 시점을 특정할 수는 없지만, 언제부터인지 흑인과 함께 스코틀랜드-아일랜드계, 그리고 독일계 정착민 숫자가 눈에 띄게 불어났다. 사학자 윈드롭 조르단은 이를 식민지 거주민의 '다양화' 현상이라고 불렀다. 18세기에 들어와 이런 흐름에 속도가 붙었다.

스코틀랜드–아일랜드계 주민은 주로 프런티어, 즉 미국의 변방에 정착했다. 독일인은 1750년대를 전후로 대거 몰려와 펜실베니아주에 정착했다. 독립전쟁(1775~1783) 직전까지 약 10만 명의 독일인이 펜실베니아에 정착했다. 펜실베니아주 총인구의 3분의 1에 해당하는 숫자였다. 이곳에 정착한 독일인은 메논 교도, 아미시, 퀘이커 등 신교도가 다수를 차지하였다.

이들은 주로 여러 곳에 생긴 '독일 타운'에 살면서, 독일어를 사용하고 전통적인 독일 관습을 유지했다. 특히 독일인 이민자들의 독일어 사랑은 유별났다. 독일 이민자와 그 후손들은 제1차 세계대전(1914~1918) 직전까지도 독일어를 사용하였다. 이런 행태로 인해 거주민 사이에 독일인에 대한 적대감이 컸다.[10] 이런 분위기는 독일인에 대한 벤저민 프랭클린의 노골적인 비하에 잘 반영돼 있다. 프랭클린은 영국인이 세운 펜실베니아주가 자칫 이들로 인해 "독일화" 할까 걱정했다. 또한, 독일인이 영어를 배우고 쓰는 대신 독일어와 독일 전통에만 집착한다고 불만을 토로했다. 이뿐만 아니라 자기들끼리만 모여 지내는 "도량이 좁은 종족"이라며, 흉을 봤다. 프랭클린이 볼 때 독일계 정착민은 진정한 미국인도, 순수한 백인도 아니었다. 그의 표현을 빌리자면, 그저 "외계인"이었다. 독일인에 대한 프랭클린의 심통은 아주 유명하다. 일부만 직접 들어보자.

왜 영국인이 세운 펜실베니아가 외계인의 식민지가 되어야만 하는가? 조만간 이들의 숫자는 더 많이 늘어날 것이고, 그러면 영국화가 되기도 전에 이들이 먼저 우리를 독일화할 것이다. 이들이 우리와 같은 피부색

을 가진 모습이 될 수 없듯이, 이들은 결코 우리의 언어나 관습을 배우지 않을 것이다.[11]

미국의 독립 초기, 백인성은 사회계층과도 밀접하게 연관돼 있었다. 이 점은 독립을 쟁취한 뒤 얼마 후 연방의회가 통과시킨 〈국적법〉에 잘 나타나 있다. 1790년에 통과된 이 〈국적법〉은 오직 '자유 백인'에게만 미국 시민권을 허용한다고 규정했다.

이에 따라 시민권은 농장이나 대지, 주택 등 자신의 사유재산을 소유한 백인에게만 주어졌다. 사유재산이 없는 자는 경제적으로 자유로울 수 없으므로, 국사를 논할 자격이 없다고 보았다. 예일대 역사학자 매슈 제이컵슨이 지적한 대로 미국 시민권이 철저하게 백인성과 함께 뒤얽혀 있음을 보여주는 대목이다. 결국, 식민지시기와 독립 초기를 통틀어 백인의 자격은 영국계 기독교 정착민으로서, 자신의 재산을 소유하고 납세 의무를 준수하며, 정치적으로 자율적인 시민으로 국한됐다.

'정규 백인'의 확장: 독일계, 아일랜드계, 북유럽계

1790년부터 1840년대 중반 사이에 백인 자격과 관련해 의미 있는 변화가 일어났다. 참정권 확대를 통해 백인 범위가 좀 더 넓어진 것이다. 미국 제7대 대통령인 앤드루 잭슨이 '보통사람' 개념을 제창하는 등, 이 기간에 민주주의의 이상이 미국 사회에 널리 퍼진 게 중요한 역할을 했다.

이전에는 대지나 주택 등 사유재산을 소유하고 세금을 내는 자들만 시민으로 여겨졌다. 그러나 점차로 성인 백인 남성이면 재산 유무나 미국 내 거주 연한에 상관없이 투표권이 주어졌다. 이처럼 시민권의 선결

요건이 '백인성'과 '남성성'으로 굳어지면서 가난한 남성도 미국인 범위에 포함됐다. 역사학자 넬 페인터는 자신의 저서 《백인의 역사》에서 19세기에 지배계층이 참정권을 거의 모든 유럽계 남성에게까지 확대한 것이 백인성의 첫 번째 확장이었다고 분석했다.[12]

이어 19세기 중반경 백인 울타리의 두 번째 확장이 일어난다. 이번에는 독일계와 북유럽계, 그리고 아일랜드계 등 흔히 '구 이민자'로 불리던 주민이 진정한 백인 반열에 오르게 됐다. 이들도 앵글로 색슨계

토마스 네스트가 1870년대에 그린 삽화.
가톨릭 주교를 악어로 표현하고 있다. 당시 아일랜드 이민자는 교황 명령에 따라
미국을 점령하기 위해 건너온 이방인으로 비춰졌다
(출처: *Harper's Weekly*, September, 1871).

남성에게 부여된 법적·정치적 특권을 누리게 된 것이다. 이처럼 '구 이민자'는 얼마 후 남유럽과 동유럽에서 밀려온 '새 이민자'와 구분되는 인종적 지위를 일찌감치 견고하게 다져놓을 수 있었다.[13]

아일랜드 이민자, 즉 아이리시는 다른 구 이민자들보다 조금 늦게 백인으로 인정됐다. 주된 이유는 엄청난 숫자와 종교 때문이었다. 아이리시는 1847년 아일랜드를 덮친 최악의 기근과 감자 농사 흉작 탓에 미국으로 건너온 이가 대다수였다. 1846년에서 1855년 사이에 160만 명의 아일랜드인이 미국 땅을 밟았다. 한 해 평균 20만 명의 가난한 아일랜드 주민이 떼거리로 몰려온 셈이다. 더구나 이들은 종교가 가톨릭이었다. 교황의 권위를 세속 정부 위에 놓는 가톨릭 교리는 미국 정치의 이상과 상충된다고, 많은 이들은 생각했다.[14]

당시 신문이나 잡지를 보면, 마치 아일랜드 이민자가 교황의 명령을 받아 미국 학교와 시장, 정치권 등을 접수하기 위해 온 것처럼 그린 삽화가 많다. 언론은 아일랜드 이민자를 원숭이, 야수, 술주정뱅이로 묘사하곤 했다. 이 표현은 동시대 흑인에게 적용되던 것이었다. 반아일랜드 감정은 급기야 '토착주의운동', 즉 타국 출신 이방인에 대한 혐오로 발전했다. 이로 인해 아이리시 거주민을 겨냥한 폭동이 수차례 발생하고, 여러 성당이 불에 탔으며, 많은 아일랜드 이민자가 폭행을 당했다.[15]

사실 아일랜드 이민자는 1790년에 통과된 귀화법에 따라 일정 거주 기간이 지나면 시민권을 받을 수 있었다. 그러나 이들의 귀화는 종종 처리가 지연되곤 했다. 여기에 더해 아일랜드를 정복하고 다스려온 영국과의 악연이 겹치면서, 아일랜드 이민자는 혹독한 신고식을 치러야만 했다.

견습 백인: 남동부 유럽 이민자

다음에 일어난 백인성 확장은 좀 더 오랜 기간에 걸쳐 복잡한 양상으로 전개됐다. 1880년대 '새 이민자'의 도래로 촉발된 이 과정은 1920년대의 이민 암흑기를 거쳐 제2차 세계대전 이후에야 마무리됐다. 캔자스대 사학자 데이비드 뢰디거는 이 기간을 "길고 긴 20세기의 초기"라 명명했다.[16]

이미 몇 차례 언급했듯이 1880년경부터 미국 이민자의 흐름에 아주 중요한 변화가 생겼다. 이민자들의 출신지가 달라진 것이다. 서유럽이나 북유럽 출신 이민자는 점차 줄고, 그 대신 남부와 동부 유럽 이민자가 부쩍 늘어났다. 이들은 주로 이탈리아, 그리스, 폴란드, 헝가리, 유대계 러시아 이민자였다.

그리고 찔끔찔끔 온 게 아니라 메뚜기 떼처럼 무더기로 몰려왔다. 1886년부터 1925년 사이에 이들 지역에서 약 1,400만 명이 미국으로 건너왔다. 이들 중 1,000만 명의 이민자는 1901년에서 1915년 사이에 도착했다. 비록 적은 수이긴 하지만, 이 당시 한국에서 하와이로 온 7,000여 명의 이민자도 이 거대한 물결의 일부였다.[17]

미국에선 19세기 말에서 20세기 초에 발생한 동남부 유럽계 이민자의 대규모 유입을 '인종 습격race invasion'이라 지칭한다. 그리고 이들을 '새 이민자'라 불렀다. 이들에 앞서 북부와 서부 유럽에서 미국으로 온 '구 이민자'와 구분하기 위함이었다.

동부와 남부 유럽 출신 이민자의 대거 유입은 미국 사회의 인종 분류에 일대 혼란을 초래했다. 학자나 일반인 사이에 이들의 인종을 놓고 커다란 논란이 벌어진 것이다. 남동부 유럽계 이민자는 유럽인이기는 하되, 신장이나 피부색 등 외모가 북유럽인과 달랐다. 대체로 피부가 다소 검고 뒤통수는 평평하며, 머리 크기와 키가 현저하게 작았다. 기존 분류체계 안에서는 이들을 마땅히 집어넣을 곳이 없었다.[18]

당시 저명인사였던 매디슨 그랜트는 남동부 유럽 이민자를 혐오와 경멸이 가득 담긴 눈으로 바라봤다. 이들이 미국 문화를 약화할 것이라 우려했기 때문이다. 그는 1916년에 펴낸 《위대한 인종의 쇠락》에서 유럽인이 노르딕, 알파인, 지중해인, 유대인 등 서로 다른 인종으로 구성되었다는 견해를 밝혔다. 그리고 노르딕이 미국 문화를 창조한 우등인종이며, 나머지는 열등한 인종이라고 강조했다. '새 이민자'에 대한 '인종화'를 시도한 것이다.[19] 1909년 당시 사회상을 조사했던 한 연구자는 새 이민자에 대해서 이렇게 적고 있다.

이들 남부와 동부의 이민자들은 앞서 들어온 북부 유럽인과 비교하면 아주 다른 타입이다. 양순하긴 한데, 무식하며 자립심과 주도성이 없다. 또한, 영국계와 게르만 민족이 가지고 있는 법과 질서와 정부에 대한 관념이 이들에겐 없다. 이들이 도착하면서 우리나라 사람의 순혈성이 크게 희석됐으며, 시민생활이 부패하고 있다.[20]

역사학자 존 하이햄과 매슈 제이컵슨은 동남부 유럽 이민자가 "인종적 중간지대"에 살고 있다고 분석했다. 실제로 이들 새 이민자는 백인과 흑인 사이의 '중간 인종In-between race', 혹은 '낀 인종'으로 다뤄졌다. 또한 '견습 백인probationary white'으로 불리기도 했다. 백인과 구별되는 별도의 인종으로 취급됐다는 말이다. 이들은 기존 백인들로부터 왕따를 당했다. 구 이민자와 새 이민노동자는 부두 하역장, 고층건물 공사장, 철도 건설장 등 여러 노동 현장에서 서로 대립했다. 작고한 사학자 하이햄 교수는 이들 사이의 관계를 이렇게 묘사했다.

> 미국에서 태어난 북유럽계 노동자들은, 남부 유럽계 동료들과 차별화하기 위해, 자신들을 '백인white men'이라고 불렀다. 아일랜드 노동자는 이탈리아인과 흑인 일꾼을 증오했다. 뉴욕시 부두에서 일하던 아일랜드 노동자는 '기니아'들과 함께 일하느니 차라리 직장을 그만두었다.[21]

동남부 유럽에서 온 이민자는 많은 수모를 겪었다. 가장 흔한 게 인종적 비속어와 비방을 통한 멸시와 업신여김이었다. 인종 모욕적 언사는 이들을 흑인이나 동양인과 결부시키는 게 대부분이었다. 노동조합 가입이 거절되기도 했다. 이들은 오랫동안 백인 윤곽선 언저리를 맴돌며 미국 사회에서 겉돌았다.

• **이탈리아 이민자**: 이탈리아 이민자에 대한 인종화는 이들을 흑인과 동일시하는 것으로부터 시작됐다. 백인 주민은 이탈리아 이민자를 '데고Dago'라 불렀다. '백인 검둥이white nigger'라는 의미다. 이들의 또 다른 별명은 '기니아Guinea'였다. 영화 〈대부〉를 보면 라스베이거스 조폭 중간 보스가 시칠리아 출신 이탈리아 이민자 콜리오니 가문과 그 일당을 '기니아'로 지칭하며 경멸하는 장면이 나온다. 후에 그는 안마를 받던 도중 이탈리아 조폭 조직원에게 살해된다.

기니아는 본래 노예무역으로 악명을 떨치던 서아프리카 해안 지역을 일컫는다. 18세기경 사람들은 흑인을 "기니아" 혹은 "기니아 검둥이"로 불렸다. 이제 이 단어가 이탈리아인이 백인이 아님을 표현하는 속어로 쓰인 것이다. 이탈리아 이민자뿐 아니라 그리스, 유대인, 스페인, 포르투갈 이민자도 역시 기니아로 불렸다.[22]

이탈리아 이민자는 사회적으로 백인과 분리됐다. 남부 지역에 정착한 이탈리아 이민자 자녀는 한동안 흑인 학교에 배정되곤 했다. 남부의 여러 교육국이 내린 결정이었다. 루이지애나 사탕수수농장이나 부두 하역장의 감독은 이탈리아 일꾼을 종종 '검둥이niggers'라 불렀다. 1891년 뉴올리언스에서 11명의 이탈리아인이 백인 군중 손에 죽임을 당한 것도 이런 배경에서 벌어진 일이었다. 1898년 흑인 투표권을 박탈하기 위해 루이지애나주 헌법회의가 열렸을 때, 일부 참가자는 이탈리아인이 "가장 검은 검둥이만큼이나 검다"라는 이유를 들며 이탈리아 주민의 투표권도 박탈해야 한다고 주장했다.[23]

1922년 흑인 여성과 결혼한 이탈리안 이민자가 체포됐다. 그의 죄목은 흑인과 백인 사이의 결혼을 금한 〈인종 간 결혼 금지법〉 위반이었다. 그러나 그 이탈리아인은 재판에서 무죄 판결을 받고 풀려났다. 담당 판사가 이탈리아인은 "온전한 백인"이 아니므로, 그 이탈리아인이 법을 어겼다고 할 수 없다고 판결한 것이었다.[24]

• **그리스 이민자**: 그리스 이민자도 '검둥이'를 뜻하는 '기니아'로 불렸다. 이탈리아 이민노동자와 마찬가지로 이들에게도 '그리저greaser'라는 인종 속어가 꼬리표처럼 따라붙었다. 이는 '기름때' 혹은 '정비공'이라는 뜻의 속어다. 이 말은 원래 산업혁명 때 영국에서 선박이나 기차 부품에 기름칠하던 정비공을 일컫는 말이었다. 기름때로 번들거리는 작업복을 입은 채 더럽고 위험한 일에 종사하는 그리스 이민노동자를

지칭할 때 이 말이 사용된 것이다.

20세기 초 그리스 이민자는 미국 전역에서 흑인처럼 취급됐다. 몬태나주에서 '그리스인'이란 말은 흑인을 의미했다. 유타의 여러 도시에서 그리스 이민자는 '백인 전용' 카페 출입이 금지됐다. 1912년 유타주 동광銅鑛에서 파업이 벌어졌을 때 그리스와 이탈리아 출신 광부는 '비백인'으로 분류됐다. 대공황 기간 중 시카고에서 이혼소송을 벌이던 독일계 부인은 재판정에서 그리스계 남편을 지칭해, "반검둥이"와 결혼한 것을 후회한다고 표현하기도 했다.[25]

1909년 2월 네브래스카주 사우스 오마하에선 그리스인을 겨냥한 인종 폭동이 일어났다. 900여 명의 백인 노동자와 주민이 그리스인 마을을 습격한 것이다. 백인 여성에게 영어 개인지도를 받던 중 체포된 그리스 이민자가, 권총으로 경찰에게 상처를 입힌 게 사건의 발단이었다. 평소 그리스인에 대해 반감이 있던 주민들은 "그리스인 죽여라", "기니아 놈 죽여라"를 외치며 어른은 물론 부녀자와 아이들까지 무차별로 폭행했다. 그런 뒤, 약탈과 방화행위를 자행했다.

위협에 질린 2,000~3,000명의 그리스 주민은 폭동 직후 타지로 피란 가듯 옮겨갔다. 그다음 해까지 마을에 잔류한 그리스인은 59명뿐이었다. 캔자스주와 오하이오주에서도 이와 유사한 반그리스인 폭동이 벌어졌다. 시카고에서 발행된 한 신문은 "그리스인과의 전쟁"은 "피와 파괴로 점철됐다"라고 표현하기도 했다.[26]

이밖에 폴란드와 헝가리 등 동부 유럽에서 온 이민자들도 여러 경멸적인 속어로 불렸다. 1900~1930년 사이에 가장 널리 쓰인 속어는 "헝키Hunky"나 "보헝크Bohunk"였다. 이 말은 동부 유럽에서 온 교육 수준이 낮고 특별한 기술이 없는 이민자를 얕잡아 부를 때 사용됐다. 특히 '헝키'라는 말은 황갈색 피부의 가난하고 열등하며 작업 중 다친 자를 의미했다. 주로 헝가리인이나 보헤미안, 그리고 폴란드인의 타락상을 묘사하는 데 쓰였다.[27]

• **유대인**: 유대인은 주로 흑인이나 아시아인과 동일시되곤 했다. 유대인을 지칭하는 속어로는 "검은 동양인blackorientals"과 "하얀 검둥이whiteniggers"가 자주 쓰였다. 일부 미국인은 유대인을 민속학상 "겉과 속이 모두 검둥이"인 존재로 보았다. 남부 정치인은 종종 유대인을 몽골인의 "퇴락한 후예"로 지칭했다. 유대인은 "농사와 힘든 노동을 꺼리며", "미국인 삶 속에 결코 들어올 수 없는" 자들로 인식됐다.

유대인의 백인화 과정을 연구한 UCLA대학 카렌 브로드킨 교수는 제2차 세계대전 전까지만 해도 유대인은 여전히 "미흡한 백인not-quite-white"으로 남아 있었다고 기술한다. 당시 유대인은 미국 사회의 국외자였다. 전문 직종 분야에서의 유대인 차별, 아이비리그 대학의 유대인 입학 정원 제한 등 사회 저변에 강한 반유대 감정이 흐르고 있었다.[28]

이처럼 남부와 동부 유럽 이민자는 흑인, 미국 인디언, 아시안, 남미계 이민자와 함께 인종적으로 열등한 존재로 대중의 마음에 각인됐다. 기존 백인 주민 눈에 비친 이들의 모습이란, 미국을 위협하는 "검은 백인"일 뿐이었다. 아울러 미국 시민이 되기에 부적절한 군상이었다. 따라서 더 늦기 전에 이들의 유입을 원천적으로 봉쇄해야 한다는 강한 반감이 전국적으로 퍼져나갔다.

마침내 연방의회는 1924년 이민 제한을 골자로 한 〈이민법〉을 통과시켰다. 1924년 〈이민법〉은 미국의 대표적인 인종차별 〈이민법〉으로 꼽힌다. 이에 따라 영국이나 독일 등 서유럽 지역을 제외하고는 세계 거의 모든 지역에서의 미국 이민이 엄격히 제한됐다. 물론 아시아나 남미 지역에서의 이민도 모두 제한됐다. 이 검은 휘장은 1965년 연방의회가 이 인종 차별적 법안을 철폐하고 나서야 걷혔다.

마침내 '온전한 백인'이 되다

인종적 중간지대에 살던 남유럽과 동유럽 이민자가 온전한 백인으로 자리매김하게 된 시기는 언제쯤일까. 이것도 학자마다 견해가 조금씩 다르다. 그러나 대체로 제2차 세계대전을 전후로 해서 20세기 중반까지 모든 남동부 유럽 이민자와 그들 자녀가 정치적·문화적으로 백인으로 받아들여졌다는 게 백인성 연구자의 중론이다.

사학자 뢰디거는 이들의 백인 편입이 1930년대부터 이루어졌다고 주장한다. 그는 뉴딜정책과 산별노조운동이 중요한 계기를 제공했다고 분석했다. 대공황 기간 중 실시된 공공 프로젝트에 남동부 유럽 이민자는 기존 백인들과 함께 참여할 수 있었다. 그러나 흑인이나 아시아계 등 다른 소수인종 노동자는 배제됐다. 이것이 '새 이민자'가 사회전반에 걸쳐 백인으로 공인되는 데 크게 이바지했다고 뢰디거는 분석했다.[29]

또한, 백인 노동자의 존엄성과 특권에 초점을 맞춘 노동조합 결성도 이들의 백인 전입에 중요한 역할을 했다고 뢰디거 교수는 강조한다. 산업별 노조가 전국적으로 결성될 때 남유럽 이민노동자도 대거 초청됐다는 것이다. 반면 흑인은 가입이 거부됐다. 뢰디거는 이런 해석을 근거로, 제2차 세계대전이 끝날 무렵 남동부 유럽 이민자들이 확고하게 백인으로 자리 잡았다고 주장했다. 아울러 이 무렵 남동부 유럽 이민자의 자녀도 자신들이 당연히 백인이라고 확신하게 됐다고 해석했다.[30]

예일대 제이컵슨 교수는 남동부 유럽인 이민자와 그들 자녀 세대가 백인으로 완전히 편입된 시기를 뢰디거 교수보다 다소 늦춰 잡는다. 그는 이런 현상이 1940년대 후반에서 1960년대 중반쯤 일어났다고 보았다. 그리고 이들의 백인 인종 편입을 촉진한 요인으로 연방 정부의 차별적 주택정책과 흑인의 민권운동을 꼽았다.

그는 연방 정부가 제2차 세계대전 참전용사에게 제공한 주택 구매 지원정책이 남동부 유럽 이민자와 그들 자손이 백인으로 합류하는 중요한 계기가 됐다고 보았다. 유럽계 참전용사는 이런 혜택에 힘입어 교외의 주택을 살 수 있었고, 이를 통해 자연스럽게 이 지역의 백인공동체 일원으로 합류할 수 있었다는 것이다. 반면 흑인 참전용사에게는 이런 혜택이 제한됐다. 결국, 대다수 흑인 참전용사는 도심의 유색인종 빈민촌에 정착할 수밖에 없었다.

제이컵슨은 민권운동이 남동부 유럽계 미국인이 백인 지위를 꿰차는 데 촉매 역할을 했다고 설명한다. 1950년대의 민권운동이 흑인 인권 신장에만 초점을 맞춘 나머지, '백인 이민자'의 고통은 거론하지 않았다는 것이다. 남동부 유럽계 주민도 편견과 차별의 희생자였지만, 이것이 흑인과의 연대로 이어지지는 않았다는 점을 제이컵슨은 강조한다. 남동부 유럽계 주민이 흑인과 거리를 둔 채, 백인 사회 쪽으로 기울어졌다는 추론이다. 즉, 이들이 백인 지배집단과 인종적으로 결탁함으로

써, 그 대가로 백인으로 편입되는 은전을 입었다는 주장이다.[31]

억압받고 종속적 위치에 있던 유대인의 위상도 제2차 세계대전 후 커다란 변화를 겪는다. UCLA대학 브로드킨 교수는 1940년대 후반부터 유대인의 사회적 신분 상승을 막고 있던 장애물들이 점차 사라지기 시작했다고 본다. 유대인은 미국의 경제 성장과 친백인정책의 수혜자였다. 다른 유럽 백인과 마찬가지로 〈제대군인 원호법GI Bill〉과 〈연방주택자금지원법〉의 수혜 대상에 포함됐다. 유대인은 이런 과정을 통해 '유대인성'을 점차 잃어버리는 대신, 사회에서는 "완전한 백인"으로 받아들여졌다.[32]

지금껏 살펴봤듯이 백인은 자연적으로 존재하는 무리가 아니다. 역사적·사회적·정치적으로 정의된 부류다. 미국에서 백인의 경계는 정적이거나 고정된 것이 아니라, 끊임없이 변해왔다. 수세기 동안 비백인을 배제하고 수용하는 가운데 형성된 특권적 카테고리라 할 수 있다. 유럽 이민자가 백인 자리에 오르는 여정은 혼란스러움으로 점철돼 있다. 또한, 사회학자 매슈 맥더모트가 정확하게 지적한 것처럼 미국에서 백인을 포함한 모든 인종 카테고리는 "경계가 불분명하며 그 범주 안에 다양한 집단이 섞여 있는, 인간이 자의적으로 재단한 범주"라고 할 수 있다.[33]

샛길로 빠지는 논의지만, 백인 경계 확장에 관한 연구는 '한국인'의 범주, 즉 누가 한국인인가라는 주제와 관련해 시사하는 바가 적지 않다. 일제 식민지 경험으로 인한 이산과 세계화에 따른 이민, 그리고 국제결혼 증가와 맞물린 다문화 가족 증가 등으로 인해 '한국인' 혹은 '한국성' 또는 '한국적임'을 의미하는 'Koreanness'는 결코 생물학적 혹은 허구적인 순수성으로만 이해될 수 없는 개념이 됐다.

궁극적으로는 '한민족'이라는 커다란 공동체의 일원이지만, 조선족 동포나 탈북자, 다문화 가족 자녀, 화교, 귀화한 한국인에 대한 대중적 인식은 같지가 않다. 추정된 혈연 친연성에 따라 반열이 다르고, 사회·문화적 거리감도 차이가 난다. 〈국적법〉도 재미교포와 흔히 조선족으로 불리는 재중동포를 다르게 취급한다. 그리고 보면 같은 피가 섞여 있다 하더라도 동등한 한국인으로 여기지 않는다. 국가나 사회가 정한 법적·문화적 기준에 따라, 한민족 울타리 속의 위치가 다르게 부여된다. 그런 점에서 '한국인'이라는 카테고리도 근본적으로 법적이자 정치적이고 문화적 개념이라고 할 수 있다.[34]

유럽 이민자의 백인화 과정은 인종 경계의 변이성 혹은 가변성을 극명하게 보여준다. 이런 현상은 비단 '백인'에게만 국한된 것이 아니었다. 그렇다면 백인이 아닌 이민자들은 어땠을까. 흑인을 비롯해 다른 소수인종의 테두리도 백인 못지않게 변화무쌍했다.

3.
흑인 만들기:
흑인 감별 잔혹사

1914년 출판된 《타잔》의 책 표지.
1933년 개봉된 〈킹콩〉 영화 포스터.

이야기 3.
타잔과 킹콩, 그리고 백악관 원숭이

흑인, 인간인가 원숭이인가?

"고릴라가 탈출했다."

2009년 6월 12월 금요일 아침, 고릴라 한 마리가 우리에서 탈주했다. 컬럼비아시 리버 뱅크 동물원은 전 직원에게 비상령을 발동했다. 몽둥이와 마취총으로 무장한 직원들은 이내 짐승이 달아난 쪽으로 우르르 몰려갔다. 고릴라 탈주 소식에 놀란 관람객은 혼비백산 동물원 내 건물 속으로 대피했다. 잠시 후 이 육중한 야수는 제 발로 우리 속으로 다시 걸어 들어갔다. 고릴라 탈출 소동은 이렇게 다소 싱겁게 종료됐다.

  그다음 날 지역 유력인사가 신문을 통해 이 소식을 알게 됐다. 전 사우스캐롤라이나주 선거관리위원회 의장이자 공화당원인 루디 드

패스였다. 그는 이내 페이스북에 메시지를 올렸다. "그 고릴라는 미셸의 조상 가운데 한 명임이 틀림없다." 당시 영부인이었던 미셸 오바마를 고릴라에 비유한 것이다. 그의 메시지가 지역 신문에 보도되고 CNN을 통해 전국에 알려지자, 그는 마지못해 "그냥 웃자고 한 농담이었다"라며 사과했다.[1]

2016년 10월에는 켄터키주 주의원 후보가 일을 벌였다. 원숭이 부부처럼 그린 오바마 대통령과 영부인 미셸의 사진을 인터넷에 올린 것이다. 댄 존슨 후보는 교회의 현직 목회자였다. 참 무료했던 모양이다. 그리곤 "오바마 대통령의 어릴 적 모습"이라는 친절한 설명과 함께 새끼 침팬지 사진 하나를 더 추가했다.[2]

미국에서 흑인을 원숭이 혹은 짐승으로 묘사하는 행태는 역사가 길다. 18세기 후반 사이비 과학인 '존재의 사슬' 이론을 따르던 과학자는 흑인이 인간보다는 원숭이에 더 가깝다고 주장했다. 대중은 흑인과 원숭이의 유사성이 객관적인 과학적 사실이라고 믿었다. 당시엔 흑인이 숲속에서 원숭이와 성관계를 한다는 괴담이 심심찮게 떠돌아다녔다.

영화 〈타잔〉은 "몽키 비즈니스"의 대표작이다. 1912년 에드거 라이스 버로스가 처음으로 《타잔》 소설을 써낸 이래, 수많은 타잔 영화와 드라마가 만들어졌다. 타잔의 원래 제목은 '원숭이의 타잔'이며 '타잔'이란 말은 '백색 피부'를 의미했다. 여기서 흑인 원주민은 감정도 이성도 없는, 그저 짐승에 가까운 미개인으로 그려진다. 전형적인 '흑인의 짐승화'다. 이처럼 타잔 시리즈는 무지몽매한 아프리카인과 용감한 백인 영웅이라는 기본 골격 속에 이야기를 전개해 나간다.[3]

영화 〈킹콩〉은 '흑인 유인원화'의 진수다. 킹콩 영화의 인종주의적 함축성은 문화비평가 사이에서 널리 인정되고 있다. 킹콩 영화의 구조가 실제 역사와 평행 구조를 이루고 있기 때문이다. 사실 미지의 장소에서 검은 괴물을 생포하여 족쇄에 채운 뒤 배로 미국으로 데려오는 설정 자체가, 대서양 노예무역의 판박이다. 검은 유인원이 하늘하늘한 백인 미녀를 사랑하며, 사슬을 끊고 탈출한다거나, 백인 여성을 납치하는 설정도 그렇다. 이는 흑인 남성과 백인 여성 사이의 성적 관계에 대한 백인 사회의 공포를 담고 있다고 평가된다.[4]

특히 1933년 오리지널 판은 당시의 시대적 분위기를 반영하고 있다. 당시엔 흑백 간 결혼이 법으로 금지되고, 사회에서도 금기시될 때였다. 흑·백 인종 융합은 백인 사회가 가장 혐오하는 일이었다. 많은 이들이 흑인과의 이종교배를 백인종의 순수성을 훼손하는 악행으로 간주했다. 이런 사회적 히스테리에 힘입어 〈킹콩〉 영화는 대박을 터트렸다. 흑인과 원숭이 사이의 재앙적 연상을 부추기고, 흑인 남성의 과잉 성욕에 대한 백인 대중의 불안을 한껏 자극하며.

미국 헌법과 흑인의 '몸값'

흑인 몸값은 백인의 5분의 3

미국이 독립전쟁에서 승리한 뒤, 1787년 필라델피아에서 기념비적 모임이 열렸다. 헌법을 만들기 위한 '제헌회의'였다. 여기에 모인 '건국의 아버지'들은 10년에 한 번씩 인구조사를 시행하기로 했다. 세금 징수가 주 목적이었다. 또 하나의 중요한 의도는 인구조사를 토대로 각 주에 할당될 연방 하원의원 수를 조정하는 일이다. 인구가 늘어난 주에는 그만큼 더 많은 하원 의석이 배정되고, 반대로 인구가 감소한 주는 하원 의석 수가 줄어들도록 만들었다. 각 주의 인구 수에 비례하는 정치적 힘을 부여하기 위한 방책이었다.[5]

그런데 골칫거리가 생겼다. 남부의 흑인 노예 계수 문제를 놓고 논란이 벌어진 것이다. 먼저 불만을 토로한 쪽은 북부 지역 대표였다. 노예제의 도덕성에 관한 게 아니었다. 흑인 노예 때문에 남부에 더 많은 하원 의석이 배정될 수 있다는 점을 문제삼은 것이다. 이들은 연방 하원 의석을 계산할 때, 투표권이 없는 흑인 노예는 빼자고 요구했다.

남부 지역 대표들이 쉽게 물러설 리 만무했다. 이들도 이중적 태도를 보이기는 마찬가지였다. 당시 모든 남부 주의 법은 흑인 노예를 사고팔 수 있는 '사유재산'으로 규정했었다. 즉, 사람으로 취급하지 않았다. 그런데도 남부 대표는 흑인 노예도 인구조사에서는 한 명의 '사람'으로 계산되어야 한다고 우겼다. 동서고금을 막론하고 의원 자릿수를 놓고 벌이는 밥그릇 싸움에서는 논리나 명분도 뒷전으로 밀리기 마련임을 보여주는 사례라 할 수 있다.[6]

'제헌회의'는 흑인 노예 계산 문제로 결렬될 지경에 이르렀다. 그때 두 지도자가 사태 수습에 적극적으로 나섰다. 조지 워싱턴과 벤저민 프랭클린이었다. 이들의 중재로 남북 대표는 가까스로 타협안에 동의했다. 먼저 각 주의 인구를 셀 때는 흑인 노예도 한 사람으로 계수하기로 했다. 그러나 하원 의석을 배정할 때는 흑인 노예 한 명을 백인 한 명의 '5분의 3'으로 쳐주기로 했다.

예를 들어 특정 주의 노예 수가 500명으로 계수됐다면, 하원 의석 배정 시에는 이를 300명으로 간주하는 셈법이었다. 그리고 이 타협안을 헌법 제1조 2절 3항에 담았다. 즉, 미국 헌법이 흑인 노예 몸값을 자유민, 즉 백인의 '5분의 3'으로 매긴 것이다. 후세 사가들은 이를 '대타협'이라 부른다. 말이 좋아 타협이지, 실은 꼼수이자 고육지책이었다.[7]

미국의 헌법 전문은 흑인 노예라는 말을 전혀 언급하고 있지 않다. 건국의 아버지 상당수가 노예 소유주였기에, 이들도 노예제를 둘러싼 도덕적 논란을 잘 알고 있었을 것이다. 제헌회의 참가자들은 고심 끝에 흑인 노예를 '그 밖의 사람Other Persons'이라는 말로 두루뭉술하게 표현해 헌법에 포함했다. 이러한 전후 배경을 모르면 자칫 오해하기 쉽다. 미 헌법 번역문을 실은 한국 서적이나 공공기관 문서 속에 이를 오역한 사례가 가끔 눈에 띄는 이유다.[8]

미국 헌법은 독립선언서와 더불어 미국의 국보급 문서다. 미국의 건국 이상을 담은 장전章典이다. 지금이야 법 앞의 평등이나 삼권분립 원칙 같은 말을 흔히 하지만, 그 당시엔 아무나 할 수 있는 얘기가 아니었다. 가히 혁명적인 생각이었다. 태어날 때부터 계급제 칸막이 속에 갇혀 지내야 했던 당시의 유럽인이 부러워할 만했다. 전 세계 민주주의를 확산시키는 데 이바지했다는 점에서, 두 문건은 인류 유산이기도 하다. 그러나 옥에도 티가 있는 법. 흔히 '5분의 3 조항'이라 일컫는 흑인 노예에 관한 규정은 옥에 티가 아닐 수 없다. 티 치고는 좀 크다고나 할까.

전통적 흑인 감별법

남아프리카공화국의 '연필 테스트'

막상 이렇게 흑인 노예의 계수 방법에 대해선 합의를 했지만, 실제 인구조사에서 흑백을 구분하는 게 말처럼 쉽지는 않았다. 1960년 이전까지는 인구 계수요원이 개개인의 인종을 결정했다. 인구조사를 위해 각 가정을 방문했던 면접조사원은 조사 대상자의 인종을 정하는 데 적잖은 어려움을 겪었다. 왜냐하면, 미국 사회에 다양한 혼혈인이 존재했기 때문이다. 오랜 세월 동안 백인 남자 노예주가 흑인 여성 노예에게 성을 강제한 결과였다.

이뿐 아니다. 백인 여성과 흑인 남성 사이에서도 빈번한 성적 접촉이 있었다. 이렇게 태어난 사람에 대한 인종 기준이 알쏭달쏭했다. 생김새만으로는 딱 부러지게 인종을 정하기 어려운 부류가 많았다. 대체로 남북전쟁(1860~1864) 직후까지만 해도 인종 분류 기준이 아주 헐렁한 편이었다. 이런 애로점을 해결하기 위해 연방 인구조사국은 매번 인구조사 지침서에 인종 식별 기준을 제시해야만 했다.[9]

사실 인종 식별 문제는 미국뿐 아니라, 모든 다인종 국가가 직면한 문제다. 예를 들면, 남아프리카공화국도 지난세기에 이 문제로 줄곧 씨름해왔다. 유럽인, 아시아 이주민, 아프리카 원주민이 서로 섞여 살면서 다양한 혼혈인이 태어났기 때문이다. 남아프리카공화국 백인 정권은 주민을 백인, 유색인(혼혈)Colored 그리고 흑인 세 범주로 구분해왔으며, 인종 분리정책 기간 '연필 테스트'를 통해 인종을 식별했다.

대체로 유럽인의 머리카락은 산들바람에 살랑거릴 정도로 부드럽고 곧은 편이다. 반면 '크로스'라 불리는 흑인 머리카락은 아주 가는 철사 굵기의 곱슬한 머리카락이 아주 촘촘하게 엉켜 있는 형태다. 머리를 물속에 담갔다가 꺼내도 머리가 젖지 않을 정도다. 남아프리카 당국은 머리카락 사이로 연필을 밀어 넣어 연필이 이들 사이를 통과해 땅에 떨어지면 당사자를 '백인'으로 분류했고, 연필이 머리카락에 걸려 빠져나오지 못하면 대상자를 유색인으로 기록했다. 연필 대신 참빗이 쓰이는 때도 있었다. 연필 테스트는 1994년 남아프리카공화국의 인종 차별정책이 종식될 때까지 실행됐다.[10]

미국에서는 '연필 테스트'나 '머리빗 테스트'가 인종 판정 기준으로 사용된 적은 없다. 그러나 민간단체 가입 요건으로 적용된 예는 있다. 미국에는 '잭 앤드 질 오브 아메리카'라는 유명한 흑인 상류층 사교 단체가 있다. 2세부터 19세 사이의 자녀를 둔 전문직 흑인 부모의 모임으로 전국적인 조직망을 갖추고 있다. 흑인 자녀에게 올바른 가치관 주입과 지도력을 함양시키기 위한 목적으로 1938년 설립됐다. 그런데 창립 초기 가입 자격이 아주 까다로웠다. 부모 가운데 최소한 한 명은 전문직 종사자여야 했다. 그리고 피부색이 짙은 갈색 종이보다 연한 색이어야 하고, 머리카락은 머리빗이 통과할 수 있을 정도로 부드러워야 했다.[11]

흑인 역사학자 프랭크 스위트는 미국에서 인종이 형성된 역사적 배경과 인종 변천사를 연구해왔다. 그는 특히 개인의 인종 범주 문제를 다룬 300여 건의 법원 판결문을 분석했다. 그 결과 18세기와 19세기 미국에선 흑인의 인종 판정 기준으로 '외모의 법칙', '교류의 법칙' 그리고 '혈통 분수법', 세 가지 방식이 널리 통용됐음을 알아냈다. 20세기 초부터는 '피 한 방울 법칙'이 인종 결정의 확고한 기준으로 자리 잡았음도 확인했다.[12]

외모의 법칙rule of appearance

'외모의 법칙'은 생김새를 기준으로 당사자의 인종을 결정하는 관행이다. 흔히 피부색, 곱슬머리 정도, 입술 두께, 코의 모양이 주로 사용됐다. 이뿐만 아니라 19세기엔 턱과 발의 생김새, 그리고 등이나 엉덩이에 있는 푸른 몽고반점(맞다, 아프리카인도 몽고반점이 있다) 여부도 인종 판정 기준으로 중요하게 여겨졌다. 이런 관행에 따라 남북전쟁 이전에는 백인처럼 보이는 혼혈인은 백인으로 간주했다.

이 방식은 인구조사뿐 아니라 법원의 재판에서도 자주 사용됐다. 당시 남부에는 흑인만을 대상으로 한 형벌이 많았다. 예를 들어 흑인 노예가 허가증 없이 여행하다 적발되면 처벌을 받았다. 이런 경우 피의자는 자신이 백인이라고 주장하며 소송을 제기하곤 했다. 또한, 당시엔 흑인은 재판 배심원으로 나설 수 없었으며, 법정에서 백인을 상대로 증언하는 것이 허용되지 않았다. 그럴 때 당사자는 소송을 제기해 자신이 백인임을 증명하려 했다. 이때 판사나 배심원은 피의자나 소송 당사자의 신체적 특징을 기준으로 그의 인종을 판정하곤 했다.[13]

사례 하나만 살펴보자. 1859년 윌리엄 체이버스라는 '흑인' 사내가 체포됐다. 흑인의 총기 보유를 금한 노스캐롤라이나 주법을 위반한 혐의였다. 그러자 체이버스 변호사 팀은 그의 인종 범주를 변호의 핵심으로 삼았다. 체이버스는 흑인이 아니라 '백인'이라고 주장한 것이다. 따라서 그의 총기 소유는 정당하다는 논리였다. 결국, 주 대법원은 체이버스의 손을 들어줬다. 재판부는 판결문 속에 체이버스 인종 결정의 근거를 적시했다:

> 흑인은 검은 피부, 두꺼운 입술, 곱슬머리, 납작한 코를 갖고 있다. 코카시안은 아주 밝은 피부색, 곧은 머리, 얇은 입술과 코를 갖고 있다. 이들 사이의 중간에 있는 물라토는 흑인 피부보다는 더 밝지만, 코카시안 피부보다는 더 검은 피부색, 그리고 다른 특질이 섞여진 특성이 있을 수 있다.[14]

프랭크 스위트는 식민시기부터 1830년까지 개인의 인종적 범주를 다룬 19개의 항소법원 판결을 살펴봤다. 그는 이 가운데 15건이 신체적 특징을 기준으로 소송 당사자의 인종을 결정한 것으로 나타났다. 외모를 기준으로 한 인종 판정 방식은 아주 주관적이라는 결함을 안고 있다. 그런 탓에 다음에 설명할 '교류의 법칙'과 '혈통 분수법'의 보조적 기준으로 사용되곤 했다.

교류의 법칙rule of association
'교류의 법칙'은 유유상종의 원칙이라 할 수 있다. 이 방법은 사람이 자신과 동일한 인종의 지인과 어울리기 마련이라는 전제를 깔고 있다. 주로 친분관계, 가족관계, 공동체에서 수행하는 역할 등을 고려해 개인의 인종을 결정하는 방식으로, 지역 사회에서 받아들여진 인종을 그대로 인정해주는 형식이었다.

예를 들어 당사자가 마을에서 늘 백인과 어울리며, 마을 유지나 주민이 백인으로 간주하고 있다면, 인구 계수요원은 그를 백인으로 기록했다. 거꾸로 외모가 거의 유럽인처럼 보이는 사람이라 할지라도 흑인과 주로 접촉하는 경우엔 흑인으로 판정됐다. 여기에 더해 형제나 자매가 결혼한 배우자의 인종도 고려됐다. 교류법은 주로 최남부 지역에서 널리 적용됐다.

'교류의 법칙'은 인종 판정의 중요한 기준 역할을 해왔다. 특히 흑인과 백인의 삶이 공간적으로 확연하게 분리됐던 '짐 크로 시기Jim Crow era'(1870년대 후반~1950년대) 동안에는 더욱 그러했다. 그때뿐만이 아니다. 1960년대 후반 이후 소수인종에 대한 적극적인 '차별 철폐정책'이 실시되면서, 인종 식별 기준으로 더욱 자주 쓰이고 있다. 소수인종에게 주어지는 대학 입학 혜택이나 정부 발주 공사 수주를 위해, 자신이 흑인으로 분류되어야 한다며 법정 소송을 제기하는 경우가 늘었기 때문이다. 이런 재판에서 개인의 교류 패턴은 소송 당사자 인종 판정의 결정적 요인으로 작용하고 있다.[15]

혈통 분수分數법 blood fraction laws

사실 외모나 교류를 기준으로 한 인종 판정 방식은 객관성이 모자랐다. 개인 피부색이 아주 다양하기 때문이다. 피부가 검다고 해도 다 똑같은

색이 아니었고, 혼혈도 다 똑같은 혼혈이 아니었다. 흑인 피가 할아버지 대부터 섞였는지, 혹은 증조, 또는 고조 때부터 섞였는지에 따라 피부색이 달라질 수 있었다.

이런 문제를 해소하고자, 18세기와 19세기 여러 주가 '혈통 분수법'을 채택하기 시작했다. 앞의 두 가지 원칙이 관행 혹은 판례였다면, '혈통 분수법'은 각 주의 의회가 통과시킨 '법'이었다. '혈통 분수법'은 개인 몸속에 흐르는 흑인 조상의 혈통 비율에 따라 사람을 분류하는 방법으로서, 미국 내 인종 테두리를 공고히하는 데 큰 역할을 했다.[16]

혈통 분수는 '백인'으로 인정된 사람에게 허용된 최대치의 흑인 피 함량을 의미한다. 만약 몸속의 흑인 피 분량이 그 이상을 넘으면, 그는 비백인으로 분류되었다. 문제는 주마다 서로 다른 혈통 분수를 인종 식별 기준으로 사용했다는 점이다. 매사추세츠주와 오하이오주는 2분의 1 혈통 분수를 적용했다. 이런 경우 개인의 인종을 판정하기 위해 당사자 부모의 인종을 보았다. 반면, 미시간, 버지니아(처음엔 8분의 1), 네브래스카, 오리건주는 4분의 1을 채택했다. 이때는 조부모 4명의 인종을 살펴야 했다.

가장 흔히 채택된 혈통 분수는 8분의 1이었다. 즉, 개인 몸에 섞인 흑인 피가 8분의 1 이하면, 그는 백인 범주에 포함됐다. 뒤집어 말하면, 몸에 8분의 1 혹은 그 이상의 흑인 피가 흐르면 그는 법적으로 흑인으로 간주하는 것이다. 이는 친증조 부모와 외증조 부모 여덟 명 가운데 한 명이 흑인이며 나머지 직계 자손은 모두 백인과 결혼한 상황에 해당한다. 플로리다, 메릴랜드, 조지아, 인디애나, 켄터키, 테네시, 미주리, 미시시피, 텍사스주가 8분의 1 혈통 분수법을 채택했다.

루이지애나주는 백인 기준을 보다 엄격하게 하기 위해 한때 16분의 1 혈통 분수법을 채택했다. 앨라배마주의 혈통 분수법은 32분의 1이었다. 즉, 루이지애나주와 앨라배마주에서는 흑인 피가 조금만 섞여도 외모에 상관없이 단박에 흑인으로 분류됐다. 실제로 이 지역의 과거 재판 기록을 보면 한 개인의 인종 판정을 위해 5대 조상, 혹은 6대 조상까지 거슬러 올라가 조사하는 사례를 볼 수 있다.

이렇게 주마다 서로 다른 혈통 분수법을 채택한 탓에, 특정 주에서 백인으로 행세하던 이가 주 경계선을 넘어 다른 주로 가면 흑인으로 취급될 수도 있었다. 일부 주는 의도적으로 혈통 분수를 특정하지 않았다. 왜냐하면, 백인 남성 노예주와 흑인 여종 사이에 태어난 자녀 중 적지 않은 수가 이미 지역 사회에서 백인으로 편입되어 살고 있었기 때문이다.

'혈통 분수법'과 '외모의 법칙'은 인종 판정 기준으로 널리 쓰였다. 일부 법원에서는 1940년대와 1950년대까지도 이 두 원칙을 인종 결정의 판결 기준으로 사용했다. 법원 판결을 통해 백인으로 인정받고자 하는 자는 이 두 개의 장애물을 모두 통과해야 했다. 즉 출생증명서나 결혼증명서 등을 통해 조상의 흑인 피 비중이 아주 낮음을 보여주어야 했으며, 또한 외모도 유럽인에 가까운 모습이어야 했다.

물라토, 쾨드룬, 옥토룬 인종

연방 인구조사국은 혈통 분수법에 따른 실정을 반영하기 위해 1850년 '물라토mulatto'라는 새로운 인종 범주를 '만들어' 인구조사 인종 항목에 추가했다. 물라토는 흑인과 백인 부모 사이에 태어난 '흑백 혼혈인'

을 지칭하는 말로, 별도의 독립된 인종 카테고리로 자리 잡았다. 이때부터 미국 인구조사의 인종 범주는 세 개—백인, 흑인, 물라토—가 되었다.

일단 흑인 피가 섞인 백인은 오염된 백인으로 간주하는 당시 풍습이 반영된 결과이기도 하다. 이는 첩의 몸에서 태어난 양반 자제를 서자로 분류해, 여러 제약을 가했던 조선시대의 관습과 유사하다고 할 수 있다. 물라토 인종 항목은, 1900년 인구조사 때 한 번 제외되었던 것을 빼고는, 1920년까지 약 70년간 존속하다 사라졌다.

1890년 인구조사국은 또다시 '콰드룬Quadroon'과 '옥토룬Octoroon'이라는 두 개의 인종 카테고리를 새로이 '창안'해냈다. 콰드룬은 백인과 반백인의 혼혈아로서, 흑인 피가 4분의 1 섞인 사람을 지칭한다. 옥토룬은 흑인 피가 8분의 1인 사람을 일컫는다. 그런데 흑인 피의 함량을 맨눈으로 분별하는 게 말처럼 쉽지 않았다. 이들의 미묘한 차이를 어떻게 알 수 있었을까. 인구조사 요원이라고 한들 무슨 용빼는 재주가 있는 것도 아니었을 테고. 그래서 인구조사국은 인구조사가 있을 때마다 인종 식별 지침서를 작성해 계수요원에게 배부하곤 했다. 1890년 연방 인구조사국이 발행한 인종 식별 지침서 내용을 한번 보자.

흑인, 물라토, 콰드룬, 옥토룬을 구분하는 데 특별히 유의하기 바란다. '흑인'은 4분의 3 혹은 그 이상의 흑인 피를 가진 이를 지칭하는 데 쓰여야 한다; '물라토'는 8분의 3에서 8분의 5 정도의 흑인 피를 가진 사람; '콰드룬'은 4분의 1의 흑인 피를 가진 사람; 그리고 '옥토룬'은 8분의 1 혹은 조금이라도 흑인 피를 가진 사람을 지칭하는 데 사용돼야 한다.[17]

거 참 어렵다. 군 복무 때 아군기와 적기 식별법에 대해 배운 적이 있었는데, 그때만큼 헷갈린다. 거의 3년 내내 북한기와 아군기가 그려진 도표를 보며 달달 외웠지만, 제대할 때까지도 긴가민가했다. 3,000피트 상공 위에 뜬 비행기 모습은 내 눈엔 다 똑같아 보였다. 꼭 그 기분이다. 인구조사 요원이라고 뭐 별달랐을까. 흑인 피 함량이 8분의 5인 사람과 8분의 6인 사람의 차이를 무슨 수로 알 수 있었을까. 모르긴 몰라도 어림짐작으로 대상자의 인종을 대충 써넣은 계수요원도 적지 않았으리라.[18]

19세기 중엽부터 20세기 초반까지, 인구조사국은 인종주의의 선봉대였다. 많은 조사원이 흑인은 유전적으로 열등하고, 생존하기에 부적합해서 결국은 소멸해버릴 것이라는 우생학적 편견에 젖어 있었다. 그리고 흑인과 백인 사이의 결혼을 신의 창조질서나 자연질서에 역행하는 것으로 보았다. 이런 부부 사이에서 태어난 자녀는 자손을 생산해내지 못하는 당나귀 같아서, 한 세대 후에는 멸절할 것이라 믿은 것이다. 또한, 이들은 흑인과 백인 사이의 성적 접촉은 '순수' 백인 사회를 오염시킨다는 혐오감에 사로잡혀 있었다. 따라서 흑인 피로 오염된 이를 찾아내려는 열정에 사로잡힌 이들이 많았다.[19]

피 한 방울 법칙

이처럼 다소 복잡했던 인종 감별 잣대가 20세기 초 들어와 크게 변했다. 수학 공식처럼 복잡했던 인종 감별 기준이 아주 단순해진 것이다. 이젠 누구라도 흑인의 흔적을 조금이라도 지니고 있으면 무조건 흑인으로 분류됐다. 반면 백인으로 인정되기는 더욱 까다로워졌다. 여러 요인이 있지만, 남부에서 틀을 잡아가고 있던 인종 분리정책이 크게 영향을 미쳤다. 학교는 물론 대중교통 수단, 극장, 식당, 공중화장실 등이 백인 전용과 흑인 전용으로 양분되면서, 인종 구분도 단순화되었다. 1896년 연방 대법원이 '플래시 대 퍼거슨' 재판을 통해 흑백 분리정책이 합헌이라고 판결하면서, 인종 식별 단순화 흐름은 더욱 탄력이 붙었다.[20]

이런 추세의 정점은 '피 한 방울 법칙One-drop rule'의 법제화다. 1910년 테네시주 의회가 '피 한 방울 법칙'을 통과시킨 것이다. 이 법안은 흑인을 "검은 피의 흔적이 조금이라도 있는 사람"으로 못 박았다. 그러자 다른 주들도 서로 경쟁하듯 '피 한 방울 법'을 채택했고, 연방 정부도 이를 받아들였다. 피 한 방울 독트린은 1967년 연방 대법원이 위헌 판정을 내릴 때까지 반세기 이상 인종 판정의 유일한 기준으로 행세해왔다.

이후 생김새나 혈통 분수는 인종을 식별하는 데 그렇게 중요하지 않았다. 피 한 방울 원칙에 따라, 겉으로 백인처럼 보이는 사람도 부모나 조상 가운데 흑인이 섞여 있으면 예외없이 흑인으로 분류됐다. 이전에 물라토, 콰드룬, 옥토룬 등으로 불리던 이들도 뭉뚱그려져 흑인으로 표시됐다. 몸속에 흐르는 단 한 방울의 검은 피가, 백인을 흑인으로 만든 것이다. 물론 흑인 몸속의 하얀 피 한 방울이, 그를 백인으로 만들 수 없었음은 불문가지다.

어쨌든 백인은 다른 피로 오염되지 않은 청정무구의 순혈 인간이어야만 했다. 인구조사 요원은 면접 대상자 몸속에 스며들어 있을지 모를 '흑인성'의 흔적을 찾아내기 위해, 대상자의 위아래를 샅샅이 훑어보곤 했다. 백인 범주에서 제외된 이는 재판, 교육, 주거, 투표, 상거래 등 여러 분야에서 불이익을 감수해야 했다. 연방 정부와 주 정부는 물론, 연방 법원 판사와 주 법원 판사도 판결 대상자의 흑인 여부를 결정할 때 이 논리를 동원했다. 결국, 피 한 방울 법칙은 흑인 범위를 아주 광범위하게 규정하기 위한 도구로 기능했고, 인종 서열체계 강화에 이바지했다.[21]

'피 한 방울 법칙'은 문화인류학에서 말하는 '하이포디센트hypodescent 원칙', 즉 '하위신분 계승제下位身分繼承制'의 좋은 예다. '하위신분 계승제' 원칙에 따르면, 서로 다른 신분의 사람이 혼인으로 맺어졌을 경우, 그들 자녀는 부모의 신분 중 상대적으로 낮은 신분을 부여받게 된다. 인종적 순수성을 보존한다는 명목하에, 미국, 남아프리카, 남미 일부 지역에서 오랫동안 유지되어온 관습이다. 인종 범주가 단순히 분류가 아니라 사회적 위계를 유지하려는 목적으로 쓰였음을 보여주는 예다. 한국 남성과 동남아 여성 사이에 태어난 자녀를 순수하지 않은 한국인으로 취급하는 행태도 이와 유사하다고 할 수 있다.[22]

지금껏 살펴보았듯이 미국의 주류집단은 외모나 사회적 관습, 피의 함량, 법 등을 통해 끊임없이 흑인 인종의 경계와 이미지를 확정하려 했다. 그러나 특정 인종의 범위나 의미가 반드시 '위로부터' 부과되는 것만은 아니다. 역사적으로 소수집단은 저항을 통해 외부에서 부여된 범주를 거부하거나, 사회운동을 통해 대항 범주를 고안해내기도 했다. 또한, 주어진 범주에 내재하는 부정적 의미를 뒤집음으로써, 새롭고 긍정적인 인종 정체성을 만들어가기도 했다.

'흑인 민족주의'와 흑인의 인종 정체성

흑인의 반격: 아래로부터의 저항

흑인 눈으로 볼 때 미국사는 명백한 억압의 역사다. 200년 넘게 이어진 노예제와 남북전쟁 이후 거의 한 세기 동안 계속된 합법적 인종 분리체계가 이를 증명한다. 1960년대의 민권운동 이후엔 다소 개선되긴 했지만, 여전히 흑인은 이등시민 취급을 받는다. 지금도 흑인은 인종적 열등성을 부각하는 메시지를 일상적으로 접하고 있다. '검둥이'라는 인종 딱지를 부여해 자신들을 끊임없이 옥죄고 경멸하는 사회적 관행에 흑인들은 어떻게 대응해왔을까.

일부 역사학자는 잔혹한 속박 가운데에서도 흑인의 저항이 적었다는 점을 강조하며, 이를 흑인의 인종적 특성과 연결 짓기도 했다. 예를 들어 1882년 하버드대 사학자였던 제임스 쇼율러J. Schouler는 흑인이 "순종적이고, 현 상황에 만족하며, (노예주에게) 충직하다"라고 평한 뒤, 이런 특성을 "검둥이의 타고난 인내력과 유순함, 어린아이 같은 단순함 탓"으로 돌렸다. 그에게 검둥이는 "근성이 비굴하고, 감정적이며, 어리석고, 야수와 같고, 채찍질을 당해야 고분고분해지며, 상상력이 어린이 수준인 검은 인종"이었다.[23]

그러나 흑인이 인종적 속박과 차별적 관행에 대해 침묵으로 일관한 것은 아니었다. 이들은 인간의 존엄성과 인종적 자부심을 유지하기 위해 여러 형태로 저항해왔다. 극단적 예가 노예제에 항거하는 무장봉기다. 노예의 모반은 백인 농장주의 악몽이었다. 특히 흑인의 수가 백인의 수를 압도하는 지역에서는 노예의 봉기를 가장 두려워했다.

유대인 역사학자 허버트 엡테커H. Aptheker는 노예 해방 전까지 10여 번의 크고 작은 노예 폭동이 일어난 것을 포함해 모두 250여 차례의 노예 반란 모의가 있었음을 밝혀냈다. 그의 연구는 역사학계 일각에서 제기되어왔던 '유순한 흑인' 이미지를 깨버리는 데 일조했다. 모두 실패로 끝나거나 실행되지는 못했지만, 이러한 흑인의 시도는 노예제의 굴레에서 벗어나 자유롭게 숨 쉬려는 흑인의 염원을 담고 있다.[24]

또 다른 형태의 반항은 탈출이다. 18세기 이래 남부의 노예는 북부 접경 지역이나 북부 도시, 혹은 캐나다를 향해 끊임없이 자유의 도피를 감행했다. 노예제 철폐를 지지하는 백인 활동가나 흑인들은 '지하철도'라 불리는 비밀 네트워크를 통해 이들의 탈주를 도왔다. 이들은 비밀 탈주 경로를 유지하고 안전가옥을 제공하는 방식으로 도움을 제공했다. 일부 형법학자는 흑인 도망 노예와 이들을 추적하는 백인 민병대 사이의 관계가 오늘날 흑인과 경찰 간 갈등의 뿌리라고 분석한다.[25]

그러나 가장 흔한 저항은 일상생활 속의 사보타주, 즉 태업이었다. 흑인은 때론 노예주의 명령을 대놓고 거절하거나 주인에게 대드는 일도 있었고, 겉으로는 순종하는 척하면서 마음속으로는 이를 거부했다. 또 게으름을 피우거나 꾀병을 부리고 고의로 농기구 등 장비를 파손해 주인에게 재산상의 손실이 발생하도록 하기도 했다. 영양을 보충하기 위해 주인 소유의 닭과 돼지를 훔치는 경우도 흔했다. 아울러 흑인 사회는 고유의 음악과 춤을 발전시키고, 구술 전승문화를 일궈나갔다. 이런 행위는 흑인의 인종적 긍지를 유지하기 위한 '아래로부터의 저항'으로 평가된다.[26]

'인종 통합주의'와 민권운동

인종적 억압에 대한 흑인 사회의 대응 양식은 크게 보아 두 흐름으로 구분된다. 하나는 백인 사회로의 동화와 통합을 추구한 '인종 통합주의' 노선과, 이를 비판하고 인종적 독립과 분리를 요구한 '인종 분리주의' 노선이다. 통합주의파는 인종 불평등의 해결책으로 백인 사회로의 점진적 동화를 내세웠다. 동시에 백인도 흑인을 이웃으로 받아들임으로써, 미국이 포용적 사회가 되도록 함께 노력해야 한다고 주장했다.

반면 인종 분리주의파는 정반대 길을 걸었다. 분리주의 입장에 선 흑인들은 인종적 통합이 오히려 더 많은 억압을 초래할 것이라며, 문화적·사회적 동화를 거부했다. 대신 인종적 긍지를 강조하고, 백인 사회와 인종적으로 완전히 분리된 흑인 사회의 자립을 추구했다. 이런 흐름은 미국을 포함한 전 세계 흑인의 해방과 흑인 국가 건설을 추구하는 '흑인 민족주의'로 수렴됐다.[27]

인종 통합을 내세운 대표적 인물은 부커 워싱턴과 마틴 루터 킹 목사다. 해방 노예였던 부커 워싱턴(1856~1915)은 19세기 말 흑인 사회의 지도자로 활약한 교육자다. 이 당시는 백인 우월주의가 득세하고, 흑백 분리가 제도로 굳어지며, 흑인에 대한 린칭이 절정에 달한 때였다. 1895년, 부커 워싱턴은 후에 '애틀랜타 타협'이라 알려진 연설을 통해, 동화를 통한 진보라는 입장을 천명했다.

여기서 그는 투표권 요구나 〈짐 크로법〉 폐지와 같은 정치적 투쟁 대신, 교육과 경제적 자립을 통해 점진적으로 흑인 사회의 진보를 이뤄가는 데 주력하자고 주장했다. 그는 대다수 남부 흑인이 농촌에 거주하고 있다는 점을 들어, 흑인에게는 인문학 같은 교육보다는 '기술 교육'

을 시키는 것이 더 실용적이라고 봤다. 부커 워싱턴은 흑인이 백인의 가치관을 받아들여 신뢰할 수 있는 시민이 되면, 미국 사회의 동등한 일원으로 인정받을 수 있다고 설득했다.

정치적 투쟁보다 경제적 자립을 우선시한 워싱턴의 노선은 백인들에게 환영을 받았다. 그러나 지나치게 순응적이라는 이유로 흑인들에겐 비난을 받았다. 특히 두 보이스는 워싱턴이 타협의 대가로 세 가지—흑인의 정치적 권력, 민권, 흑인 청소년의 교육—를 포기했다며, 그를 호되게 비판했다.[28]

워싱턴 사후 사그라지던 인종 통합주의운동은 1950년대와 1960년대에 들어와 민권운동으로 부활했다. 이 운동의 젊은 지도자로 떠오른 이가 마틴 루터 킹 목사다. 그는 흑백으로 첨예하게 갈린 인종 분리가 "비민주적이며, 비기독교적이고, 비미국적"이라며, 이를 치유하기 위해 흑백의 인종 통합이 필요하다고 강조했다.

그는 고질적인 인종차별과 인종 분리의 해결책으로, 색맹을 뜻하는 '컬러 블라인드color blind' 원칙을 제시했다. '인종 무시론' 또는 '인종 불문주의'로 번역할 수 있는 이 개념은 고용, 교육, 거주, 정부정책 등제 분야에서 사람을 평가하거나 결정을 내릴 때 피부색보다는 성품과 능력이 기준이 되어야 함을 강조한다. '컬러 블라인드' 원칙은 한동안 포용적 사회의 상징어로 널리 회자되었지만, 현재는 그 의미가 전도되어서 오히려 백인 주류 사회가 인종 역차별을 주장하는 데 자주 이용되고 있다.[29]

마틴 루터 킹이 추구한 노선은 흑백이 함께 어울려 사는 '포용적 사회' 건설을 목표로 했다. 그는 인종 분리의 해결은 결국 백인 손에 달렸다고 봤다. 백인이 흑인을 자신의 이웃이자 직장 동료로 받아들여야 한다는 것이다. 마틴 루터 킹이 행한 연설의 표적은 흑인이 아니라 백인이며, 이들의 양심에 호소하기 위해 온건하고 종교적 언어를 효과적으로 사용했다고 정치학자들은 분석한다.[30]

그러나 민권운동가, 즉 인종 통합주의자가 추구한 인종 환경 개선은 더디게 진행됐다. 북부 흑인 가운데 킹 목사의 비폭력 노선에 불만을 표시하고 반발하는 이들이 늘어났다. 아울러 1960년대 중반엔 대도시 인종 폭동이 많이 발생했다. 1965년 LA 흑인 밀집 거주 지역인 왓츠 지역에서 벌어진 폭동을 기폭제로 하여 디트로이트, 시카고, 필라델피아 등 여러 대도시에서 폭동이 일어났다. 흑인 사회의 한구석에서는 일부 젊은 청년층을 중심으로 좀 더 과격한 대안을 모색하는 움직임이 일고 있었다.

흑인 민족주의Black Nationalism와 '내적 식민지론'

흑인 민족주의는 흑인의 인종적 자긍심을 고취하며, 정치적, 경제적, 문화적으로 독립된 흑인 공동체의 수립을 목표로 한 운동이다. 그 기원은 노예제 초기까지 거슬러 올라가며, 시기와 강조점에 따라 여러 형태의 분파가 존재한다. 19세기 초의 '니그로 민족주의', 20세기 초반의 두보이스의 '범흑인운동'과 마커스 가비가 주도한 '아프리카 귀환운동' 그리고 1960년대의 말콤 엑스와 '블랙 파워'로 대표되는 과격한 분리주의운동이 흑인 민족주의의 대표적 예다.

이들 분파의 다양한 주장은 '내적 식민지론Internal Colonialism'으로 요약할 수 있다. 흑인 민족주의자들은 비록 흑인 사회가 미국 영토 안에 있긴 하지만, 실상은 백인 지배집단의 '식민지'나 다름없다고 진단했다. 즉 흑인 사회가 정치적·경제적·문화적으로 백인 사회에 종속돼 있다고 본 것이다. 따라서 식민지적 현실에 대한 궁극적인 해결책은 통합이 아니라, '탈식민지'에 있다고 이들은 결론 내렸다. 그러기에 흑인 민족주의자는 주체적으로 통치할 수 있는 흑인 사회와 흑인 국가의 건설을 운동의 목표로 삼았다. 흑인 민족주의는 방법론이나 강조점에 따라 '정치적 민족주의'나 '경제적 민족주의' 그리고 '문화적 민족주의'로 구분되기도 한다.[31]

흑인 민족주의의 원형은 19세기 초엽 등장한 '니그로 민족주의' 운동에서 찾아볼 수 있다. 미국 독립전쟁 이후 흑인의 자유와 독립에 대한 열망은 한층 높아졌다. 그러나 사회 환경은 여전히 변하지 않았고, 흑인은 정부 후원 기구나 백인 사회 조직에서 배제됐다. 이에 실망한 북부의 흑인 지식인은 흑인만을 위한 종교 모임이나 사회 단체를 결성하기 시작했다. 그러다 1817년부터 '미국 식민회'가 자유 흑인의 아프리카 이주 방안을 공론화하자, 흑인 사회는 크게 반발했다. 이를 계기로 '니그로 민족주의' 운동이 본격화됐다.

흑인 사회는 여러 집회를 통해 흑인의 자발적 이주가 아닌 집단적 강제 이주를 반대한다고 선언했다. 아울러 북동부 대도시 흑인 대표들이 모여 전국적인 조직을 구성하여 흑인 해방과 흑인의 경제적 자립을 추구하는 운동을 전개하였다. 이처럼 흑인의 자립과 흑인 사회 건설, 그리고 타국으로의 자발적 이주를 추구하는 목소리는 남북전쟁을 거치면서 더욱 커졌다. 그러나 재건기 이후 백인 세력이 남부 여러 주의 의회를 재장악하면서, 흑인 민족주의 흐름은 급격하게 동력을 상실하였다.[32]

흑인 민족주의운동이 다시 일어나기 시작한 것은 20세기 초였다. 그 선두에 선 인물이 두 보이스와 마커스 가비다. 두 보이스는 흑인문화의 우수성을 강조하며 흑인 민중이 자신의 인종에 대한 자부심이 있어야 한다고 호소했다. 그는 흑인문화 예찬론을 펼치며, '흑인은 아름답다'라는 유명한 구호를 만들어냈다. 항상 부정적 의미와 연관됐던 '블랙'의 이미지를 긍정적인 것으로 뒤집은 것이다. '흑인은 아름답다'라는 표어를 통해 긍정적 인종 정체성을 '만들어낸' 그의 시도는 후에 여성 해방운동과 여러 소수인종의 사회운동에 커다란 영향을 끼쳤다.[33]

두 보이스는 전 세계 흑인의 단결을 촉구한 '범흑인운동PanAfricanism'에도 적극적으로 참여하였다. 각국에서 열리는 회의에 참석하고 잡지를 출판하면서 "아프리카인에 의해 통치되는 아프리카"라는 탈식민지 정신을 확산시키기도 했다. 그는 또한 흑인에게도 백인 중상류층처럼 고전 인문학을 가르쳐야 하며, 투표에 참여할 수 있고 일상 속에서 평등함을 누릴 기회가 있어야 한다고 주장했다. 그의 '문화적 민족주의'는 60년대 말 등장한 흑인 민족주의운동의 중요한 부분이 되었다.[34]

제1차 세계대전 후 흑인 민족주의운동은 급진적이고 분리주의적 양상으로 진행되었다. 자메이카 출신 마커스 가비M. Garvey가 1919년 뉴욕으로 건너와 흑인 빈민가 할렘을 중심으로 이런 흐름을 주도했다. 그는 추종자들에게 아프리카의 빛나는 역사와 문화를 통해 아프리카인의 우수함을 발견하라는 메시지를 뿌렸다. 그리고 백인 식민통치로부터 아프리카 대륙을 해방하기 위해, 흑인의 '아프리카 귀환운동'을 펼쳤다. 그리고 흑인 대중에게 자신들을 먼저 '아프리카인'으로 규정하고 그다음에 '미국인'으로 생각하라고 설득했다. 그리고 흑인임을 자랑스

럽게 여기는 '인종적 긍지'와 자부심을 품으라고 권유했다.[35]

　가비는 조만간 미국이 '백인의 나라'가 될 거라며, 흑인이 할 수 있는 최상의 길은 '흑인의 나라'를 건설하는 일이라고 외쳤다. 그는 흑인이 백인과 동등하다고 말하지 않았다. 그는 항상 흑인이 백인보다 우월하다고 주장했다. 그리고 "세상에서 백인보다 더 악마적인 존재는 없다"며 '백인 악마'라는 개념을 널리 유포시켰다. 그러나 가비가 이끌던 분리주의운동은 그의 투옥과 추방으로 인해 단명으로 끝났다.[36]

　1920년대 말 이후 잠잠하던 흑인 민족주의운동은 감옥에서 '흑인 모슬렘'으로 개종한 말콤 엑스Malcom X가 출소하면서 다시 불붙었다. 그는 아시아, 아프리카, 라틴아메리카의 식민국가 국민이 봉기하는 것에 고무되었고 이로부터 영감을 얻었다. 그는 비폭력 투쟁은 약하고 비효율적이며 비겁한 방법이라며 마틴 루터 킹이 이끄는 통합주의운동을 강하게 비판했다. 말콤 엑스는 종종 백인을 '악마' 또는 '독사'라고 지칭했다. 그는 "백인과 흑인은 결코 같이 살 수 없다"라며 "통합이 아니라 분리만이 최상의 길, 유일한 합리적 방법"이라고 열변을 토했다. 말콤 엑스는 "우리 조직의 목표는 아프리카 후예들을 위한 완벽한 독립을 이루는 일"이라며, 백인 사회로부터의 완전한 분리를 추구했다.[37]

　이때 널리 회자한 구호가 '블랙 파워'다. '흑인의 힘', '흑인의 주권' 또는 '흑인의 위대함'으로 번역될 수 있는 이 외침은 흑인의 긍정적인 자아상을 담고 있다. 이때부터 흑인 민족주의 추종자들은 '문화적 탈식민화'를 상징하는 여러 행동을 취하기 시작했다. 일부는 무슬림 식으로 개명하거나—유명한 복서 캐시어스 클레이는 무하마드 알리로 이름을 바꿨다—아프리카 전통의상을 착용하기도 했다. 또한, 아프리카의 여러 전통을 엮어 '콴자Kwanza'라는 명절을 만들어낸 뒤, 매년 크리스마스 즈음에 이를 지키고 있다.

흑인 민족주의는 방어적 폭력 사용을 정당화하는 등 일부 과격한 주장으로 인해 흑인 사회의 주류가 되지는 못했다. 그러나 흑인의 인종 정체성을 굳게 하는 데 크게 이바지했다는 평가를 받는다. 아울러 전 세계 흑인이 혈통과 유사한 경험을 공유한, 동족이라는 인종적 유대감을 고취하는 데에도 일조했다.[38] 온갖 부정적 의미로 점철되었던 흑인의 인종 이미지를 긍정적인 것으로 변화시키려 했던 흑인 민족주의자의 시도는, 인종 정체성이 아래로부터 만들어질 수 있음을 보여주는 사례로 연구자들 사이에 자주 인용되고 있다.

누가 '흑인'인가?

1965년 이전까지 미국 흑인은 비교적 동질적 인종집단이었다. 물론 백인이나 인디언의 피가 섞인 혼혈이 다수 있었지만, 대개는 미국에서 태어난, 노예의 후예라는 공통점이 있었다. 이후 미국 흑인 가운데 해외에서 출생한 뒤 미국으로 건너온 이는 극히 드물었다. 그러나 1965년 새 〈이민법〉이 통과되면서 흑인 사회에도 큰 변화가 생겼다.

흑인 이민자가 늘어나기 시작한 것이다. 흑인 이민자는 주로 자메이카와 아이티 등 카리브 연안 지역과 아프리카 대륙에서 왔다. 예를 들어 1990년대 10년 동안 약 90만 명의 흑인이 카리브 지역에서 이민 왔으며, 40만 명이 아프리카에서 미국으로 건너왔다. 그 결과 2000년 초엔 이들 흑인 이민자와 미국에서 태어난 이들의 자녀 비율이 전체 흑인의 10퍼센트에 달했다. 2016년에는 이들의 비율이 17퍼센트로 늘어났다. 흑인 여섯 명 가운데 한 명이 이민자이거나 그들의 미국 태생 자녀인 셈이다.[39]

이 같은 흑인 이민 인구의 증가로 인해, 미국 내 흑인의 다양성이 증가했다. 그러자 민권운동가 제시 잭슨 목사는 1988년 기자회견을 통해, 미국의 흑인을 '아프리카계 아메리칸African American'으로 부를 것을 제안했다. 아프리카에 뿌리를 둔 흑인이되, 미국 땅에서 노예제와 인종분리와 차별을 경험한 집단의 후손임을 강조하려는 의도였다. 점차 많은 흑인이 이 용어를 받아들이면서, 현재는 흑인의 과반수가 이 용어를 선호하고 있다. 인구조사국도 이런 추세를 고려하여, 2000년 인구조사 때부터 흑인 인종 범주의 이름을 기존의 '흑인 또는 검둥이'에서 '흑인, 아프리카계 아메리칸, 또는 검둥이'로 변경했다.[40]

1980년대와 1990년대에 들어와서는 '흑인' 인종의 경계선에 대한 논쟁이 일어났다. 즉, 누가 진정한 '흑인Black'인가에 대한 물음이었다. 특히 흑인 이민자 자녀가 〈어퍼머티브 액트Affirmative Act〉, 즉 〈소수인종 우대법〉에 따른 대학 입학 혜택을 거의 독식하다시피 하면서, 이 문제가 크게 대두되었다. 예를 들어 하버드대 흑인 재학생의 3분의 2가량이 카리브나 아프리카에서 이민 온 자이거나 그들 자녀였다. 실제로 대학 입학 사정이나 정부 발주 공사 입찰 때 유리한 입장에 서기 위해, 자신을 흑인으로 분류해달라며 소송을 제기하는 개인이 늘 있었다.

이런 양상이 지속되자 자신들이 피땀 흘려 성취한 민권법이나 〈소수인종 우대법〉의 혜택을 엉뚱한 집단이 누린다는 불만이 흑인 사회에서 터져나왔다. 특히 인종 분리체제 아래서 인종차별을 직접 경험했던 중장년 세대에선, 이들 아프리카 이민자를 진정한 흑인으로 받아들일 수 없다는 정서가 아주 강했다. 실제로 흑인 사회에선 오직 미국 땅에서 노예생활을 하였던 이들의 후손만을 '흑인' 또는 '아프리카계 미국인'으로 부르자는 의견이 큰 지지를 얻고 있다. 그리고 아프리카에서 이민 온 자는 그냥 '아프리카인'으로 부르자는 것이다.[41]

반면 아프리카 이민자도 아프리카 대륙에서 백인 제국주의 국가로부터 고난과 핍박을 받은 만큼, 흑인 사회가 이들을 같은 동족으로 포용해야 한다는 주장도 나오고 있다. 즉, 자메이카나 아이티 등 카리브에서 이민 온 이들도 검은 피부색으로 인해 인종차별을 경험할 수 있기에, 다 같은 인종으로 품고 가야 한다는 주장이다. 참된 흑인의 경계선을 놓고 미국 태생 흑인과 흑인 이민자 사이에 벌어지는 갈등은 완전히 해결되지 않은 채 여전히 논란거리로 남아 있다.[42]

이런 논쟁은 2020년 미국 대통령 선거전에서 재점화됐다. 8월 11일 조 바이든 민주당 대통령 후보가 부통령 러닝메이트로 카말라 해리스 Kamala Harris 캘리포니아주 출신 상원의원을 지명하자마자, 그녀의 인종 범주를 둘러싼 논란이 일어난 것이다. 해리스의 아버지는 자메이카 출신 이민자였고 어머니는 인도 출신 이민자였다. 대다수 흑인은 첫 흑인 부통령 당선 가능성에 환호했지만, 흑인 사회 일각에선 그녀의 '흑인성'에 대한 의문을 제기했다. 그녀는 단지 '자메이카계 미국인'이거나 동양계 아메리칸일 뿐이라는 것이다. 《폭스 뉴스Fox News》를 비롯한 보수 매체에선 그녀가 진정한 아프리카계 아메리칸이 아니라는 점을 여러 차례 언급함으로써, 그녀의 비미국적 배경을 두드러지게 하려 시도하기도 했다.[43] 이처럼 누가 흑인인가를 놓고 벌어지는 논쟁은, 인종 경계선이 고정된 것이 아니라 사회·정치·경제적 이해관계에 따라 유연하게 그어지고 재조정될 수 있다는 점을 선명하게 드러낸다.

참으로 얄궂다. 흑인은 미국에서 가장 오래 거주해온 집단 가운데 하나다. 그런데도 이들은 사회적으로 가장 고립된 집단이기도 하다. 자기가 태어난 땅에서 종종 이방인 또는 이등시민으로 취급된다. 때론 미국 땅을 갓 밟은 외국인에게조차 왕따를 당한다. 인종 이데올로기로 인하여 혐오와 경멸과 공포의 대상이 된 것이다.

흑인이 겪은 경험에 비하면 다소 덜 하지만, 그 생김새로 인해 지속적으로 시달린 또 하나의 집단이 있다. 특히 이들은 대서양을 건너온 유럽인이나 아프리카인과는 달리, 태평양을 건너 미국에 도착했다. 그로 인해 숱한 고초를 겪은 사람들이다.

4.
황인종 만들기:
황색 노예와 명예 백인 사이

투레 드 설스트럽이 그린 "1885년 록 스프링스 학살" 사건 모습
(출처: 미 의회도서관. 위키미디어 공용 이미지).

이야기 4.
록 스프링스 중국인 학살 사건[1]

1885년 9월 2일 오전 10시, 종소리가 마을에 울려 퍼졌다. 와이오밍주 록 스프링스Rock Springs '노동 기사단The Knight of Labor' 집회소의 종소리였다. 이곳에선 이날 저녁 '중국인 문제'를 논의하기 위한 모임이 예정돼 있었다. 중국인 광부에 대한 백인 광부의 누적된 분노가 폭발하기 직전까지 다다른 시점이었다.

광산촌엔 이른 아침부터 긴장감이 나돌았다. 아침 6시쯤 6번 갱도에서 벌어진 패싸움 때문이었다. 채탄 장소의 선점 여부를 놓고 백인 광부들과 2명의 중국인 광부 사이에서 벌어진 언쟁이 발단이었다. 말다툼 끝에 격분한 백인 광부가 곡괭이로 중국인 머리를 내리찍었다. 다른 중국인은 몰매를 맞아 의식을 잃었다. 백인 광부들은 작업을 중단하고 무장을 한 채 마을로 내려왔다. 이들은 선술집으로 또는 집으로 흩어져 저녁 집회를 기다렸다.

두 집단 사이의 갈등은 10년 전으로 거슬러 올라간다. 1875년 와이오밍주의 백인 광부가 대규모 파업을 벌인 적이 있었다. 대부분의 백인 광부는 영국 웨일스와 콘웰스 지역, 아일랜드, 스웨덴 지역에서 온 이민자였다. 파업에 맞서 유니언 퍼시픽 철도회사Union Pacific Railroad는 자사 소유 광산에서 중국인 노동자를 광부로 쓰기 시작했다. 록 스프링스 광산촌도 매년 중국인 노동자 숫자가 증가했다. 백인 광부는 150여 명인 데 비해 중국인 광부는 600여 명으로 늘어났다. 백인 사이에선 일자리를 빼앗아가는 중국인에 대해 반감이 부글부글 끓고 있었다.

백인 노동자는 값싼 중국인 일꾼으로 인해 위기감을 느꼈고, 그 대책으로 '노동 기사단'을 조직했다. 서부에서 결성된 이 단체의 목표는 중국인 노동자 축출이었다. 사건이 발생한 그해 여름, 샤이엔과 래러미 등 와이오밍 준주territory의 주요 도시에선 중국인 위협 사태가 산발적으로 일어났다. 한 달 전 주요 광산촌엔 전단이 나붙기 시작했다. 중국인을 겨냥한 경고문이었다. 지금 당장 떠나라, 그렇지 않으면 처참한 결과를 맞게 될 것이라는.

이날 오후 2시. 150여 명의 백인 광부가 마을에 모였다. 60여 명은 윈체스터 장총으로 무장했으며, 나머지는 손도끼, 곡괭이, 칼, 곤봉을 들고 나왔다. 사태가 심상치 않음을 직감한 마을 술집과 식료품 업소는 서둘러 문을 닫았다. 백인 군중은 '비탄의 시내'를 건너, 마을 북쪽에 있는 차이나타운으로 향했다. 여자들과 아이들도 구경꾼으로 따라나섰다. 이들은 차이나타운을 포위하듯 세 지점에 포진했다. 그리고 3명을 보내 중국인 거주민에게 최후통첩을 전달했다. 한 시간 안에 짐을 꾸려 마을에서 사라지라고.

30분 뒤 여러 발의 총성이 울렸고, 이를 신호로 백인 광부들이 중국 타운으로 진입했다. 600여 명의 중국인은 공포에 빠졌고 혼란 속에 "사냥꾼에게 쫓기는 사슴 떼"처럼 사방으로 달아나기 시작했다. 폭도로 변한 백인 광부는 구역을 휘젓고 돌아다니며 약탈을 자행했다. 마주치는 중국인으로부터 시계와 금과 은을 강탈했다. 검색에 응하지 않고 달아나는 중국인은 총으로 쏴 죽였다. 약탈에 가담하지 않은 백인 광부는 "고함을 지르고 박장대소"하며 사태를 즐겼다.

오후 4시경 백인 폭도는 광산 캠프 내 막사와 중국인 가옥을 불태우기 시작했다. 집 안에 숨어 있던 중국인이나 병환으로 거동할 수 없어 막사에 머물던 중국인은 산 채로 불에 타 죽었다. 폭도들은 타오르는 화염 속으로 중국인 시신을 던져 넣었다. 탈주에 성공한 중국인은 시냇가 둔덕과 외곽 다리에 매복하고 있던 백인 폭도에게 살해됐다.

사건 다음 날 프란시스 워런F. E. Warren 주지사가 록 스프링스를 방문했다. 그는 사태의 심각성을 깨닫고 클리블랜드 대통령에게 전보를 쳤다. 그리고 치안 유지에 필요한 연방 군인을 급파해달라고 요구했다. 9월 5일 2개 중대 병력이 도착해 질서 유지에 나섰다. 군인을 태운 열차는 서행하며 철도 주변 산기슭이나 풀숲에 숨어 있던 중국인 난민을 구조했다.

'록 스프링스 대학살'로 불리는 이 폭동으로 중국인 가옥 80여 채가 전소했고 28명이 사망했다. 그러나 실제 사망자 수는 40~50명에 이를 것으로 추정된다. 대배심은 이들의 범죄행위에 대해 증인을 찾을 수 없다는 이유로 백인 폭도들에게 면죄부를 줬다. 물론 대배심은 전원 백인이었다. 결국, 학살과 관련해 처벌받은 백인 광부는 한 명도 없었다. 이후 유사한 사태가 워싱턴주, 오리건 등 다른 서부 지역에서도 연이어 벌어졌다.

아시아인 노동자와 반아시안운동

아시아에서 온 막일꾼

아시아인에 대한 미국인의 인식은 18세기 말부터 형성되기 시작했다. 역사학자 스튜어트 밀러는 미국과 중국 간 무역 직거래가 시작된 1784년을 주목한다. 미국이 독립전쟁(1775~1783)에서 승리한 그다음 해다. 그는 이때를 아시아인에 대한 태도 형성의 원년으로 본다. 그 이전에는 아시아인에 대한 어떤 기록이나 평가를 찾아볼 수 없다는 것이다. 아시아인에 대한 당시 미국인의 관심과 이해 수준이 아주 낮았음을 보여주는 대목이다.[2]

밀러 교수는 그 예로써 조지 워싱턴의 일화를 든다. 조지 워싱턴은 1785년 중국인이 백인이 아니라는 사실을 알고 깜짝 놀랐다. 미국 제3대 대통령 토머스 제퍼슨도 마찬가지였다. 제퍼슨은 후에 아시아인과 미국 인디언 원주민이 서로 친족일지 모른다는 가설을 제시하기도 했다.[3] 이런 상황은 미국으로 건너오는 아시아인 숫자가 늘어나면서 점차 바뀌었다.

아시아인의 미국 유입은 19세기 중엽부터 시작되었다. 아시안 이주의 '첫 물결'은 1840년대에 시작되어 1924년에 마무리된다. 이 기간에 약 100만 명의 아시아인이 미국 본토와 하와이로 건너왔다.

아시아 노동자 이주의 선발주자는 중국인이었다. 1840년대 후반부터 1880년대 초반까지 약 37만 명의 중국인이 미 대륙 서부 지역과 하와이로 건너왔다. 미국 정부가 중국인 이민을 봉쇄한 이후엔 일본인이 중국인 노동자를 대신했다. 1880년대 후반부터 1920년대까지 46만 명의 일본인이 미국 땅을 밟았다. 그러다 미국과 일본 간 외교관계가 삐걱대면서 일본인 이민이 주춤해졌다. 늘 값싼 노동력이 필요했던 미국 자본가들이 시선을 한반도로 돌렸고, 그 결과로 1903년부터 1905년 사이에 7,000여 명의 한국인이 미국 땅으로 왔다. 또한, 1900년대부터 1930년대까지 인도에서 7,000명, 그리고 필리핀에서 18만 명이 들어왔다.[4]

당시 미국에선 산업화가 한창 진행되고 있었다. 캘리포니아의 경우, 광업과 철도산업과 농업 등 3대 주요 산업이 붐을 이룰 때였다. 독립 왕국이었던 하와이에선, 미국 동부 자본이 좌지우지하는 사탕수수 재배가 확대되고 있었다. 광산 개발, 철도 건설, 사탕수수 재배는 노동 집약적인 산업이다. 값싼 노동력 확보가 사업 성패와 직결되는 분야다. 저임금 노무자를 고용해 노동 비용을 줄이는 게 이윤 극대화의 지름길이었다.

이 시기에 미국 영토로 유입된 아시아인은 대다수 '노동 이민자'였다. 막일꾼, 즉 저임금 근로자로서 미국 땅을 밟았다. 남부의 담배와 면화 농장주가 아프리카에서 수입된 노예로 노동력을 충당했듯이, 서부 자본가는 아시아에서 데려온 계약노동자로 노동력을 메운 것이다. 현재 한국 제조업체가 동남아 노동자를 고용하는 것과 판박이다.

특히 아시안 노무자는 자본가의 노동 통제 수단으로 자주 동원되었다. 광산, 철도 공사장, 농장에서 유럽계 이민노동자들이 파업을 벌일 때마다, 광산주나 농장주는 값싼 아시안 일꾼을 사용하곤 했다. 당연히 아시안 인부에 대한 백인 노동자의 반감과 증오는 강렬할 수밖에 없었고, 이는 악명 높은 '반아시안운동'의 도화선이 됐다.[5] 중국인, 일본인, 한국인, 필리핀인, 인도인의 인종화는 이런 노동 이민 배경 속에 이뤄졌다.

〈중국인 배척법〉 등장

중국인의 미국 유입은 '골드러시'와 함께 시작됐다. 1848년 캘리포니아에서 금이 발견되자 일군의 중국인이 독립 광부로 혹은 고용 광부로 태평양을 건너기 시작했다. 많은 이들이 캘리포니아의 산과 들, 그리고 길거리가 황금으로 덮여 있다는 풍문에 혹해 태평양을 건넜다. 이런 탓에 지금도 중국인은 캘리포니아를 '금산'이라 부른다.

비슷한 시기에 하와이 사탕수수농장으로도 중국인이 꾸준히 유입됐다. 하와이 사탕수수농장은 항상 노동자 부족으로 허덕였다. 하와이 원주민은 전염병으로 숫자가 급격히 감소한 데다, 힘든 사탕수수농장 일을 꺼렸기 때문이다. 이 공백을 포르투갈, 노르웨이, 중국에서 온 단순노무자가 메워줬다. 특히 중국인은 농사일에 익숙했기에 농장주들이 선호했다.[6]

중국인은 광산이나 철도 건설 현장 등 노동시장에서 유럽계 이민노동자와 종종 경쟁관계에 있었다. 중국인으로 인해 임금이 낮아지고 노동 파업이 약화되는 경우가 많아지면서, 중국인 일꾼에 대한 강한 반감이 일기 시작했다. 이에 따라 중국인을 겨냥한 집단 폭행이 곳곳에서 일어났다. 반중국인운동을 주도한 단체는 '노동자당'과, 당명이 아주 신성한 '백인지상명령당'이었다. 이들은 여러 차례 반중국인 대중 집회를 열었다. 그리고 "중국인 노동자는 미국 땅의 저주"이며, 종국에는 "백인 노동자가 승리"할 것이라 선동했다. 당시 신문 기사나 사설, 잡지 삽화에는 중국인의 열등성과 위험성을 강조하는 게 많았다. 반중국인운동은 점차 전국적 움직임으로 확대됐다. 노동조합은 중국인이 미국에 다시는 얼씬거리지 못하도록 법을 만들라고 정치인을 거세게 몰아붙였다.[7] 결국, 연방 의회는 1882년 〈중국인 배척법〉을 통과시켰다. 중국인 이민을 전면 금지한 것이다. 사실 이전까지는 〈이민법〉이라 부를 수 있는 게 거의 없었다. 유럽인의 경우 간단한 의료 검사만 통과하면 누구나 다 미국 입국이 허용됐다. 그러나 〈중국인 배척법〉이 통과되면서 미국 입국이 제한되기 시작했고, 또한 '불법 이민' 개념이 생겨났다. 〈중국인 배척법〉은 미국 내 아시아인 위상에도 큰 영향을 미쳤다. 아시아인은 미국 시민이 될 수 없다는 법적 근거가 된 것이다.[8]

반중국인 감정은 종종 폭력으로 표출되곤 했다. 대표적인 예가 1885년 9월 와이오밍주 광산촌 '록 스프링스'에서 벌어진 중국인 학살 사건이다. 이곳의 백인 광부는 임금 인상 파업이 중국인 노무자로 인해 실패하자, 중국인촌으로 몰려갔다. 이들은 닥치는 대로 중국인을 살해하기 시작했다. 폭동이 끝났을 즈음엔 28명(행방불명자를 포함하면 50여 명)의 중국인이 불에 타거나 살해됐고, 78채의 중국인 가옥이 잿더미로 화했다.[9]

일본 이민자와 '신사협정'

중국계 노동자의 유입이 뚝 끊기자, 하와이 사탕수수 농장주와 캘리포니아 기업농 업주는 일본에서 노동자를 데려오기 시작했다. 일본 이주민은 1880년대를 전후로 하와이와 미국 본토의 서부 지역으로 들어오기 시작했다. 일손 부족에 시달리던 농장주들은 쌍수를 들고 이들을 반겼다.[10]

일본계 이주노동자는 이내 농장 노동자의 주력으로 떠올랐다. 이들은 임금 인상과 노동 환경 개선을 요구하며 여러 차례 노동쟁의를 일으켰다. 미 서부 지역에 정착한 일본인 농장 노동자는 이내 백인 노동자와 자영농의 경쟁자로 부상했다. 이들 다수가 땅을 빌려 경작하는 임차농이 되거나, 농지를 소유한 자영농이 되었기 때문이다. 이런저런 이유로 반일 감정이 퍼졌고 이는 일본인을 축출하려는 운동으로 발전됐다.[11]

일본 노동자의 쟁의에 학을 뗀 하와이 농장주는 눈을 한국으로 돌렸다. 먼저 한국 곳곳에 세워진 인력 송출 회사를 통해, 100여 명 노동자가 1903년 1월 하와이에 도착했다. 이후 1905년까지 하와이로 유입된 한국인 노동자는 7,000여 명으로 늘어났다. 그러자 일본 노동자들이 위협을 느꼈다. 이들은 하와이 주재 일본 영사를 통해 한국인이 더는 하와이로 건너오지 못하도록 조치해줄 것을 호소했다.

그러잖아도 일본 정부는 미국 내 일본 이주민 이익을 보호하기 위해 고심하던 중이었다. 또한, 민족의식이 높은 한인 이민자의 유입을 근절해야 할 필요도 절감하고 있었다. 일본 정부는 대한제국의 고종을 압박했다. 결국, 한국으로부터의 이민은 1905년까지만 지속한 뒤, 단명으로 막을 내렸다. 이후 하와이 농장주들은 필리핀과 인도에서 농장 노동자를 데려오기 시작했다.[12]

백인 노동조합은 일본과 한국 이민자를 가만 내버려두지 않았다. 이들은 1905년 〈일본인과 한국인 배척동맹〉을 결성한 뒤, 일본인과 한국인을 미국 땅에서 몰아내자는 캠페인을 벌였다. 당시 미국 본토에 있는 한국 이민자 수는 천 명 이하였다. 그러나 본국이 일본 통제를 받는 외교적 상황으로 인해, 도매금으로 이 연맹의 배척 대상에 포함되었다. 이들 눈에 비친 중국인, 일본인, 한국인은 한통속이자, "달갑지 않은 이방인"일 뿐이었다.[13]

그다음 해 10월, 샌프란시스코 교육위원회는 교장들에게 훈령을 내렸다. "모든 중국인, 일본인, 그리고 한국인 어린이를 '오리엔탈 공립학교'로 보내라"는 지시였다. 초등학교와 중학교에서 아시안 학생을 격리하려는 조치였다. 일본 정부가 자국민 차별정책에 발끈하고 나서면서, 미·일 간 외교적 긴장이 고조되기 시작했다. 그런데도 교육위원회와 지역 단체는 이 정책을 폐지하라는 중재안을 거부했다. 중국인, 일본인, 한국인의 완전한 배척만이 "문제의 유일한 해결책"이라 주장하면서. 이로 인해 한국인 학생 3명을 포함해 모두 120명의 아시안 학생이 '오리엔탈 공립학교'로 전학했다.[14]

결국, 미국과 일본은 1907년과 1908년 '신사협정'을 맺는다. 일본은 자국민의 미국 이민을 자발적으로 규제하는 데 동의했으며, 미국은 자국 내 일본인에 대한 차별 금지를 약속했다. 당시 일본은 동양의 떠오르는 군사 강국이었다. 그런 만큼 미국도 일본을 자극하지 않으려 신중하게 접근했다. 이민 문제를 놓고 일방적인 '배척법'을 채택하는 대신, '협정'을 체결한 연유다.[15]

아시아인의 인종화

중국과 일본 이민자의 인종

아시아인이 유입될 당시 미국은 양 인종 사회였다. 인구 구성비로 볼 때 백인과 흑인 두 인종으로 이뤄진 나라였다. 그러나 아시아 이주민은 백인도 아니고 흑인도 아니었다. 인종적으로 아주 모호했다. 더구나 지금까지 대부분 이주민이 대서양을 건너왔지만, 이들은 태평양을 건너왔다. 이들은 기존 인종 분류체계 속에 잘 들어맞지 않았다. 그런 탓에 중국인, 일본인, 한국인의 인종화는 혼란스러운 과정을 거쳤다. 인구조사상의 공식 인종 분류와 저잣거리의 통상 인종 범주가 달랐다. 이런 혼돈은 어떻게 보면 당연했다. 당시에도 인종 범주가 완전히 제 모습을 갖추지 못했기 때문이다.

초기 아시아 이민자의 분류는 아주 유동적이고 모호했다. 중국인은 한때 흑인으로 취급됐다. 이주 초기, 남부 미시시피 지역에 정착한 소수 중국인이 있었다. 사회학자 제임스 로웬은 당시 중국인 이주노동자의 사회적 신분이 '준準흑인near-Negro'이었다고 지적한다. 실제로 백인 농장주와 주민은 중국인 노무자를 흑인처럼 취급했다. 중국인을 흑인이 경험한 "잔혹한 억압과 학대"의 "공동 상속자"로 여긴 것이다.[16]

당시 백인 노동자들 사이에서 중국인 노동자의 등장은 커다란 골칫거리였다. 값싼 중국인 수입은 "노예제보다 더 나쁜 제도"로 평가될 정도였다. 중국인 노무자는 흑인 노예의 대타이자 "흑인의 그림자"로 여겨졌다. 이런 맥락에서 게리 오키히로 컬럼비아대 교수는 아시안 노동자 유입을 흑인 노예무역의 연장으로 봤다. 그는 두 집단 사이에 기능적 등가성이 있다고 분석했다. 오키히로 교수는 이런 현상을 "중국인의 검둥이화"라고 불렀다.[17]

중국인을 흑인의 동류로 보는 시각은 1877년 연방 의회가 발간한 중국인 문제 조사보고서에도 잘 나타나 있다. 이 보고서는 청문회 증인으로 나온 정치인, 변호사, 인류학자의 견해를 담고 있다. 예를 들어 캘리포니아 주지사를 역임한 프레데릭 로우는 중국인이 검둥이와 생물학적으로 유사하다고 증언했다. 변호사이자 아마추어 인류학 연구자인 제임스 다메론은 저명 과학자의 연구를 인용하며 중국인과 검둥이 뇌의 크기가 거의 비슷하다고 강조했다.[18]

그러나 인구조사에서 중국 이주민은 백인으로 계수됐다. 1860년 인구조사를 예로 들어보자. 이때 계수요원은 중국인을 백인으로 표시한 뒤, 인구조사 양식지 여백에다 중국인이라고 따로 표기했다.[19] 그런가 하면 중국인, 일본인, 한국인의 인종을 놓고도 서로 다른 주장이 제기되기도 했다. 연방 하원 보고서에 인용된 주장을 한번 들어보자.

> 우리는 일반적으로 중국인과 일본인이 같은 인종이라고 추정한다. 그러나 그렇지 않다. 그들은 절대적으로 출신이 다르다. 서로간에 호의적이지도 않고 유사성도 없다.……일본인은 터키 혈통이다; 터키인 혹은 아라비아인과 같은 인종이다.[20]

이뿐만 아니었다. 중국인이 힌두스탄 벵골인과 몽골인의 동의어로 소개되기도 했다. 모두가 동일 인종을 일컫는 말이라는 이유에서였다. 또한, 중국인이 몽골인의 하부집단이라는 시각도 있었고, 중국인과 아시아인은 같은 뜻이라는 증언도 나왔다. 또 다른 이는 '힌두와 여타 아시아 인종'이 중국인이나 오리엔탈, 또는 황인종하고는 다르다고 말하기도 했다.[21]

의회의 다른 보고서에도 비슷한 증언이 있다. 여기엔 한국인이 덤으로 언급된다. "한국인과 일본인 사이에는 어느 정도의 인종적 유사성이 있지만, 중국인은 아주 단일적이고 판이하다."[22] 초기 한국인 이민자의 인종 범주도 헷갈리기는 마찬가지였나 보다.

이런 개념적 혼란 속에 중국인, 일본인, 한국인 이주민은 점차 하나의 범주로 묶이기 시작했다. 이들을 지칭하는 가장 보편적 분류는 '몽골인종', '아시아인' 또는 '황인종'이었다. 개별 국가의 성원으로 미국 땅을 밟았고, 서로간에 어떤 연대의식도 없었지만, 비슷한 외모 탓에 '황인종' 같은 큰 인종 범주 안에 하나로 묶였다. 국립 대만대 마이클 키벅이 지적한 대로 이전에는 '황색'이 동아시아인의 피부색과 연관되지 않았다. 중국이나 일본의 어떤 문헌도 자신을 '황색인'으로 언급한 경우가 없다. 그러나 19세기경 동아시아인은 점차 '황인종'으로 굳어져갔다. 미국 내 동아시아인도 같은 '인종 유니폼'을 입게 된 것이다.[23]

사실 미국에서 '황인종'은 비공식 인종 분류였다. 아시아 이주민은 대중매체나 일상생활 속에선 '황인종' 혹은 '몽골인종'으로 호명됐지만, 연방 인구조사에서는 사뭇 다르게 분류됐다. 이들의 인종 범주는 각 집단의 출신 국가 명을 따라 부여됐다. 즉 아시아 '민족집단'의 명칭이나 '국적 명'이 이들의 인종 이름이 된 것이다.

예를 들어 중국 이주민은 1870년 연방 인구조사 때부터 '중국인' 인종으로 공식 분류됐고, 일본 이주민은 1890년부터 정식으로 '일본인' 인종이라는 명찰을 부여받았다. 한국 이민자는 1920년 연방 인구조사 때부터 공식적으로 '한국인' 인종으로 분류됐다.

범凡아시아인 인종 범주의 등장

흥미로운 것은 인도 이민자의 인종 범주다. 17세기 이래 과학자들은 인도인을 유럽인 혹은 코카시안으로 분류해왔다. 이런 관행에 따라 미국

인구조사 면접인은 1910년에는 인도 이민자를 대체로 '백인'으로 기록
했다. 그러다 1920년 이들을 겨냥해 '힌두인' 부류를 만들어, 인종 항목
에 추가했다. 인구조사 역사상 특정 교파를 일컫는 용어가 인종 범주로
쓰인 유일한 사례. 이 범주는 1930년과 1940년 인구조사에 쓰였지만,
1950년 인구조사 때는 삭제됐다. 1960년 인구조사 계수요원은 인도에
서 온 이민자를 '아시아 인디언Asiatic Indian'으로 적으라는 지시를 받았
다.[24]

이것도 1970년 인구조사에서 다시 바뀌었다. 인구조사국이 인도 이
민자를 다시 '백인'으로 재분류한 것이다. 그러자 인도 이민자 단체들
이 일제히 반발하면서, 인디언 이민자를 '아시안 아메리칸'으로 분류해
달라고 요구했다. 인구조사국은 이 요구를 받아들여, 1980년 인구조사
때부터 '아시아 인디언AsianIndian'이란 명칭을 새로 만들어 쓰기 시작
했다. 이처럼 인도 이민자는 백인, 힌두인, 백인, 아시아 인디언 등 서
로 다른 인종 이름으로 분류되는 경험을 했다.[25]

1990년 인구조사국은 아시아계 미국인의 인종 분류법을 바꿨다. 지
금까지 별도로 나열했던 중국인, 일본인, 한국인을 하와이 원주민, 괌
인과 함께 '아시아 또는 태평양제도민Pacific Islander'으로 묶었다. 그리
고 '아시아 또는 태평양제도민'이라는 커다란 인종 타이틀 아래 한국
인, 일본인, 중국인, 하와이인 등을 하위집단으로 각각 나열했다.

2000년 인구조사국은 이들의 인종 범주체계를 또다시 바꿨다. 이번
에는 '아시아 또는 태평양제도민'을 두 개의 서로 다른 인종으로 쪼갰
다. 하나는 '아시아' 인종으로, 중국인, 일본인, 한국인, 인도인, 베트남
인 등이 여기에 속한다. 또 다른 부류는 '토착 하와이인 또는 태평양제

도민'으로, 하와이 본토인, 괌인, 사모아인을 포함한다.

이 긴 과정에 우여곡절이 있었다. 아시아 이주민은 먼저 극히 부정적 이미지로 인종화된 뒤, 곧이어 아주 긍정적 이미지로 인종화되는 반전을 경험한다. 바로 '황화론'과 '모범 소수인종론'으로 표현되는 독특한 체험이다. 두 인종화 담론의 내용은 사뭇 다르지만, 그 본질은 똑같다. 둘 다 주류집단의 소수집단 길들이기이자 그 결과였다. 아울러 자신의 정체성을 스스로 규정하려는 아시아계 젊은 세대의 열망이 반영되기도 했다.

'황화론'과 '모범 소수인종론' 사이

황화론黃禍論

'황화론'은 야만적 동양인이 문명화된 유럽 국가를 정복할 것이라는 주장이다. 즉, 유럽인이 동양인을 길들여 제압하지 않으면 종국엔 이들이 유럽에 커다란 위험이 될 거라는 두려움을 일컫는다. 황화론의 기원은 유럽이다. 혹자는 기원전 5세기경 그리스와 페르시아 간의 갈등에서 그 기원을 더듬고, 다른 이들은 13세기 유럽 전역을 살육과 파괴로 물들인 몽골인의 침략에서 그 연원을 찾는다.

'황화론'이란 단어를 만들어내고 이를 널리 보급한 이는 독일 황제 빌헬름 2세로 알려져 있다. 그는 1895년 한 화가에게 그림 제작을 의뢰했다. 동양인을 다가오는 재앙, 파멸의 악마로 상징화한 그림이었다. 그는 그림 복사본을 경고의 메시지와 함께 유럽 여러 왕족과 미국 매킨

리 대통령에게 보냈다. 이를 통해 동양인에 대한 두려움을 필요 이상으로 증폭시켰다.[26]

그러나 황화론이 제기되던 시기의 세계정세를 살펴보면, 황화론이 얼마나 과장된 주장인지 알 수 있다. 이때는 서구제국주의가 정점에 다다른 시기였다. 아울러 이에 대한 반발로 제3세계 민족주의와 탈식민화운동이 일어날 때였다. 동양인의 잠재적 위협에 대한 경고는 '황화론'의 일면일 뿐이다. 황화론의 목적은 유럽 국가에 의한 비서구 세계 정복과 식민지화를 옹호하려는 데 있었다.[27]

미국에서 황화론은 아시안 이주민에 대한 편견과 폭력으로 표출됐다. 이런 형태는 중국과의 양키무역에 종사했던 선원들의 일기, 일지, 편지 등에서 찾아볼 수 있다. 이들 문헌 속에 묘사된 중국인과 중국문화는 부정적 이미지로 채워져 있다. 대개 이런 글은 도박, 매춘, 축첩, 유아 살해 등, 중국인의 도덕적 타락을 드러내는 습속에 초점을 맞추고 있다. 한 무역 상인은 중국인을 "가장 비열하고, 비겁하며, 고분고분한 노예"라고 묘사하고 있다. 또 다른 상인은 중국인이 "잔혹함, 살기, 비정함에 세련된 사람들"이라고 적고 있다.[28]

이런 이미지는 미국 내 중국계 이민자에게도 그대로 투사됐다. 1855년 캘리포니아를 방문한 한 노예해방론자는 중국인을 겨냥해, "'반야만인'은 캘리포니아에 거주할 권리가 없다"고 단언하기도 했다. 신문이나 잡지 같은 문화매체에서도 이런 정서가 곳곳에서 발견된다. 《뉴욕 타임스》지의 한 기사는 중국인이 "온갖 사회적 악으로 더럽혀져" 있으며, "이교도의 영혼과 야만인의 성향을 지녔다"라고 적고 있다. 이 기사는 "만약 중국인이 홍수처럼 밀려오면……우리는 공화정에 작별을 고해

야 할 것"이라는 경고로 글을 맺고 있다.[29]

황화론은 1905년 일본이 러시아와의 전쟁에서 승리하면서 더욱 증폭됐다. 이는 근대 역사에서 백인 세력이 비백인 세력에 밀린 최초의 패배였다. 러일전쟁 이후 미국 내 일본 이민자는 중국 이민자보다 더 위험한 존재로 인식되기 시작했다. 일본 이민자는 흔히 일본군의 선봉으로 여겨지곤 했다. 대중 연설과 신문에도 "백인 인종에 대한 일본의 위협", "일본의 침략", "일본의 미국 식민화" 같은 표현이 자주 등장했다. 중국인과 마찬가지로 일본 이민자도 비도덕적이며, 미국 사회에 동화할 수 없는, 열등한 인종으로 묘사됐다. 1920년대 신문이나, 잡지, 영화, 책 등 대중매체 속에는 기만적인 "왜놈" 이미지가 널리 스며 있었다.

FBI의 전신인 '조사국'이 1921년 발행한 보고서는 일본과 일본 이민자의 위험성에 대한 경고로 가득 차 있다. 이 보고서는 일본인의 이민을 일본 정부의 세계 패권전략의 목적으로 보았다. 따라서 일본 이민자를 그대로 두면 "머잖아 백인 인종은 지금 사는 곳에서 쫓겨나고, 캘리포니아는 결국 일본의 지방이 될 것"이라고 예견했다. 아울러 태평양 연안 전체 지역이 일본 통제하에 들어가는 것도 시간문제라고 봤다.[30]

황화론은 아시안 이주민에 대한 억압을 옹호하는 방패로 자주 동원됐다. 아시아인이 위험하고, 야만적이며, 열등하기에, 이들을 길들여야 한다는 논리를 제공한 것이다. 이로 인해 농장지대와 광산, 철도 공사장 등에서 아시아 노동자에 대한 폭력이 빈번하게 발생했다. 황화론은 반아시안 이민 정서에도 불을 지폈다. 결국, 미국 의회는 1924년 아시아인 이민의 명줄을 끊는, 인종 차별적 〈이민법〉을 통과시키기에 이른다.

이로 인해 아시아 이민의 암흑기가 도래했다. 1924년부터 1965년까지 오로지 소수 아시아인만이 미국 땅을 밟을 수 있었다. 주로 외교관, 유학생, 상인이었다. 그러다 1965년 악명 높았던 과거 〈이민법〉이 철폐되고, 새 〈이민법〉이 채택됐다. 이민 문호가 다시 열리자 아시아 이민자가 봇물 터지듯 밀려왔다. 아시아인의 '제3차 이민 물결'이 시작된 것이다.

새 〈이민법〉은 과학자, 의사, 간호사, 기술자 등 전문인을 선호하는 조항을 포함하고 있었다. 그 덕에 이민자 가운데 고학력 전문직 종사자의 비율이 높았다. 1965년 이후 아시아 이민을 '중산층 이민'이라 부르는 이유다. '노동 이민'으로 불리는 초기 아시아 이민과는 현격한 차이가 있었다. 이런 계층 차이는 아시아 이민자가 인종화되는 방식에 영향을 미쳤다.

아시아인은 '모범 소수인종?'
흑인의 민권운동이 한창이던 1960년대 중반경 대중문화 지형에 하나의 의미 있는 변화가 감지됐다. 아시아 이민자를 다루는 미국 신문과 잡지의 논조가 바뀐 것이다. 《뉴욕 타임스》, 《뉴스위크》, 《타임스》지 등 대중매체가 마치 약속이나 한 듯 아시안을 띄우기 시작했다. 아시아계 주민의 성공담을 다루며, 이들을 '모범 소수인종model minority'으로 치장했다.[31] 1920년대 아시아인을 부정적으로 묘사했던 때와는 전혀 딴판이었다. 1966년 12월 26일에 나온 《유에스 뉴스 앤드 월드 리포트》 기사 일부를 읽어보자.

소수인종의 곤경에 대한 걱정으로 미국이 뒤덮여 있을 때, 30만 중국계

미국인은 자력으로 부와 존경을 얻고 있다.……차이나타운의 청소년은
공부에 전념하고 있다. 범죄와 일탈 행동은 아주 드물다. 차이나타운에
선 오래된 덕목이 전수되고 있다. "약속의 땅"에 이르기 위해서는 정부
보조금이 아니라 자신의 노력에 의지해야 한다는……검둥이와 여타
소수인종의 삶을 개선하기 위해 수천 억 달러를 써야 한다는 제안이 나
오고 있는 때,……30만 중국계 미국인은 누구의 도움도 없이, 자신의
노력을 통해 앞으로 나가고 있다.[32]

이들 매체는 아시아인의 성공 뒤에는 근로윤리, 가족 가치관, 자립
정신이 있다며, 이를 칭송해 마지않았다. 아울러 아시아계 주민의 근면
함, 열성, 인내심, 집단 충성심을 높이 평가했다. 한때 증오와 혐오의
대상이었던 아시안 노동자도 덩달아 칭찬의 대상이 됐다. 이들이 "근면
하고" "순종적이며" "검소하고" "신분 상승 욕구"가 강하며, "저돌적"
이라고 평한 것이다.

듣기에 감미롭지 않은가. 아시아 이민자가 모범 소수인종이라니. 주
류 백인에게 모범 인종으로 인정받았으니 뿌듯하지 않은가. 간혹 한인
이민 사회 인사 가운데 이것을 떠벌리는 분들이 있다. 대개 백인보다
더 백인인 양 행세하는 분들이다. 그러나 아시안 아메리칸 학자나 시민
운동가는 전혀 다른 반응을 보인다. 이들은 '모범 소수인종' 담론을 아
주 강한 톤으로 비판한다.[33] 아시안 아메리칸 대학생 모임이나 대중 집
회에 가 보면 학생들이 "나는 모범 소수인종이 아니다"라고 쓴 배너나
피켓을 들고 있는 것을 볼 수 있다. 착하다고 머리를 쓰다듬어주는데
왜 그럴까.

여러 이유가 있다. 첫째, 지나친 일반화의 오류다. 모범 소수인종 담론은 아시아 거주민의 경제적 성취와 자녀의 학업 성취를 지나치게 과장했다. 경제적 성취와 관련해 각 아시안 집단 사이의 차이도 무시했다. 중국이나 일본 커뮤니티처럼 성공한 집단도 있지만, 여전히 직업, 수입, 언어에서 어려움을 겪는 민족도 많다. 모범 소수인종론은 이런 사실을 과소평가하고 있다.

둘째, 아시아계 주민 가운데도 의료, 취업, 교육, 주거, 복지 분야에서 정부의 서비스가 필요한 이들이 여전히 많이 있다. 모든 아시안 학생이 다 미적분 문제를 잘 푸는 것은 아니다. 수학 문제로 골머리 앓는 아시안 학생은 비정상이 아니다. 선생의 도움과 지도가 필요한 정상적인 학생이다. 모범 소수인종론은 정부 관리나 교사가 이런 현실과 필요성을 과소평가하도록 만들 수 있다.

그러나 '모범 소수인종론'의 가장 큰 문제점은 이 주장에 숨겨진 의도다. 비판자들은 이 논의가 시작된 시점에 주목한다. 바로 흑인 민권운동이 한창일 때였다. 흑인 사회는 노예제와 인종적 분리로 인해 쌓인 폐해를 지적하며, 이의 개선을 소리 높여 요구하고 있었다. 인종 편견과 차별이 초래한 '검은 빈곤'을 치유하기 위해, 정부의 차별 금지정책과 재정적 투자가 절실하다고 처절하게 악을 쓰고 있을 때였다.

아시안 아메리칸 학자는 '모범 소수인종론'이 이런 요구에 대한 비판 수단으로 개발됐다고 본다. 흑인 사회의 요구를 깎아내리기 위해 다른 소수인종, 즉 아시안을 끌어들였다고 분석하는 것이다. 오랑캐로 오랑캐를 견제하는 전형적인 이이제이以夷制夷라는 것이다. 즉, 아시아인이 스스로 땀 흘려 성공했듯이 흑인도 불평만 하거나 정부에 손 벌리지

말고, 저 아시아 이민자처럼 자력으로 일어서라는 메시지를 담고 있다는 말이다.

정치학자 클레어 김은 모범 소수인종 논리를 '인종적 삼각법racial triangulation'에 빗댄다. 아시아계 거주민은 흑백 인종관계에서 독특한 위치에 놓여 있다는 것이다. 인종적 우열을 논할 때는 흑인 위에 자리한다. 물론 백인보다는 낮은 곳에 배치된다. 반면 미국인 여부, 즉 내부자—국외자 가부를 다툴 때는 배열이 달라진다. 백인이나 흑인은 어쨌든 모두 '내부인'으로 분류된다. 그러나 아시아인은 언제나 "영원한 이방인"으로 취급된다. 긴 이민 연륜에도 불구하고 항상 외국인, 방문자, 손님으로 취급된다는 것이다.[34]

예일대학의 사학자 게리 오키히로는 황화론과 모범 소수인종론의 관계를 이렇게 설명한다. 남성화된 아시아인의 위협이 강조될 때 황화론이 득세했고, 여성화된 아시아인의 순응적 태도가 주목받을 때 모범 소수인종론이 회자됐다는 것이다. 황화론은 아시아인을 '흑인의 아류'로 인종화한 반면 모범 소수인종론은 아시아인을 '백인의 아류'나 '명예 백인'으로 자리매김했다.[35]

'아시안 아메리칸'이 되다

아시아인의 인종적 정체성이나 이미지는 오랫동안 주류집단에 의해 위로부터 부여되어왔다. 이들이 자신을 스스로 "아시안 아메리칸"이라는 통일된 인종 이름으로 부르기 시작한 것은 1960년대 후반부터다.[36] 그 추동 세력은 젊은이들이었다. 이들은 미국에서 태어나고 교육받은 2세들이었다. 대다수 대학에 재학 중이거나 대학을 갓 졸업한 세대였다.

이들은 정체성으로 고민하던 세대였다. 흑백의 양 인종 사회 속에서, 자신이 흑인도 백인도 아니라는 사실을 어려서부터 절감해온 이들이었다. 자신이 온전한 미국인으로 대접받지 못한다는 점을 그 누구보다 더 잘 알고 있었다. 그렇다고 부모의 모국에서 환영받고 사회의 일원으로 받아들여지지도 않았다. 그 탓에 항상 경계인으로 살아왔다. 이들은 '소속'과 인종 정체성에 대한 물음을 늘 입에 달고 다녔다. "과연, 나는 누구인가?"

1960년대 후반과 1970년대 미국 조야엔 민권운동과 반전운동이 급격히 퍼지고 있었다. 특히 대학 캠퍼스는 반전운동의 중심이었다. 많은 아시안 2세 대학생이 두 운동에 참여했다. 민권운동과 반전운동의 세례를 받으며, 이들은 아시아인의 권리와 정체성에 눈뜨기 시작했다. 그와 동시에 '아시안 아메리칸 운동'이 태동했다.[37]

이들은 서로 같은 이해를 공유하고 있었다. 부모 세대와 달리 아시아 내 다른 국가에 대한 악감정도 없었다. 무엇보다도 연대의 필요성에 대해 자각하고 있었다. 비록 마틴 루터 킹과 같이 지명도 높은 인물도 없고, 규모도 작았지만, 이들은 아시아인의 권리를 위해 함께 뭉쳤다.

이들은 모두를 아우르는 깃발이 필요하다고 느꼈다. 한국인, 중국인, 일본인 같은 민족적 경계를 초월해, 이들을 하나로 포용하는 이름 말이다. UCLA대학에서 역사학을 가르치던 유지 이치오카가 이름 짓기에 나섰다. 그렇게 탄생한 인종 명칭이 '아시안 아메리칸'이다. 지금까지 아시아 이민자의 인종 범주는 타인이 정해왔다. 위로부터 부여됐다. 이게 뒤집혔다. 아시아인의 인종이 처음으로 '아래로부터' 정해졌다. 자신의 인종을 스스로 주체적으로 '만들어낸' 것이다.[38]

5.
한국인의 인종화와
인종차별

남가주 리버사이드 지역 오렌지농장에서 일하는
한국인 농장 노동자의 모습. 1905년. 앞줄 왼쪽에서 두 번째 인물이
도산 안창호 선생(Collection of the Korean American Digital Archive, University of Southern California).

이야기 5.
살구농장 한인 노동자 봉변기[1]

1913년 6월 25일, 자정 무렵. 열한 명의 한국인 농장 노동자가 기차에서 내렸다. 이들은 일감을 얻어 인근 리버사이드에서 이곳 헤멧 Hemet 읍내로 온 것이다. 헤멧은 로스앤젤레스에서 동쪽으로 약 140킬로미터 떨어진 농장지대의 소읍이다. 오렌지, 살구, 복숭아, 올리브, 호두 등 이 일대에서 생산되는 농작물의 집산지이기도 했다.

당시 캘리포니아는 미국 최대의 곡창이었다. 그러기에 늘 많은 인력이 필요했다. 문제는 중노동을 감당할 백인 노동자가 턱없이 부족했다는 점이었다. 이들은 또한 높은 임금을 요구했다. 이런 공백을 메워준 게 바로 중국, 일본, 한국, 필리핀, 인도 등지에서 온 노동자였다. 이들은 품삯이 낮을 뿐만 아니라 농사일도 잘했다. 그리고 고분고분했다. 당연히 농장주는 백인보다 이들을 더 선호했다.

백인 노동자들은 곳곳에서 아시안 노동자에게 밀려나고 있었다. 유럽계 이주민 노동자의 위기감은 점차 고조됐고 증오심은 자주 폭력적으로 분출되곤 했다. 이들은 아시안 노동자를 겁박했다. 노동 단체를 결성한 뒤 정치적 로비를 통해 아시아인을 일거에 몰아내려 했다.[2] 이처럼 반아시안 정서가 한층 높아지는 시점에 이들 11명의 한인 노동자가 헤멧에 발을 내디뎠다. 이들은 살구 농장주인 조셉 심슨과 윌리엄 윌슨이 보낸 마차가 올 때까지 기차역 앞 건물에서 서성거리고 있었다.

마을에 동양인이 출현했다는 소식이 퍼지자, 삽시간에 백여 명의 백인이 역사 인근으로 모여들었다. 성난 군중은 한인 노동자를 가운데 두고 겹겹이 둘러쌌다. 한 사람이 윽박지르듯 외쳤다. "이 마을에선 한국인이나 중국인이나 일본인을 물론하고 동양 사람을 원치 않으니, 당장 꺼지라"고. 겁에 질린 한인 노동자는 서둘러 기차역으로 발길을 돌렸다. 이들은 역사로 가는 내내 백인 주민에게 에워싸인 채 무수한 모욕을 견뎌야 했다. 군중이 흥분하면서 분위기가 점차 험악해지기 시작했다. 자칫 린칭 사건으로 번질 수 있는 일촉즉발의 상황이었다.

그때 기차가 역사로 들어왔다. 새벽 1시 30분경이었다. 한인 노무자들은 짐 보따리와 숙식 장비도 챙기지 못한 채 황급히 기차에 올랐다. 기차가 헤멧역을 서서히 빠져나가자 백인 노동자들은 환호성을 질러댔다. 그리곤 한국인 일꾼의 짐과 장비를 팽개치듯 기차 안으로 집어 던졌다.

사건은 그저 한여름 밤 작은 소동으로 그치는 듯했다. 그런데 생각지 않게 일이 커졌다. 마을 신문뿐만 아니라, 《LA 타임스》지와 《샌프란시스코 크로니클》지가 이 사건을 비중 있게 다룬 것이다. 보도를 통해 사건 소식이 워싱턴 D. C의 국무부 장관 귀에까지 들어갔다. 윌리엄 제닝스 브라이언W. J. Bryan 국무장관은 이 사건을 소상히 조사하라는 공식 명령을 법무부에 내렸다.

당시 한국은 일본에 합병된 상황이었다. 그러니 주미 일본대사가 이번 사태에 대해 항의할 게 뻔했다. 브라이언 장관은 자칫 이 사건으로 인해 가뜩이나 긴장 상태인 미·일 외교관계가 더 악화될지 모른다고 우려했다. 《뉴욕 타임스》지는 그가 먼저 진다 스테미Sutemi Chinda 일본대사에게 연락을 취했다고 보도하고 있다. 브라이언 국무장관은 스테미 대사에게 미국 정부가 사건을 조사해 가해자를 처벌할 것임을 확언해주었다.

이때 일본 총영사관이 발 빠르게 움직였다. 사건 직후 한국인 노무자와 접촉해, 도움을 주겠다고 제의한 것이다. 그러자 '대한인국민회' 본부가 나섰다. '국민회'는 조국의 독립을 촉진하고 미주 내 한인을 돕기 위해 1909년 결성된 단체다. 국민회 회장 이대위는 6월 30일 브라이언 국무부 장관에게 전보를 보냈다. 헤멧 사건은 마무리됐으니, 한국인과 관련해 일본 정부와 교섭하는 것을 중단해달라고 요구한 것이다. 이와 함께 일본의 한국 합병이 국제조약 위반임을 상기시키면서, 일본 영사가 한국인 문제에 개입하는 것에 대해 항의했다.

전시나 평화 시에 우리를 일본인으로 간주하지 마시기 바란다. 우리 한국인은 일본이 한국을 합병하기 전에 미국으로 왔으며 해가 하늘에 있는 한 결코 일본에 굴복하지 않을 것이다. 우리는 미국 관할하에 이곳에서 평화롭게 머물 것이다.[3]

이대위의 전보를 받은 브라이언 국무장관은 즉시 언론에 보도자료를 배포했다. 헤멧 사건은 해결됐으며, 따라서 법무부 조사는 중단될 것이라고. 국민회가 발간하는 《신한민보》도 이 소식을 자세하게 보도했다. 그리고 살구 농장주인 조셉 심슨은 한인 일꾼들에게 기차비와 이틀 치 품삯을 주기로 합의했다. 이렇게 '헤멧 사건'은 마무리됐다.

여기서 눈여겨볼 게 두 가지 있다. 첫째, 초기 한인 이민자의 강한 항일의식이다. 이들에겐 조국 독립이 삶의 목표이자 신앙이었다. 한국인은 결코 일본의 신민이 아니라고 이들은 여러 차례 천명했다. 미국 정부가 한국인과 일본인을 같은 집단으로 취급하려 할 때 강력하게 반발한 것도 그런 이유 때문이었다.[4] 둘째, 그런데도 미국 사회는 중국인, 일본인, 한국인을 동류로 봤다. 사실 이들 집단 사이엔 공동체 의식이 전혀 없었다. 그러나 백인들 눈엔 이들이 다 똑같아 보였다. 그저 같은 동양에서 온 무지렁이 노무자일 뿐이었다. 이처럼 초기 아시안 이주민은 하나의 동질적인 집단으로 분류됐다. 굴비 두름 엮이듯 하나로 묶인 것이다.[5]

한국인의 인종화

한국인의 미국 이주는 1882년 조선과 미국이 외교관계를 맺으면서 시작됐다. 1882년 '조·미 수호통상조약'이 체결되고, 1886년 미국 의회가 한국인의 이민을 허용하면서 한국인이 조금씩 계속 건너왔기 때문이다. 미국 이민국이 한국인의 출입을 기록하기 시작한 1899년부터 1902년 사이 외교관, 유학생, 인삼 상인 등 200여 명의 한국인이 미국 땅을 밟았다.[6]

곧이어 1903년부터 1905년까지 약 7,400명의 한국인 '노동 이민자'가 하와이로 건너왔다. 1906년부터 1924년 사이엔 전직 정부관리나 지식인 등 600명이 미국 본토로 정치적 망명이나 다름없는 이주를 감행했다. 비슷한 기간 동안 약 천 명의 '사진신부'가 하와이 한인 농장 노동자와 결혼하기 위해 미국으로 왔다. 초기 한인 미주 사회는 이렇듯 만 명 내외의 작은 커뮤니티였다.[7]

1910년 미국 본토에는 약 1,200명의 한인이 머물고 있었다. 이들은 하와이에서 건너온 이가 대부분으로, 그중 800여 명은 캘리포니아에 정착했다.[8] 이들 초기 한인 이주민은 서부 지역 여러 곳으로 흩어져 생업에 종사했다. 일부는 유타주의 구리 광산, 콜로라도주와 와이오밍주의 탄광, 애리조나주의 철도 공사장을 떠돌며 광부나 철도 노무자로 일했다. 어떤 이들은 알래스카 생선통조림공장에서 일자리를 찾기도 했다. 그러나 대다수는 캘리포니아와 인근 주에서 순회 농장 노동자로 살아갔다. 한국인 또는 중국인 노동자를 상대로 한 여인숙, 식료품점, 이발소, 세탁소를 운영하는 이들도 있었고, 백인 가정에서 허드렛일을 하는 가정부로 지내는 한인도 있었다.

이들 초기 한국인 이주민도 인종화 과정을 겪었다. 미국 인종 이데 올로기에 따라 특정 인종으로 범주화된 것이다. 초기 한국인 이주자는 중국인, 일본인, 필리핀인, 아프카니스타인, 동인도인, 말레이시아인 등과 함께 '몽골인Mongolian', '동양인Oriental', 혹은 '아시아인Asiatic' 인종으로 묶였다.[9] 문화적·역사적 차이에도 불구하고, 미국 사회는 한국인을 이들과 같은 집단으로 간주했다. 단일 혈통의 '단군 자손'임을 철석같이 믿어온 한국인 이주민에게 생소한 스타일의 '인종 외투'를 입힌 것이다.

1840년대에서 1940년대까지 백 년간 한국인을 포함한 아시아 이주민의 이미지는 아주 부정적이었다. 미국 대중매체는 중국인을 야만인, 도박꾼, 마약 중독자로 묘사했고, 필리핀인은 "왜소한 갈색 원숭이"로 폄훼했으며, 일본인과 한국인은 서구 문명을 위협하는 '황화'의 주역으로 기술했다. 당시 한국 이주민은 미국을 "평화와 풍요의 안식처"요, "한국의 희망"으로 우러러봤다. 그러나 미국인에게 한국인은 그저 미국 사회에 동화될 수 없는 국외자, "바람직하지 않은 열등한 집단"의 일원이었을 뿐이다.[10]

이러한 인종화 범주는 연방 법정 판례에서도 확인된다. 1919년 캔자스시티 인근의 파크대학에 재학 중인 차의석이 연방 지방법원에 청원서를 제출한 바 있다. 평양 출신으로 열 살 때 미국으로 온 차의석은 제1차 세계대전 중 미군으로 복무한 바 있다. 그는 군 복무 경력을 근거로 자신이 귀화 자격이 있고, 따라서 미국 시민권이 주어져야 한다며 청원서를 제출했다. 당시 귀화법은 오직 '백인'만이 미국 시민이 될 수 있다고 못 박고 있었다. 그러므로 판사는 먼저 소송 당사자나 청원인의 '인종'을 확정하고, 또한 이에 대한 근거도 제시해야 했다. 마침내 1921년 4월 중순 무렵 법원 결정이 나왔다.

담당 판사인 밴 밸캔버그Van Valkenburgh는 판결문에서 "귀화법에 규정된 자유 백인은 흑인, 홍인종, 황인종, 갈색 인종과는 구별되는, 백인 혹은 코카서스 인종에 속한 사람"이라고 정의했다. 그리곤 차의석은 "명백히 몽골계"로 한국인이며, 따라서 피부 색조에 상관없이, 상식적으로나 사실적으로 "자유 백인"이 아니라고 판정했다. 이어 그는 "현행 귀화법하에서 한국인은 백인이 아니며, 따라서 차의석은 현행법상 귀화 자격이 없다"고 판시했다(제11장 참조).[11]

이처럼 비백인으로 인종화됨에 따라 초기 한국인 이주자는 귀화가 허락되지 않았고 따라서 시민권자가 될 수 없었다. 반면 유럽에서 건너온 이들은 미국에서 몇 년 정도 거주한 뒤에 시민권자가 될 수 있었다. 한국인 이주자는 투표할 수 없었기에 정치적 힘도 없었으며, 따라서 기본적 민권이 짓밟혀도 미국 정부의 적절한 보호를 받지 못했다. 또한, 노동시장에서 광범위하고 지속적인 차별을 당했지만, 노조 가입이 허락되지 않았다. 반면 미국이 사회경제적 위기에 처했을 땐 편리한 희생양이 됐다.

초기 한국인 이주자의 인종화는 미국 자본주의 팽창과 일제 식민주의 확산, 그리고 이로 인한 한국인의 이산이라는 큰 흐름 속에 이뤄졌다. 19세기 중반 이후 미국 사회는 급격한 산업화가 진행되고 있었다. 미국 동서를 잇는 철도 공사, 서부의 농산업 팽창과 광산 개발, 하와이 사탕수수농장 확장 등 굵직한 프로젝트가 동시다발적으로 벌어지고 있었다. 이들 산업은 값싼 노동력이 필요했고, 그 결과 아시아 발 '노동이민'이 일어났다.

초기 한국 이주민의 인종화 과정은 또한 '반아시안운동'의 맥락 속에서 진행됐다. 앞 장에서 논의했듯이 19세기 말과 20세기 초 미국 조야에선 아시아인에 대한 반감과 차별, 폭력이 광범위하게 퍼지고 있었다. 가장 중요한 이유는 노동시장에서의 경쟁이었다. 철도 공사, 광산, 농장 노동자의 절대다수는 유럽계 이주민이었다. 이들은 작업 환경 개선, 임금 인상 등을 요구하며 자주 노동쟁의를 벌였다. 농장주, 광산주, 철도회사 소유주는 유럽계 노동자의 파업에 대항하고, 유럽계 노동자를 견제하기 위해 아시아 출신 노동자를 고용했다. 이들의 임금이 상대적으로 낮았기 때문이었다.

그러나 유럽계 노동자 눈에 비친 아시아인은 자신의 일자리와 생계를 위협하는 위험한 존재였다. 한마디로 눈엣가시였다. 특히 아시안 일꾼이 서부 지역에 집중된 탓에 '캘리포니아의 오리엔탈화'를 우려하는 목소리도 높아졌다. 백인 노동자는 이 문제를 해결하기 위해 아시아인 노동자를 미국 땅에서 일거에 몰아내려 했다. 이게 바로 아시아인에 대한 혐오와 증오가 배태된 사회경제적 배경이다.

반아시안운동의 또 하나 주요 요인은 아시아 노동자의 색다른 외모였다. 한국인, 중국인, 일본인 등 태평양을 건너온 아시아 집단은 피부색이 다르고 키도 작았다. 지금껏 듣지도 보지도 못했던 말과 글을 사용했다. 또한, 생소한 머리 모양과 의상을 고집하는 등, 종교와 언어와 관습이 판이하였다. 대서양을 건너와 미국에 정착한 이들은 자연 아시아 이주민을 문명이 낙후된 열등한 존재로 보게 됐다. 도저히 자신들과는 함께 섞일 수 없는 이질적 존재로 간주한 것이다. 자연히 아시아인에 대한 태도가 적대적일 수밖에 없었다.[12]

지금과 달리 19세기 중반과 20세기 초 아시아인의 인종 분류는 애매한 게 많았다. 예를 들어 중국인과 일본인이 백인인지 아닌지 아닌지를 놓고도 법학자와 인류학자 사이에 이견이 분분했다. 인도인은 인구조사에서 종종 백인으로 분류되곤 했다. 또한, 사회적으로 통용되는 인종 범주와 정부 통계에 사용되는 공식적인 인종 범주가 일치한 것도 아니었다. 한동안 초기 한국인 이주자의 인종 구분도 중구난방이었다. 이런 현상은 미국 인구조사에 그대로 투영돼 있다.

연방 인구조사와 한국인의 인종 분류

미국 인구조사는 10년마다 미국 영토 거주자의 머릿수를 세는 작업이다. 시민권 여부와 관계없이 주민, 여행자, 유학생, 방문객 등 특정 시점 미국에 있는 모든 사람을 계수하는 정부 사업이다. 인구조사 설문서에는 조사 대상자의 인종을 묻는 항목이 하나 포함돼 있다.[13] 비록 한 항목이지만, 이를 통해 인구조사는 미국 사회의 인종 서열체계를 세우고 공고화하는 데 이바지했다.

1790년 첫 인구조사 때부터 1950년 인구조사 때까지 160년 동안은 인구조사국 계수요원이 전국의 가가호호, 농장지대, 광산 지역을 방문해 호구조사를 실시했다. 이들은 인터뷰와 직접 관찰을 통해 해당 거주인과 가족의 인종을 파악하고, 이 정보를 인구조사 설문지에 기재했다.

이 당시 개인의 인종을 판정하고 부여하는 일은 정부 권한이었다.

인구조사의 인종 범주 목록은 정책 방향에 따라 늘거나 줄었다. 특정 인종 카테고리의 경계도 자주 확대되거나 축소됐다. 과학적·정치적·이념적 동기에 따라 인종 목록이 재분류, 재통합되거나 하나의 범주가 여러 개로 쪼개지기도 했다. 사회·정치 상황에 따라 인종이 수시로 변한 것이다. 그 탓에 인종 범주 목록은 일관성이 없고, 인종 테두리는 늘 모호했다.

첫 인구조사가 시행된 이래, 지난 220년간 모두 23차례 인구조사가 실시됐다. 그런데 매번 인구조사 때마다 인종 분류 방식이 달랐다. 인종 결정 기준이 번번이 변했기 때문이었다. 지금까지 모두 24번이나 인종 범주가 바뀌었다. 이것은 인종 울타리가 고정된 것이 아님을 보여준다. 인종 범주가 영구불변의 유형이 아니라, 가변적 분류라는 말이다.[14]

인구조사는 종종 소수인종 통제와 배제의 수단으로 이용됐다. 분류를 통해 종적으로는 인종집단 간 우열의 위계질서를 세우고, 횡적으로는 내부인과 국외자의 신분을 결정하는 데 이용됐다. 즉 인종 분류를 통해 사회에 온전히 참여할 수 있는 자와 사회 참여가 배제되는 이를 구분했다. 예를 들어 만약 과거 한 개인이 '검둥이'로 분류되면, 그는 투표에 참여할 수 없고, 자녀들은 백인이 다니는 학교에 입학할 수 없게 된다. 또한, 농경지 소유나 가옥 매매 등 경제적 거래에도 많은 제약을 받게 된다.

아시아 이주민이 미국 인구조사에서 처음으로 계수되기 시작한 것은 1850년이다. 골드러시 전후로 중국인 이주민 숫자가 많아지자, 캘리포니아주가 중국인을 인구조사에 포함한 것이다. 이후 연방 이민국

미국 인구조사의 인종 분류 변천(1790~2020)[17]

연도	인종 범주race or color
• 1790	자유 백인a; 노예; 다른 모든 자유인b
• 1800	자유 백인; 노예; 다른 모든 자유인
• 1810	자유 백인; 노예; 다른 모든 자유인
• 1820	자유 백인; 노예; 자유 유색인c; 다른 모든 자유인
• 1830	자유 백인; 노예; 자유 유색인; 다른 모든 자유인
• 1840	자유 백인; 노예; 자유 유색인; 다른 모든 자유인
• 1850	백인; 흑인; 물라토
• 1860	백인; 흑인; 물라토; 인디언d
• 1870	백인; 흑인; 물라토; 중국인; 인디언
• 1880	백인; 흑인; 물라토; 중국인; 인디언
• 1890	백인; 흑인; 물라토; 쿼두룬; 옥토룬; 중국인; 일본인; 인디언
• 1900	백인; 흑인(검둥이); 중국인; 일본인; 인디언
• 1910	백인; 흑인(검둥이); 물라토; 중국인; 일본인; 인디언; 기타Other
• 1920	백인; 흑인(검둥이); 물라토; 인디언; 중국인; 일본인; 필리핀인; 힌두인; 한국인; 기타
• 1930	백인; 검둥이; 멕시코인; 인디언; 중국인; 일본인; 필리핀인; 힌두인; 한국인; 기타
• 1940	백인; 검둥이; 인디언; 중국인; 일본인; 필리핀인; 힌두인; 한국인; 기타
• 1950	백인; 검둥이; 미국 인디언; 일본인; 중국인; 필리핀인; 기타
• 1960	백인; 검둥이; 미국 인디언; 일본인; 중국인; 필리핀인; 하와이인; 부분 하와이인; 알류트; 에스키모
• 1970e	백인; 검둥이 또는 흑인; 미국 인디언; 일본인; 중국인; 필리핀인; 하와이인; 한국인; 기타
• 1980	백인; 흑인 또는 검둥이; 인디언(미국); 알류트; 에스키모; 일본인; 중국인; 필리핀인; 한국인; 베트남인; 아시아 인디언; 하와이인; 괌인; 사모아인; 기타

• 1990	백인; 흑인 또는 검둥이; 인디언(미국); 에스키모; 알류트; 아시안 또는 태평양제도인(중국인; 필리핀인; 하와이인; 한국인; 베트남인; 일본인; 아시안 인디언; 사모안인; 괌인; 기타 아시안 태평양제도인); 기타 인종other race
• 2000	백인; 흑인, 아프리카 아메리칸, 또는 검둥이; 미국 인디언 또는 알래스카 원주민; 아시아인Asian(아시아 인디언; 중국인; 필리핀인; 일본인; 한국인; 베트남인; 기타 아시아인); 태평양제도인 Pacific Islander(하와이 원주민; 괌인 또는 차모로인; 사모안인; 기타 태평양제도인); 기타 다른 인종Some Other Race, (SOR)
• 2010	백인; 흑인, 아프리카 아메리칸, 또는 검둥이; 미국 인디언 또는 알래스카 원주민; 아시아인Asian(아시아 인디언; 중국인; 필리핀인; 일본인; 한국인; 베트남인; 기타 아시아인); 태평양제도인 Pacific Islander(하와이 원주민; 괌인 또는 차모로인; 사모안인; 기타 태평양제도인); 기타 다른 인종Some Other Race, (SOR)
• 2020	백인; 흑인 또는 아프리카 아메리칸; 미국 인디언 또는 알래스카 원주민; 아시아인Asian(중국인; 필리핀인; 아시아 인디언; 베트남인; 한국인; 일본인; 기타 아시아인); 태평양제도인 Pacific Islander(하와이 원주민; 사모안인; 차모로인; 기타 태평양제도인); 기타 다른 인종Some Other Race, (SOR)

본 도표는 연방 인구조사청이 펴낸 자료를 토대로 필자가 만들었다. a: 자유민 신분의 백인으로서, 실제 인구조사에서는 남과 여, 그리고 나이별로 세분했다. b: 노예가 아닌, 자유민 흑인이나 백인 사회에 사는 인디언, 비귀화 외국인을 포함한다. c: 주로 새로이 자유를 얻은 흑인을 지칭한다. d: 미국 본토 원주민을 의미한다. e: 1970년 인구조사 때부터는 인종 항목과는 별도로 '출신이나 혈통Origin or Descent'을 묻는 항목이 새로 추가됨. 이는 남미계를 염두에 두고 삽입된 것이다.

은 1870년 인구조사에 '중국인' 범주를 인종 목록에 정식으로 추가했다.[15] '일본인' 인종 범주가 연방 인구조사 양식지에 등장한 것은 1890년 인구조사 때였다. '한국인'이 연방 인구조사 인종 범주의 하나로 공식 기재된 것은 1920년이다.

위 도표를 보면 '중국인'이나 '일본인' 그리고 '한국인' 범주가 백인, 흑인, 인디언과 함께 버젓이 독립된 '인종' 카테고리로 나열된 것을 알 수 있다. 이들은 국적 또는 민족집단을 지칭하는 용어임에도 불구하고, 인구조사에는 인종 범주로 사용됐다. 미국 인구조사에서는 이처럼 '인종 race'과 '민족집단ethnic group'과 '조상ancestry' 세 개념이 혼재된 채, 인종 범주의 예로 쓰였다. 여기서 보듯이 아시아 이주민은 인구조사에서 국적명을 통해 인종적으로 규정됐다. 이후 민족집단이나 국적을 나타내는 단어가 인구조사에선 인종을 표시하는 명칭으로 수차례 이용됐다.[16]

그렇다면 1920년 이전의 인구조사에선 한국인의 인종을 어떻게 처리했을까. 1910년 인구조사에서도 한국인에 대한 계수는 이뤄졌다. 그러나 이때의 인구조사 양식지엔 한국인을 지칭하는 별도의 인종 범주가 없었다. 또한, 한국인의 인종에 대한 구체적이고 통일된 지침이 없었기 때문에, 계수요원은 각자 재량에 따라 이 문제를 다뤘다. 대개의 인구조사 면접요원은 한국인을 계수하면서 인종 항목의 '기타Other' 란을 활용했다. 면접 대상이 한국인이면 그의 인종 범주로 '기타' 범주에 표시한 뒤, 여백에 한국인이라고 적었다. 다른 면접요원은 한국인을 '한국인, 중국인, 백인, 옥토룬, 또는 스페인' 등으로 다양하게 분류하기도 했다.[18] 1910년 인구조사에 따르면 당시 미주 내 한국인 인구는 하와이에 4,533명, 캘리포니아에 304명, 와이오밍에 72명 등 모두

5,008명이었다.[19]

이미 말한 바와 같이 연방 인구조사국은 1920년 인구조사에 '한국인' 범주를 공식 인종 범주의 하나로 추가했다. 당시엔 계수요원이 면접을 통해 대상자의 인종을 설문지에 표시하는 방식을 따르고 있었다. 따라서 인종 목록은 '계수요원 지침서'에만 나열돼 있었고 인구조사 양식지에는 나와 있지 않았다. 아래 표에서 보듯, 인구조사국은 계수요원에게 대상자가 'Korean'이면 인종 범주에 'Kor'로 적으라는 지침을 내렸다. 1920년 인구조사에 따르면 한국인 숫자는 6,184명(하와이 4,950, 미본토 1,234)이었다.[20]

---

120. Column 10. Color or race.—Write "W" for white; "B" for black; "Mu" for mulatto; "In" for Indian; "Ch" for Chinese; "Jp" for Japanese; "Fil" for Filipino; "Hin" for Hindu; "Kor" for Korean. For all persons not falling within one of these classes, write "Ot" (for other).[21]

1920년 인구조사 계수요원을 위한 지침서 가운데 인종 항목 부분.
한국인은 "Kor"로 적도록 지시하고 있다
(출처: US Census Bureau, 1920 Instructions, 27).

'한국인' 인종 범주는 1930년과 1940년 인구조사에서도 계속 사용되었다. 이때는 인구조사 양식지에 직접 '한국인'이라는 독립된 인종 범주가 '백인'이나 '흑인' 등 다른 인종 명칭과 함께 나란히 기재됐다.

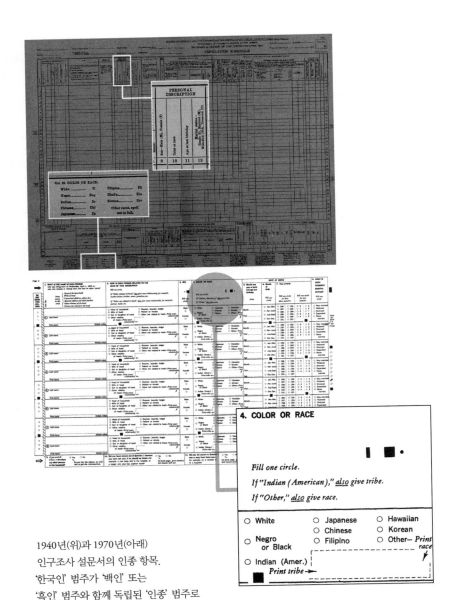

1940년(위)과 1970년(아래)
인구조사 설문서의 인종 항목.
'한국인' 범주가 '백인' 또는
'흑인' 범주와 함께 독립된 '인종' 범주로
나열돼 있음을 볼 수 있다.

그러나 1950년과 1960년에 실시된 인구조사에서는 한국인 카테고리가 빠졌다. 정확한 이유는 알 수 없으나 숫자가 적은 탓에 빼버렸을 가능성이 크다.[22]

1965년 개정 〈이민법〉이 연방 의회에서 통과됐다. 이를 계기로 한국인의 미국 이민이 다시 시작됐으며, 이에 발맞춰 '한국인' 인종 범주가 1970년 인구조사 때 다시 모습을 드러냈다. 1980년 인구조사에서도 '한국인' 범주는 독립된 인종 항목으로 나열됐다.

1990년 인구조사국은 아시아계 미국인의 인종 분류법을 바꿨다. 지금까지 별도로 나열했던 중국인, 일본인, 한국인을 하와이안, 괌인들과 함께 아시아 또는 태평양제도민Asian or Pacific Islander으로 묶었다. 새로운 인종 카테고리가 만들어진 것이다. 그리고 이 새로운 커다란 인종 타이틀 아래 한국인, 일본인, 중국인, 하와이안 등을 하위집단으로 각각 나열했다. 그러나 새로운 인종 범주도 오래가지 못했다. 2000년 인구조사국은 아시아인Asian과 태평양제도인Pacific Islander을 별도의 인종 범주로 분리했다. 한국인은 중국인, 일본인 등과 함께 '아시아인' 인종 범주의 하위집단으로 묶였다.

인구조사 속의 인종 분류 역사에서 보듯, 미국 내 한국인은 1920년 이래 오랫동안 '한국인'으로 분류됐다가, 1990년 아시아인 또는 태평양제도민 범주의 하위집단으로 구분됐다. 이어 2000년 인구조사부터는 아시아인 범주의 하위집단으로 분류됐다.

요약하자면 초기 한국인 이주자는 인종적으로는 비백인집단, 법적으로는 비시민권자(1952년 전까지), 문화적으로는 미국 사회에 동화할 수 없는 이방인, 경제적으로는 불공정한 경쟁자로 각인됐다고 할 수 있다. 이런 현상은 초기 한인 이주자에 대한 인종차별의 원인이자 동시에 결과라 할 수 있다. 특히 초기 한인 이주자는 적대적인 사회 분위기 속에서 차별을 겪으며 일상을 영위해야만 했다.

일본인과 한국인 배척동맹

1905년 5월 7일, 일요일. 샌프란시스코 중심가에 있는 메트로폴리탄 홀에서 대규모 군중 집회가 열렸다. 점증하는 아시안 노동자를 규탄하기 위해 샌프란시스코 노동자조합과 여러 단체 회원이 한 자리에 운집한 것이다. 패트릭 헨리 매카시 등 저명한 노조 지도자와 노조원은 성난 목소리로 자신의 일자리를 빼앗아가는 아시안 노동자를 성토하기 시작했다. 특히 이들의 분노는 일본인 노동자에게 집중됐다. 여기에 덤으로 한국인 노동자가 추가됐다.

군중 집회를 보도한 《샌프란시스코 크로니클》지는 격정적인 언어로 행사장 분위기를 전했다. 연단에서 아시안 노동자를 질책하는 열변이 터져 나올 때마다, 행사장은 "근육이 울퉁불퉁한" 유럽계 백인 노동자의 고함으로 가득 찼다. 이들은 아시안 노동자로 인해 수입이 줄어, "창문에 레이스 커튼이 달린 집"과 "착한 아내와 함께 하는 저녁"이 모두 위험에 처했다고 위기감을 털어났다. 이들은 "바람직하지 못한 외국인"을 추방함으로써 "백인의 나라"를 건설하자고 외쳤다. 결국, 이 자리에서 '일본인과 한국인 배척동맹Japanese&Korean Exclusion League'이 결성됐다.[23]

이후 '일·한 배척동맹'은 지역 건설업 노조와 연합하여 반아시아인 운동을 펼쳐나갔다. 이들의 목표는 단 하나, 모든 일본인과 한국인을 미국 영토에서 영구히 몰아내는 것이었다. 이들은 다방면에 걸쳐 아시아인 탄압에 나섰다. 먼저 1906년 샌프란시스코 교육위원회를 설득해 일본과 한국 이주민 자녀를 일반 학교에서 솎아낸 뒤 동양인 자녀 전용 학교로 전학하도록 했다. 1907년에는 연방 의회를 통해 테오도르 루스벨트 대통령에게 압력을 넣었다. 결국, 루스벨트 대통령은 한국인과 일본인이 하와이에서 미 본토로 건너오는 것을 금하는 행정 명령을 내렸다.

그러나 '일·한 배척동맹'이 가장 심혈을 기울인 정책은 따로 있었다. 1882년 연방 의회가 통과시킨 〈중국인 배척법〉이 일본인과 한국인에게까지 적용되도록 로비를 펼치는 일이었다. '일·한 배척동맹'은 각 지역구 연방 하원의원과 연방 상원의원을 상대로 대대적인 편지 캠페인을 벌였다. 이를 통해 정치인이 〈중국인 배척법〉을 확대하는 법안에 지지표를 던지도록 압박했다. 해당 정치인이 이를 거부할 땐, 선거 때 낙선운동을 펼치겠다며 위협했다.[24]

한국인의 인종화 과정에서 중요한 역할을 한 것이 바로 〈중국인 배척법〉이었다. 1882년 의회에서 통과된 이 법안은 아시아인을 법적으로 "미국 시민이 될 수 없는 이방인"으로 규정했다. 이후 〈중국인 배척법〉은 한국인을 포함해 아시아 지역 이주민을 "위협적이고, 배제할 수 있으며, 바람직하지 못한 집단으로 인종화"하는 기본 틀이 됐다.[25]

'일·한 배척동맹'의 맹활약 덕에 1910년대 들어 반아시안 감정이 전국적으로 퍼졌다. 정치인들이 이런 분위기를 모를 리 없다. 캘리포니아주 출신 연방 하원의원 에버리스 헤이즈E. A. Hayes는 아시아인 증가로

황화의 위험이 커졌다며, 이들의 미국 이주를 금지하는 법안을 1911년
과 1913년 연이어 내놓았다. 네바다주 출신의 에드윈 로버츠E. Roberts
의원도 비슷한 시기에 유사한 법안을 제출했다. 1912년 캘리포니아 민
주당은 "일본인, 한국인, 힌두 노동자를 배제"하는 연방 법안의 즉각적
인 통과를 촉구하였다. 결국, 이런 움직임은 1924년 〈이민법〉안의 통과
로 이어졌다. 이 법안은 주로 아시아와 남미국가 국민의 미국 이민을
금지하기 위해 발의됐다. 미국 이민사에서 가장 인종 차별적 악법이라
평가되는 법안이었다.

    '일·한 배척동맹' 사례에서 보듯 미국에서 한국인과 일본인은 한 덩
어리로 묶였다. 일본이 1905년 한국을 보호국으로 만든 뒤부터 대부분
미국인은 한국인을 당시 '일본인 문제'로 알려진 현상의 일부로 봤다.
특히 한국이 일본에 합병된 뒤, 미국은 한국을 일본제국의 한 부분으로
간주했고 한국인은 일본의 통치를 받는 사람, 즉 일본인으로 봤다. 이
런 관행은 태평양전쟁 때까지 계속됐으며, 이로 인해 한국 이주민은 전
쟁 기간 중 '적국 국민'으로 분류됐다.[26]

    한국인 이주자 처지에서 볼 때 자신을 일본인으로 분류하는 정책은
참으로 아이러니가 아닐 수 없었다. 미국 본토나 하와이에 거주하는 한
국인 이주민과 모든 한인 단체의 목적은 조국 독립이었다. 항일투쟁이
존재 이유였으며, 선언문을 통해 자신을 '항일민족'으로 규정할 정도였
다. 그러기에 미국 내 일본 대사관과 영사관이 한국인을 통제하려 시도
할 때마다 극렬하게 반대했다.[27]

    이런 전후 사정을 알 리 없는 백인 노조는 한국인을 일본인으로 함
께 취급했다. 배척동맹의 회장은 "완전한 배제만이 문제에 대한 유일한

해결책"이라는 자세를 고수했다. 이 같은 태도는 종종 한국인 이주자에 대한 폭력으로 이어졌다.

한국인 박해 사례

'한인 노동자 막사 습격 사건'과 '헤멧 사건'

캘리포니아는 미국 최대의 농산물 산지다. 원래 이곳의 주요 농산물은 밀, 쌀, 보리였다. 이 곡물은 캘리포니아에서 미국 내 다른 지역과 유럽으로 팔려나가곤 했다. 그런데 1890년부터 1914년 사이 이곳에서 큰 변화가 일어났다. 주력 농산물이 곡물에서 과일과 채소로 전환된 것이다. 오렌지, 레몬, 포도, 딸기, 복숭아, 아몬드와 함께 상추, 시금치, 콩, 홍당무, 양파 등 이곳에서 재배되는 과일과 채소의 양이 점차 늘었다.[28]

이들 과일과 채소는 수확 시기가 서로 달랐다. 따라서 노동자는 농작물 추수에 맞춰 이곳저곳으로 늘 옮겨다니며 일했다. 이들을 '순회 농장 노동자'라 부르는 이유다. 1910년대 캘리포니아에는 농업 부문에서 일하는 노동자 수가 약 20만 명에 달했다.[29] 이들은 몇 십 명씩 무리를 지어 일감을 따라 농장을 전전하거나 오리건주와 워싱턴주까지 오가며 일을 했다.

대규모 농장을 경영하는 메리 엘리자베스 스튜어트M. E. Stewart 부인도 한국인 노동자를 오렌지 따는 일꾼으로 고용했다. 그녀는 로스앤젤레스에서 동쪽으로 60킬로미터 떨어진 업랜드Upland에서 레몬과 오렌지를 재배하고 있었다. 그녀의 농장은 자체 포장 시설을 갖추고 있었으며, 이곳에서 베어, 코요테, 블루제이, 모노그램이라는 고유 상표를 단 과일을 미국 동부와 중서부 지역으로 보급, 판매하고 있었다.[30]

스튜어트 부인은 미주리주 출신으로 독실한 장로교 평신도였다. 그녀는 한국으로 파견된 선교사를 알고 있었다. 그러기에 캘리포니아 한인 이주자에게 아주 동정적이었다. 그녀는 종종 한인 교회를 방문해 함께 주일예배를 드리기도 했다. 특히 한국인 교회에 대한 그녀의 지원은 가히 전설적이라 할 수 있다. 그녀는 1905년 지역 교회를 통해 한인과 교분을 튼 이래, 클레어몬트, 업랜드 등 인근에 여러 한인 교회가 설립될 때마다 재정적으로 지원해주었다. 또한, 클레어몬트 지역 한인 학생과 노동자가 곤궁한 상황에 부닥쳤을 때 음으로 양으로 도와줬다.[31]

1908년 어느 날 밤이었다. 스튜어트 부인 농장 인근의 백인 농부와 백인 노동자가 떼거리로 그녀 농장으로 몰려왔다. 그리곤 농장 안에 있는 한인 노동자 막사를 향해 일제히 돌을 던지기 시작했다. 야간 습격을 감행한 것이다. 이들은 한인 노동자들에게 "당장 캠프를 떠나라, 그렇지 않으면 모두 죽여버리겠다"고 으름장을 놨다. 공포에 질린 한인 노동자는 이러지도 저러지도 못한 채 막사 안에 머물러 있었다. 이동 도중 백인 폭도에게 살해될지 모른다는 생각에 캠프를 떠나지 못했다. 마땅히 피할 곳도 없었고 또 오라고 하는 농장도 없는 형편이었다.[32]

피습 소식을 접한 스튜어트 여사는 곧장 지역 경찰서에 연락을 취했다. 그리고 한인 노동자를 위해 총기를 구입해도 좋다는 허락을 받아냈다. 그녀는 곧장 총을 사 한인 농장 노동자에게 지급했다. 그리고 만약 누구든 한인 캠프를 습격하면 총으로 쏘라고 말했다. 1992년 LA에서 폭동이 발생했을 당시 경찰의 보호를 받지 못한 한인 업소 주인들이 총을 들고 자체 방어에 나선 적이 있는데, 스튜어트 부인 농장의 한인 일꾼들은 이들의 선례가 된 셈이다.

이어 스튜어트 부인은 지역 신문사에 연락해 그녀 농장에서 일어난 습격 사건과 그녀가 취한 조치에 관해 설명해주었다. 그러자 농장 인근 백인들은 그녀에게 협박 편지를 보내기 시작했다. 당장 한국인 농장 노동자를 해고하라고 편지로 위협한 것이다. 스튜어트 부인은 이를 단호하게 거절했다. 그리곤 다음과 같이 응수했다.

위대한 나라 미국에 머무는 이들 소수집단 한국인은 다른 국적 사람들과 마찬가지로 이곳에 살며 일할 권리가 있다. 이들은 부지런하며, 근면하고 정직한 사람들로서 품위 있는 삶을 영위하기 위해 애쓰고 있다. 그러므로 이들에 대한 당신들의 적대적 태도는 결코 정당화될 수 없다.[33]

스튜어트 부인의 단호하고 결연한 태도 덕분에 한인 노동자 농장 캠프에 대한 폭력행위는 더는 일어나지 않았다. 사태가 진정된 뒤, 스튜어트 여사는 다른 오렌지 농장주들에게 한국인은 뛰어난 일꾼이라며 적극적으로 추천했다. 그 덕에 여름 동안 일을 해 학비를 모으려던 한인 유학생을 비롯해 많은 한인 노동자가 남가주 오렌지농장에서 일자리를 찾을 수 있었다.

5년 뒤인 1913년, 업랜드에서 동남쪽으로 90킬로미터 떨어진 헤멧 소읍에서 일어난 한국인 농장 노동자 겁박 사건도, '스튜어트 사건'의 판박이라 할 수 있다. 근본 원인은 노동시장에서 밀린 백인 노동자의 아시안 노동자에 대한 적개심이었다. 사건이 발생한 시기는 흑인, 동유럼 이민자, 유대인 등 비백인에 대한 린칭이 한창 자행되고 있던 때였다. 한국인 이주자에 대한 인종차별은 비단 농장지대에만 국한된 것이 아니었다. 이 당시 미국에 거주하는 한국인은 누구나 할 것 없이 일상 속에서 멸시와 차별을 경험했다.

일상 속 차별: 윤치호, 장리욱, 새미 리

윤치호는 1888년 유학 목적으로 미국을 방문했다. 그는 서부에서 기차를 타고 밴더빌트대학이 소재한 테네시주 내슈빌로 향했다. 늦은 밤 캔자스시에 도착한 그는 인근 여관에서 하룻밤 묵고 가려 했다. 그러나 윤치호를 중국인으로 오인한 여관 주인은 그가 투숙하는 것을 거절했다. 윤치호는 하는 수 없이 기차역에서 밤을 새워야만 했다. 1888년 11월 2일 그가 일기에 적은 내용이다.

> 옥스포드Oxford에서 아침을 들고 오전 9시에 덴버Denver에 도착하여 기차를 갈아타고 링컨Lincoln에 와 또 한 번 갈아타고 밤 9시쯤에 캔자스시티에 와 밤을 새다. 주막에 갔더니 나를 청인으로 알고 잘 들이지 않기에 한심스럽게 정거장에서 밤을 지내다.……미국 사람이 청인을 천대하기 측량없으며, 일본 사람이나 혹 우리나라 사람을 보아도 청인인 줄 알고 천대가 막심하니 한심스럽다.[34]

윤치호는 한국인에 대한 "천대가 막심하니 한심스럽다"고 탄식했다. 그의 일기 속 사례는 아마 미주 한국인의 인종차별에 관한 최초의 기록일 것이다. 그는 유학 기간 틈틈이 남부 지역과 교회를 돌아보았다. 그리고 흑인을 멸시하고 학대하는 인종차별이 남부 지역에 만연한 것을 직접 보고 개탄해 마지않았다. 신실한 기독교인으로 미국을 항상 우러러봤던 그였지만, 인종차별 현장을 접한 뒤엔 미국 사회에 대한 실망을 감추지 않았다.

주미대사와 서울대 총장을 지냈던 장리욱 박사도 자신이 경험한 바를 후에 글로 남겼다. 학생 신분으로 미국에 와 공부하며 일하던 중 1918년 로스앤젤레스에서 겪은 일이다. 장 박사는 당시 미국 내 한국인이 "나라 없는 백성이어서 아무도 이들을 생각해주지 않았다"라고 회고한 바 있다.

나는 식당에 들어가 점심을 먹기 위해 앉았다. 거기에 손님이 많지 않았는데 종업원이 내 좌석에 오지 않았다. 잠시 후 젊은 종업원이 내게 와 낮은 소리로 우린 당신을 받을 수 없습니다. 만일 우리가 당신을 받으면 백인들은 여기 오지 않을 거라고 말하는 것이었다.[35]

이처럼 초기 한인 이주자들은 식당뿐 아니라 이발소, 대중오락 시설 등에서 제대로 된 서비스를 받을 수 없었다. 또한, 집을 임대하거나 농지를 임차하는 데도 어려움을 겪었다. 백인 소유주가 한국인에게 집이나 대지를 내어주길 꺼렸기 때문이다. 샌프란시스코 한인 감리교회 목사를 역임한 바 있는 황사순도 이런 차별의 희생자였다. 그는 샌프란시스코 시내에 세탁소를 열려고 했지만, 장소를 구하지 못했다. 아시아인에 대해 좋지 않은 감정을 지닌 백인 건물주 때문이었다. 결국, 황 목사는 친구의 도움을 받아 겨우 개업할 수 있었다.[36]

이런 차별은 한국인 1세에게만 국한되지 않았다. 한국인 2세도 편견과 차별에서 벗어나지 못했다. 1940년 하와이 한인 인구의 65퍼센트는 미국에서 태어난 2세였다.[37] 1939년 로스앤젤레스에는 대학에 다니는 2세가 200명 정도였다. 그러나 이들은 대학을 졸업한 뒤에도 자신의 전공 분야와 관련한 직종의 일자리를 찾을 수 없었다. 극심한 인종적 편견으로 인해 도시나 농촌 가릴 것 없이 모두 비숙련직 자리만 얻을 수 있었다. 대학에서 사회사업을 전공했던 한인 2세는 졸업 후 식당 웨이터로 일했으며, 화학 전공자도 회사의 영업 판매직 자리만 얻을 수 있었다. 교사가 되기 위해 사범대를 나온 전공자는 식품점 매니저가 됐다.[38]

새미 리Sammy Lee는 1920년 캘리포니아 프레즈노에서 태어난 한인 2세다. 청소년 때 부모를 따라 LA로 이사 왔으며 이후 다이빙 선수가 되기로 결심했다. 그 당시 학교, 식당, 버스와 기차, 공중화장실, 수영장 등 모든 공공 시설은 인종적으로 분리됐다. LA에서도 비백인, 즉 흑인, 남미계 주민, 아시아인은 지역의 공공 수영장을 자유롭게 사용할 수 없었다. 오직 수요일 단 하루만 이용하는 게 허용됐다. 이들이 수영을 마치면, 관리인은 곧바로 수영장 물을 빼고 새로이 물을 채워넣었다. 이런 상황 속에서도 새미 리는 꿈을 포기하지 않았다. 코치의 주택 뒤뜰에 임시로 만든 모래 웅덩이에서 꾸준히 연습하며, 묵묵히 다이빙 선수의 길을 걸었다.

새미 리는 남가주대학 의대에 진학해 의사 면허를 취득한 뒤, 곧장 미군에 입대하여 군의관이 됐다. 1948년 그는 미국 다이빙 대표 선수로 런던올림픽에 출전했다. 여기서 금메달을 획득하면서, 일약 미국의 올림픽 영웅으로 떠올랐다. 새미 리는 여기서 그치지 않았다. 1952년 올림픽에서 또다시 금메달을 거머쥐었다.

새미 리 박사는 1955년 전역했다. 그리고 남캘리포니아의 가든그로브에 정착하려고 했다. 그러나 사려던 주택의 이웃 주민이 모두 들고일어나 그가 이사 오는 것을 적극적으로 반대했다. 동양인이 들어와 살면 지역 주택 가치가 하락한다는 게 반대 이유였다. 올림픽 다이빙 2연패의 위업도 인종차별 앞에서는 빛을 잃었다. 결국, 그는 남미계가 많이 거주하는 산타아나에 집을 얻어 그 지역에서 개원했다.[39] 한국인 이주자는 이처럼 노골적이거나 미묘한 차별을 겪으며 일상적 삶을 이어나갔다. 그때 한인들의 상황을 더욱 악화시키는 중대 사건이 발생한다.

한국인, 미국의 '적국 국민'이 되다

1941년 12월 7일 일본군 폭격기가 하와이 진주만을 공격했다. 미국은 곧바로 일본과의 전쟁을 선포했으며, 이에 따라 일본과 미국 내 일본인은 미국의 적이 됐다. 그 결과 미국 내 한국인도 덩달아 '적성국 외국인 enemy aliens'으로 분류됐다. 전쟁이 일어나기 한 해 전 미국 정부가 〈외국인 등록법〉에 따라 한국인을 '일본 국민'으로 규정했기 때문이었다.[40]

당시 미국 조야엔 일본과의 전쟁을 인종 대결로 보는 기류가 강했다. 미국인에게 일본의 진주만 폭격은 '황화론'의 예언이 현실화한 것이었다. 미국 영토가 동양인에게 공격당했다는 사실에 많은 미국인이 경악했다. 다수 일본인이 길거리에서 성난 백인 주민에게 폭행당하기도 했다. 한국인도 외모 탓에 백인 주민에게 수모를 겪었다. 적국 국민으로 분류된 까닭에 고용주에게 차별을 당한 한인 2세는 이로 인해 "마음이 아프고 고통스러웠다"라고 털어놨다. 황인종을 모두 같은 집단으로 보는 미국 인종 이데올로기의 피해자가 된 것이다.[41]

미국 국무부는 일본인 등 적성국 출신 주민의 재산을 동결했다. 재미 한국인도 적국 국민으로 분류된 탓에 금융 제재를 받았다. LA, 하와이, 시카고 등 여러 지역 은행이 한국인 예금주의 자금 인출을 금지한 것이다. 이들 은행은 재무부의 별도 지시가 내려올 때까지 이 방침을 고수했다.

그러나 무엇보다도 미주 한인의 자존심을 긁어놓은 것은 한국인을 일본 국민으로 규정한 정책이었다. 이는 한국인들로선 결코 수긍할 수 없는 결정이었다. 이들은 지난 수십 년간 일제의 압제에서 조국 독립을 쟁취하기 위해 싸워오지 않았던가. 더구나 미주 한인은 전쟁이 일어나기 전부터 공식 서한이나 신문 기고를 통해 미국에 대한 변함없는 충성을 공개적으로 표명해왔다. 그러기에 이들의 실망감은 더욱 컸다.[42]

재미 한인 사회는 '재미한족연합위원회'를 중심으로 한인의 신분 변경을 위한 캠페인을 펼쳤다. '연합위원회'는 전쟁 직전 국민회와 동지회 등 미국의 여러 한인 단체가 모여 결성한 연합 조직이다. 한길수와 이승만 등은 법무부와 재무부를 상대로 한국인의 적성국 분류와 예금 동결 조치의 부당함을 지적하고 이를 변경해달라고 요구했다. 미국 본토의 한국인도 미국 정부가 일본인과 한국인을 구분해줄 것을 촉구했다. 이런 노력이 결코 헛되지는 않았다. 1942년 2월 9일 법무부 장관 프랜시스 비들F. Biddle은 성명서를 통해 한국인은 오스트리아인, 오스트로-헝가리인과 함께 적국 국민에게 부과된 제약으로부터 면제된다고

발표했다. 이어서 한국인은 더는 적성국 국민으로 등록하지 않아도 된다고 밝혔다.[43]

그러나 이런 조치는 하와이의 한국인들에게는 적용되지 않았다. 하와이 지역이 군사계엄령 통제하에 있었기 때문이었다. 하와이 한국인은 계엄령이 해제되는 1944년 말까지 적국 국민 신분으로 살아가야 했다. 따라서 신분증 지참, 예금 인출 제한, 부동산 매매 금지, 통행 금지, 사재기 금지 등 적국 출신 국민에게 적용된 모든 제약을 감내해야 했다. 은행 예금의 경우 오직 생활비로 한 달에 200달러까지만 인출할 수 있었다. 또한 〈일반 명령 5호〉에 따라 총기류, 단파 라디오, 카메라 소지가 금지됐으며 항공 여행도 제한됐다. 군사 당국의 허가 없이 주소나 직업을 바꾸는 것 역시 금지됐다.[44]

전시 경험은 미주 한인 이민사를 통해 한국인이 자신의 인종적·국가적 정체성을 집단으로 자각하고 내면화하는 최초의 계기가 됐다. 이런 변화는 소위 말하는 '중간 세대middle generation' 지도자의 정치적 지향점에 잘 나타난다. 이들은 어려서 미국에 오거나 학생 신분으로 미국에 온 인물로서, 미국에서 교육받고 미국적 삶의 방식에 익숙한 40~50대가 주축인 세대였다. 이들은 한족연합위원회가 "여러 차례 파벌 조장 행위를 일삼아온" 혐의로 이승만을 내몬 뒤, 새 지도층으로 부상한 집단이기도 하다. 대표적 인물로는 한길수, 헨리 김, 유일한, 김원용, 제이컵 던Jacob Dunn 등이 있다.[45]

이들 중간 세대 지도층은 미국 사회의 이상과 가치에 대한 한국인의 충성심을 강조하며, "시간과 에너지를 미국 방위와 전쟁 관련 활동"에 더 많이 쏟아넣었다. 이전 세대가 한국 독립의 방책으로 상해 임시정부에 대한 미국 정부의 외교적 인정에 매달렸다면, '중간 세대' 지도자는 미국 내 한국인의 정치적 권리를 인정받는 데 주력했다.[46]

이를 위해 한국인이 미국 사회의 일원으로 적국 일본과의 전쟁에 도덕적·군사적으로 저항할 준비가 돼 있음을 공개적으로 표명했다. 그리고 이를 실천했다. 한족연합위원회는 1941년 12월 "미주 한인의 대일 전선 동참과 미군을 후원할 목적"으로 소위 '맹호군'으로 불리는 민병대를 조직했다. 이 조직은 부대원이 외국인인 관계로 '캘리포니아 주경비군California Home Guard' 산하 단체로 분류됐다. 그다음 해에는 캘리포니아주의 인가를 얻어 100여 명의 재미 한인으로 이뤄진 '한인국방경비대'를 창설했다. 이들은 미군 소속 잭 셰리 소위의 지도로 매주 한 번씩 군사훈련을 받았다.[47]

이런 노력과 함께 미주 내 한인 사회는 자신들을 일본인으로 분류하는 정책에 대해서도 항의했다. 한국인 1세는 한인 신문 사설을 통해 "미국에서 한국인의 신분은 무엇인가? 한국인이 적성국 출신 외국인이란 말인가?"라는 물음을 공개적으로 제기했다. 한국인을 적성 국민으로 규정한 것은 한국인의 "진정한 신분에 대한 비정의"이자 국가적 정체성을 부정하는 일이라고 강변한 것이다.[48]

재미 한인 사회는 한국인을 일본인과 구분하기 위해 자체적으로 여러 조처를 취했다. 미국 본토의 한국인 주민은 옷에 배지를 달고 다녔다. 배지 속에는 한·미 양국 국기가 교차한 모습과 '한·미 양국의 승리를 위하여'라는 구호가 담겨 있었다. 하와이 재미한족연합위원회는 "나는 한국인"이라는 글귀가 새겨진 자체 신분증을 발급했다. 전쟁 초반 한인 여성은 신분 증명의 하나로 한복을 정규적으로 착용하기도 했다.[49]

한인 2세도 인종적·민족적 정체성에 대한 혼란과 자각의 긴 터널을 지나왔다. 이들은 미국 영토에서 태어났지만 '백인'이 아니었기에 시민권자가 될 수 없었다. 그런데도 학교나 교회, 일터에서 미국인으로서 미국에 대한 충성을 다짐해왔다. 그러나 조국이라고 믿었던 나라의 정부가 자신을 적국 국민으로 분류하는 현실 앞에 좌절감을 느꼈다. 한 한국인 2세는 하와이 최대 일간지 《Honolulu Start-Bulletin》에 기고한 글에서 이런 감정을 그대로 털어났다.

나는 미국인처럼 행동하고, 말하고, 사고했다.……내가 미국인이 아니라고 생각한 적은 한 번도 없다. 내 부모님은 항상 나와 내 여동생에게 좋은 미국인이 되라고 가르치셨다. 부모님은 항상 미국이 당신들의 해방자라고 생각해오셨다.……왜 한국인이 적으로 분류돼야 했을까.……[50]

이런 적대적 분위기 속에서도 일본어 해독이 가능한 한국인은 미국 정부의 여러 기관에 소속되어 일본군 비밀문서 해독 임무에 종사했다. 또한, 한인 2세는 입대하여 미군으로 복무했다. 대표적인 2세 참전용사로는 일본인 2세로 구성된 442연대 전투단의 대대장으로 활약했던 김영옥 대령, 미 육군 52전투비행단 조종사로 아프리카와 지중해 전선에서 모두 155회 출격하여 6대의 독일군 전투기를 격추함으로써 '에이스'의 영예를 얻은 프레드 오(오종구) 소령, 도산 안창호 선생의 맏딸로 태어나 제2차 세계대전 중 아시안 여성으로는 최초로 미 해군에 입대해 복무한 안수산 대위가 있다.[51]

전시 기간 중 한인 1세와 2세는 이들이 단순히 조국 독립운동에 매몰된 '코리안'으로만 머물지 않았음을 선언문과 행동을 통해 보여줬다. 이들이 미국의 유산 계승과 국토방위 의무를 지닌 미국 사회의 일원으로 행동했음을 드러낸 것이다.[52] 비록 정교한 언어로 표현하지는 않았지만, 미국 내 한국인이 '코리안 아메리칸', 즉 백 퍼센트 '한국인'이자 동시에 온전한 '미국인'이 되어야 한다는 당위성을 집단으로 자각하고 이를 실천했다고 할 수 있다.

6.

히스패닉 만들기:
민족집단인가, 인종집단인가?

1930년대 초 미국 정부는 대대적인 멕시코인 검거에 나섰다.
이 조치로 40만 명에서 100만 명으로 추산되는 멕시코계 거주민이 멕시코로 추방됐다
(출처: William C. Shrout/The LIFE Picture Collection/Getty Images).

이야기 6.
멕시코인 대추방 작전[1]

1931년 2월 26일. 화창한 일요일 오후. LA 다운타운 인근 라플라시타 공원에는 400여 명이 따사로운 햇볕을 즐기고 있었다. 이 작은 공원은 멕시코계 주민이 즐겨 찾는, 도심 속 섬 같은 곳이다. 시계가 오후 3시를 가리킬 무렵 갑자기 총과 곤봉으로 무장한 치안 관계자가 우르르 들이닥쳤다. 이들은 공원 입구를 막고, 여러 대의 트럭으로 공원 둘레를 감쌌다. 이어 갈색 피부를 가진 이들을 닥치는 대로 검거하기 시작했다.

치안 관계자는 억류된 자에게 합법 체류자임을 보여주는 증거를 요구했다. 휴식 차 공원을 찾은 이들이 법적 서류를 가지고 다닐 리 만무했다. 단속요원은 이들을 트럭에 태워 인근 유니언역으로 향했다. 그곳엔 사법 당국이 대여한 기차가 대기하고 있었다. 검거한 이들로 객실이 빼곡히 들어차자, 기차는 국경을 향해 남쪽으로 달리기 시작했다. 기차는 국경을 넘어 멕시코 내륙 깊숙한 곳까지 들어가 이들을 내려놓았다. 이들이 다시 미국으로 오지 못하도록 하기 위함 이었다. 이들은 졸지에 가족들과 생이별을 했다.

멕시코인 대추방 프로젝트의 첫 번째 기습 작전은 이렇게 시작 됐다. 이를 신호로 전국적으로 대대적인 멕시코인 검거 선풍이 불 었고, 멕시코 커뮤니티는 공포에 휩싸였다. 정부 합동 단속요원은 공원, 병원, 상점, 골목길 등 때와 장소를 가리지 않고 '멕시코인 사 냥'에 나섰다. 노환이나 백혈병으로 입원한 환자를 들것에 실은 채 트럭에 태운 뒤, 이들을 기차역까지 수송하는 예도 있었다. 1930년 대 중반까지 모두 40만 명에서 100만 명으로 추산되는 멕시코인이 추방됐다. 이 가운데 60퍼센트는 미국에서 태어난 미국 시민권자 였다.[2]

멕시코인 추방 작전은 대공황의 여파가 절정에 달했을 때 시작 됐다. 허버트 후버 대통령이 내세운 '진짜 미국인을 위한 일자리' 프 로젝트가 막 실행되려 할 즈음이었다. 이 강령은 멕시코인은 미국인 이 아니며, 따라서 "멕시코인을 제거하라"라는 의미로 받아들여졌 다. 미국 내 멕시코인이 누리는 직업 혜택이 경제 불황으로 고통 겪 는 백인에게 가야 한다는 사회적 공감대가 널리 형성된 때였다. 멕 시코인 송환이 비헌법적으로 이뤄졌지만 이를 질타하는 목소리는 들리지 않았다.

대추방 조치는 멕시코인 커뮤니티에 커다란 트라우마를 남겼다. 이 사태 이후 강제 추방에 대한 공포는 많은 멕시코인의 DNA에 깊게 각인된 듯하다. 평생 죽을 때까지 여권이나 영주권을 항상 지참하고 다니는 멕시코 주민이 많아졌다. 동시에 정부에 대한 멕시코계 주민의 불신도 커졌다.

이 사건은 오랫동안 일반인의 뇌리에서 잊혔다. 학교 역사 커리큘럼에서도 빠져 있었기에, 아무도 이 사태에 대해 가르치지 않았다. 사건 발생 75주년이 되던 2006년, 캘리포니아주 의회는 〈사과법 Apology Act〉을 채택하고, 이때 벌어진 불법 추방에 대해 유감을 표명했다. 또한, 캘리포니아주 의회는 2013년 이 사건을 공립학교 교과서에 넣도록 하는 법안을 통과시켰다. 후세대를 위해 잊힌 역사를 복원토록 한 것이다.

미국에서 가장 몸집 큰 소수집단

선임 히스패닉과 새내기 히스패닉

미국에는 두 종류 히스패닉이 있다. 고참 히스패닉과 신참 히스패닉이 그들이다. 히스패닉 집단이 미국의 터줏대감이자 동시에 새내기라는 말이다. 거주 연한으로 따지면 고참 히스패닉은 토착 인디언 다음으로 오래된 집단이다. 비록 숫자는 적었지만 고참 히스패닉의 뿌리는 미국 건국 훨씬 이전으로 거슬러 올라간다. 반면 현재 미국 내 히스패닉 주민 대부분은 1980년대 이후 미국으로 건너온 새 이민자다.

'히스패닉Hispanic'은 신조어다. 미국 행정부 훈령에 따라 만들어진 범주다. 물론 이 단어 자체는 오래전부터 존재해왔다. 그러다 1970년대 중반 인구조사국이 자료 수집 방식을 바꾸고 이 용어를 빌려 쓰면서, 새 의미를 띠게 됐다. 이후 '히스패닉'은 중남미 여러 국가 출신을 지칭하는 포괄적 분류로 사용됐다. 그러나 이는 오로지 미국에서만 그렇게 통용될 뿐이다. 정작 이들의 본국에서는 자신들을 '히스패닉'으로 부르지 않는다.[3]

이 범주는 태어날 때부터 말도 많고 탈도 많았다. 히스패닉 부류가 정확히 어떤 집단을 일컫는지 그 대상과 경계가 모호했기 때문이다. 히스패닉이 '인종' 집단인지 '민족' 집단인지를 놓고도 큰 논란이 있었다. 이 혼란은 아직도 계속되고 있다.

북미 대륙엔 스페인 정복자와 탐험대의 발자국이 곳곳에 깊게 찍혀 있다. 1607년 영국이 버지니아주에 북미 최초의 영구 정착지를 개척했을 때, 스페인은 이미 북미 대륙 대서양 연안과 태평양 연안, 그리고 남서부 지역을 장악하고 있었다. 1620년 '청교도'로 불리는 영국 이주민이 보스턴 인근 플리머스 바위에 상륙했을 때, 스페인 이주민은 이들보다 10여 년 앞서 뉴멕시코의 산타페에 정착해 살고 있었다.[4]

그러나 미국의 대시인 월트 휘트먼이나 다른 여러 사학자가 지적한대로, 미국 역사는 언제나 '앵글로 색슨계', 즉 영국계 미국인의 확장사로 설명된다. 미국 건국 역사나 공중 의례, 그리고 미국 대중의 기억 속에 초기 히스패닉의 자취는 미미하게 남아 있거나 거의 잊혔다. 이들의 흔적은 오래전 지워졌고, 이들의 역사는 침묵 속에 잠겨 있었다.[5]

이렇듯 희미했던 히스패닉의 존재감이 20세기 말과 21세기 들어 크게 주목받고 있다. 미국 역사를 통틀어 히스패닉의 위세가 지금처럼 당당해진 적이 없었다. 가장 큰 이유는 이들 몸집이 옛날과 비교할 수 없을 정도로 불었기 때문이다. 히스패닉은 이미 2000년부터 흑인을 제치고 미국의 가장 큰 소수집단으로 등장했다. 몸집뿐만 아니라 '맷집'도 더욱 단단해졌다.

미국 내 히스패닉계 인구는 2019년 말 현재 6,000만 명을 넘어섰다. 이는 미국 전체 인구의 18.1퍼센트에 해당하는 숫자다. 미국인 다섯 명 가운데 거의 한 명이 히스패닉인 셈이다. 1950년대에 미국 인구의 2.6퍼센트에 불과했던 점에 비하면 가파른 증가 추세가 아닐 수 없다. 인구학자는 한술 더 뜬다. 2050년이면 히스패닉 인구가 1억 300만 명으로, 미국 전체 인구의 25퍼센트가 될 것이라 예견한다. 미국인 네 명 가운데 한 명이 히스패닉이라는 말이다.[6] 현재 새로 늘어나는 미국 인구의 반 이상이 히스패닉이다. '미국인의 갈색화' 운운하는 게 전혀 과장이 아니다.

그러면 과연 '히스패닉'은 누구를 말하는 것일까. '라티노Latino'라는 개념과는 다른 말인가, 아니면 동의어인가? '치카노Chicano'와는 어떻게 다른가? 이들은 모두 어디서 온 사람들일까. 지금까지 여러 차례 강조했듯이 인종적 혹은 민족적 범주가 만들어진 과정을 이해하기 위해선 먼저 역사적 맥락을 알아야 한다. '히스패닉' 혹은 '라티노' 범주가 만들어진 과정을 알려면, 미국 내 스페인계 후예의 축약된 역사를 일별한 뒤, '히스패닉'이란 범주의 창작 과정을 살펴보는 게 바른 순서일 것이다.

스페인 식민통치와 세 개의 전쟁[7]

스페인의 흔적과 멕시코 독립전쟁

미국 땅에 새겨진 스페인 흔적은 깊고도 넓다. 스페인은 잠시가 아니라 200년간 미국 영토의 반 이상을 정복하고 다스려왔다. 지금도 이들의 발자취는 수천 개 거리 이름과 수백 개 도시 이름 속에 남아 있다. 콜로라도, 캘리포니아, 애리조나, 텍사스, 몬태나, 네바다, 뉴멕시코, 유타 등 여러 주州의 이름이 스페인어에서 유래했다.

스페인의 북미 대륙 진출은 1513년으로 거슬러 올라간다. 스페인 탐험가 후안 폰체 데 레온이 지금의 플로리다 반도를 밟으면서다. 그는 그 지역을 '플로리다'로 명명했다. 이후 1526년 스페인 탐험대는 조지아주와 캐롤라이나주에 식민지를 건설했으며, 지금의 뉴욕시를 끼고 흐르는 허드슨강 입구까지 탐사했다. 스페인제국이 1565년 플로리다

북동부에 세운 세인트 오거스틴St. Augustine은 미국 내 현존하는 도시 가운데 가장 오래된 도시다.[8]

서부 지역 태평양 연안을 보자. 스페인제국은 1540년대 초반부터 캘리포니아 해안을 항해했다. 후에 예수회 신부들은 이 해안을 따라 인디언 포교의 전초기지라 할 수 있는 미션mission을 짓기 시작했다. 1761년 샌디에이고에 첫 미션을 지은 것을 시작으로 캘리포니아 해안을 따라 북상하며 샌프란시스코에 이르기까지 모두 21개의 미션을 세웠다. 이들 미션은 지금 모두 관광 명소가 됐다.

미국 중부 지역에도 스페인제국 자취가 많이 남아 있다. 코로나도가 이끄는 대원을 비롯해 여러 스페인 탐험대가 황금과 부를 찾아 미국 중부 지역을 휘젓고 다녔다.[9] 1598년 스페인 원정대가 뉴멕시코 지역을 탐사한 뒤 스페인 이주민이 이곳에 정착하기 시작했다. 얼마 후 산타페는 뉴멕시코의 주도州都가 되었다.

북미 대륙 13개 식민지가 영국을 상대로 독립전쟁(1775~1783)을 벌일 당시, 영국 영토는 동부 지역에 한정돼 있었다. 반면 스페인은 캘리포니아에서 플로리다에 이르는 남부 지역을 장악하고 있었다. 남서부에는 산타페, 엘파소, 샌안토니오 등 스페인 정착지가 여러 곳에 세워져 있었다. 미시시피강 지역에선 스페인 세력이 뉴올리언스에서부터 샌 루이스까지 미쳤다. 동부 해안 쪽에도 펜서콜라, 탤러해시 등에 스페인 주민이 정착해 살고 있었다.

미국 독립전쟁은 자유를 갈망하던 멕시코인에게 커다란 자극제였다. 파더래 미겔 이달고 신부가 성당 종을 울리면서, 멕시코 독립전쟁(1810~1821)이 벌어졌다. 수백 년 동안 스페인 압제 속에 살던 원주민

농부와 광부들이 스페인 식민정부에 반기를 들고 일어났다. 이 전쟁으로 60만 명이 목숨을 잃었고, 멕시코는 마침내 1821년 독립국가가 됐다. 아즈텍제국이 1521년 스페인 함대에 무릎 꿇은 뒤 399년 만에 쟁취한 독립이었다.

그 결과 북미 대륙 스페인 영토가 고스란히 신생국 멕시코의 영토가 됐다. 그러나 희생도 컸다. 전비 지출로 멕시코 정부 재정은 바닥났고, 군사력도 급속히 쇠퇴했다. 정치 분열로 내전 일보 직전까지 가기도 했다. 멕시코 북부 지역은 거듭된 인디언의 습격으로 황폐해졌다. 새 영토에 대한 멕시코의 통치는 그리 오래가지 않았다. 독립전쟁으로 인한 상흔이 채 아물기도 전 또 하나의 전쟁이 멕시코인을 기다리고 있었다.

'명백한 운명'과 미국-멕시코 전쟁

멕시코가 독립할 무렵, 미국엔 새로운 기운이 감돌고 있었다. 영토 확장 열기였다. 미국 변경 지역frontiers, 즉 미국 서부의 광활한 영토는 미국이 취해야 할 땅이며, 이는 하나님의 뜻이라는 생각이 널리 퍼지고 있었다. 정치 지도자들은 이것을 미국의 '명백한 운명manifest destiny'이라는 고상한 이름으로 불렀다. 이런 흐름에 힘입어 새 땅을 찾아 떠나는 사람과 이들을 태운 포장마차 대열이 꼬리에 꼬리를 물고 서부로 향했다.

이들 가운데 일부가 멕시코 영토인 텍사스에 정착했다. 백인 거주민 수가 멕시코 주민보다 더 많아지자, 백인 이주민은 1836년 봉기를 일으키고 '텍사스 공화국'을 수립했다. 이를 계기로 '명백한 운명'의 북소리는 더욱 커졌다. 마침내 1845년 텍사스가 미국에 합병되자 그 이듬해

'미국-멕시코 전쟁'(1846~1848)이 벌어졌다.

싸움은 처음부터 일방적이었다. 10만 명의 미군이 멕시코 땅으로 진격했다. 군사력이 변변치 못한 멕시코는 계속 밀렸다. 북부 국경에서의 전투는 오합지졸에 가까운 민간인이 벌이는 상황이었다. 함선을 통해 멕시코에 상륙한 미군은 파죽지세로 진격을 거듭한 뒤, 마침내 멕시코 수도를 함락시켰다. 미국과 멕시코는 1848년 종전 조약을 맺고 전쟁을 끝냈다. 멕시코와의 전쟁은 미국이 외국과 벌인 최초의 전쟁이었다. 후에 제18대 미국 대통령이 된 율리시스 그랜트 장군은 멕시코와의 분쟁이 "강대국이 약소국을 상대로 벌인 가장 정의롭지 못한 전쟁 가운데 하나"라고 평했다.[10]

멕시코는 전쟁에 패함으로써 자국 영토 3분의 1 이상을 미국에 빼앗겼다. 텍사스와 더불어 캘리포니아, 애리조나, 네바다, 뉴멕시코, 유타 지역 전부 혹은 일부가 미국 영토가 됐다. 당시 이 지역엔 약 7만 5,000명의 멕시코인이 거주하고 있었다. 미국은 새로이 귀속된 영토의 주민에게 시민권을 주겠다고 약속했다. 그러나 이 약속은 공염불이 됐다. 당시엔 오직 '자유 백인'만이 시민권자가 될 수 있었다. 이들에게 시민권이 부여된 것은 반세기가 더 지난 후였다.

멕시코인이 소유한 땅도 점차 새로 정착한 유럽계 이주민이 차지하게 됐다. 유럽계 이주민은 멕시코 주민을 열등한 인간으로 취급했다. 종전 이후 남서부 지역 멕시코 주민은 인종 차별적인 법과 규범의 제약을 받았다. 많은 멕시코계 주민이 하나둘 빈곤층으로 전락했다. 이들의 자녀는 20세기 중반 인종 분리가 불법화될 때까지, 시설이 낙후된 멕시코인 전용, 혹은 흑인 전용 학교에 다녀야 했다.[11]

미국-스페인 전쟁

멕시코-미국 전쟁이 끝나고 반세기가 흐른 뒤, '미국-스페인 전쟁' (1898)이 벌어졌다. 이번에는 쿠바의 독립전쟁이 불씨가 됐다. 스페인 제국 지배에 항거하여 쿠바인이 무장봉기를 일으키자, 미국이 이들을 지지한 것이다. 아바나만에 정박해 있던 미국 군함 '메인호'가 불가사의하게 폭파된 사건을 계기로 미국과 스페인은 전쟁에 휘말리게 된다. 두 나라 간 다툼은 카리브해와 필리핀이 위치한 태평양 지역 두 곳에서 10주간 계속됐다.

이 전쟁에서 스페인은 미국에 무릎을 꿇었다. 미국은 쿠바에 대한 잠정적 지배권을 획득했으며, 푸에르토리코와 필리핀, 그리고 괌 등 스페인의 마지막 남은 식민지도 양도받았다. 1917년 푸에르토리코 주민은 정식으로 미국 시민이 됐으며, 1952년 새 헌법이 채택되면서 푸에르토리코는 미국 자치령으로 변했다. 이런 과정을 통해 카리브해 연안은 '미국의 지중해'처럼 됐다.[12]

이후 미국은 도미니카공화국, 엘살바도르, 과테말라, 콜롬비아 등 중남미 국가와 순차적으로 외교관계를 맺었다. 1980년대 이후 이들 중남미 국가에서 미국에 이민 오는 숫자가 부쩍 증가했다. 또한, 니카라과, 온두라스, 에콰도르에서도 내전이나 경제 불황 등으로 인해 미국에 이민 가는 이들이 늘어났다.

'히스패닉' 혹은 '라티노' 범주 만들기

널뛰는 멕시코인 인종 범주

1848년 체결된 미국-멕시코 전쟁 종전 조약에 따라, 미국에 할양된 지역의 멕시코 거주민은 '자유 백인 시민' 자격을 부여받았다. 그러나 이들이 정작 시민권자가 된 것은 1890년이 되어서다. 인구조사국은 이때부터 미국 내 멕시코 거주민을 '백인'으로 분류했다. 멕시코인 가운데 상당수가 유럽인, 특히 스페인과 프랑스계 피를 지닌 점을 고려했기 때문이었다.[13]

멕시코계는 이렇게 1890년부터 1920년까지 백인으로 계수됐다. 그러다 멕시코혁명(1910~20) 기간 중 미국으로 건너오는 멕시코인이 늘자, 인구조사국은 1930년 '멕시코'라는 새로운 인종 범주를 인구조사 설문서에 추가했다. '국가' 이름을 '인종' 범주 명칭으로 사용해, 멕시코계 주민을 독립된 집단으로 계수한 것이다.

인구조사가 끝난 다음 해, 앞에서 언급했던 멕시코인 대추방 사건이 벌어졌다. 대공황 기간 중 약 40만 명 이상의 멕시코계 주민이 멕시코로 추방된 것이다. 인구조사서에 적어넣은 주소와 가족 현황 정보가 멕시코인 검거에 사용됐을 거라는 의구심이 멕시코인 사이에 널리 퍼졌다. 멕시코 커뮤니티 지도자들은 '멕시코' 인종 카테고리를 없애달라고 인구조사국에 강력히 요구했다.

그 결과 1940년부터 '멕시코' 인종 범주는 없어지고, 미국 내 멕시코인은 다시 '백인'으로 분류됐다. 1960년 인구조사 때부터는 푸에르토리코와 쿠바 출신 이주민도 도매금으로 '백인'으로 분류됐다. 이들은 인구조사뿐만 아니라, 출생증명서, 운전면허증, 결혼증명서 등 여러 서류에도 백인으로 표시됐다. 그러나 이런 인종 분류는 현실과 맞지 않았다. 영국계나 독일계 미국인 등 전통적인 백인과 이들의 삶 사이에는 커다란 차이가 있었다.[14]

1976년 연방의회는 '스페인계 출신 혹은 그 후예'의 권익과 복리 향상을 위한 법안을 통과시켰다. 이에 따라 법무부, 상무부 등 연방 정부 산하 기관은 해당 집단에 대한 별도의 정보를 수집해야 했다. 즉 취업, 교육, 주택, 보건 등 여러 분야에서 이들에 대한 처우가 개선됐는지를 자료화하는 새로운 의무가 주어진 것이다. 대체로 연방 정부 예산은 인구조사에 나타난 인종 숫자나 생활 환경 정보를 토대로 배정된다. 특정 인구에 대한 통계를 내기 위해선 우선 자료 수집 방식이 개정되어야 했다. 무엇보다도 과거 스페인제국 지배하에 있던 지역의 출신자를 아우르는 통합 범주가 필요해졌다.[15]

'히스패닉'의 탄생

1970년대 미국 내 중남미 출신 거주민의 압도적 다수는 멕시코계, 푸에르토리코계, 쿠바계였다. 그러나 이들 세 집단은 각자 따로 놀았다. 서로 같은 이해를 공유했다는 의식뿐만 아니라 조직적 연계도 아주 약했다. 각 집단이 추구하는 바도 서로 달랐다. 주로 뉴욕시에 모여 살던 푸에르토리코인은 도시 개발 문제와 미국에 복속된 조국의 주권 문제에 매달렸다. 마이애미에 정착한 쿠바인은 본국의 카스트로 공산 정권 몰락을 추구하는 데 집착했다

반면 멕시코계 주민은 그들의 민권운동이라 할 수 있는 '치카노 운동

Chicano Movement'을 벌이고 있었다.[16] 지도자들은 멕시코계 주민에 대한 처우 개선을 요구하며, 농장 노동자 임금 인상, 교육 환경 개선, 정치력 신장을 통한 옛 영토 회복에 주력했다. 이들은 빈곤율과 실업률 등 멕시코 주민의 불리한 처지를 통계적으로 뒷받침하려 했다. 따라서 인구조사국이 멕시코인만을 위한 별도 자료를 수집해야 한다고 요구했다.

이처럼 멕시코계, 푸에르토리코계, 쿠바계 커뮤니티는 개별 집단의 특화된 자료를 요구했다. 각 커뮤니티 지도자는 인구조사국이 중남미계 주민을 유럽계 주민과 마찬가지로 백인으로 계수하고 있으므로, 자신들의 불리한 처지가 정부 통계에 제대로 반영되지 않는다고 비판했다. 이들은 유럽계 백인과는 구분되는 별도의 범주가 필요하다고 주장했다.[17]

인구조사국 처지에서 볼 때 이것은 수용하기 어려운 요구였다. 멕시코계, 푸에르토리코계, 쿠바계 등 집단별로 따로 자료를 모으는 일은 시간 낭비일 뿐만 아니라, 자료 분석을 더디게 할 수 있는 사안이었다. 인구조사국은 이들 집단을 모두 포용하는 통합 유형을 새로 채택하기로 했다. 인구조사국은 상급기관인 백악관 산하 행정관리예산국OMB과 여러 차례 회의를 거쳐, 새로운 분류 명칭을 '히스패닉'으로 정했다. 당시 닉슨 행정부는 이 용어에 만족했다.[18]

히스패닉: 인종인가, 민족인가?

'히스패닉' 개념이 처음 만들어질 때부터, 이것이 '인종' 범주인지 아니면 '민족' 범주인지에 대해 논란이 있었다. 행정관리예산국은 1970년대 중반 인류학자들에게 이 문제를 의뢰했다. 그러나 이들의 견해도 서로 엇갈렸다. 일군의 인류학자는 히스패닉이 인종 분류라고 주장했고, 다른 캠프에 속한 인류학자는 이를 민족 개념이라고 해석했다. 일반인도 서로 생각이 달랐다. 마이애미에 몰려 있던 쿠바인은 대부분 자신이 백인 인종이라고 생각했다. 반면 스페인 혈통의 멕시코인은 자신들을 기존 인종과 구별되는 별도의 인종집단으로 보는 성향이 강했다.[19]

중남미계 주민을 동류집단으로 분류하는 작업은 애초부터 쉽지 않은 일이었다. 이들의 본향인 중남미 역사가 '인종' 혼종의 역사이기 때문이었다. 스페인과 유럽계 제국이 이 지역을 식민화한 이래, 이곳에선 다양한 사람이 서로 섞였다. 백인계 스페인 정복자, 현지 토착 원주민, 노예무역을 통해 아프리카에서 중남미 대륙과 서인도제도로 대량 유입된 흑인 등, 서로 다른 집단이 성적 결합이나 결혼을 통해 다양한 유형의 후손을 낳았기 때문이었다. 후에 중국에서 쿠바 등으로 건너가 정착한 노무자, 즉 '쿨리'까지 가세하면서, 이곳의 인종 지형도는 더욱 복잡해졌다. 이들 중남미계 일부가 미국으로 건너왔을 때, 과연 이들을 특정 인종, 혹은 특정 민족집단으로 특화할 수 있을까.

'히스패닉' 범주의 성격을 규정하는 데에는 정치적 이유도 있었다. 인구조사국은 1970년대 중반, 히스패닉 부류를 정식 인구조사에 포함하기 전 여러 테스트를 시행했다. 그런데 기존 인종 범주에 히스패닉 유형을 추가할 때마다, 다른 인종집단에 표시하는 숫자가 줄어들었다. 흑인이나 필리핀 주민 가운데 일부가 자신을 히스패닉이라고 대답하기 때문이었다. 이러면 흑인 사회나 아시안 단체에서 불평불만이 제기될 게 뻔했다. 인구조사국은 이런 반발을 우려했다. 결국 '히스패닉' 범주는 인종이 아니라 '민족' 범주로 낙착됐다.[20]

〈행정훈령 15호Directive No.15〉가 초래한 혼란

1977년 백악관 산하 행정관리예산국은 의회 요구에 따라 〈행정훈령 15호〉를 공표했다. 〈행정훈령 15호〉는 인구조사 등 연방 자료를 수집하고 보고할 때 인종과 민족의 기준이 무엇이며 이를 어떻게 처리할 것인지에 대한 지침을 담고 있었다. 행정관리예산국은 여기서 미국 내 '인종'을 4개—백인, 흑인, 아시안, 원주민 인디언 또는 알래스카 원주민—로 규정했다. 또한 '민족' 집단은 히스패닉 후손과 비히스패닉 후손 두 개로 분류하고, 각 부류에 대한 자료를 모으도록 했다. 이처럼 〈행정훈령 15호〉는 히스패닉이 '민족' 집단을 나타낸다고 못 박았다.[21]

이에 따라 1980년 전국 인구조사 설문지에 히스패닉 범주가 포함됐다. 이전까지는 개인의 정체성에 관한 질문이 당사자의 '인종'에 관한 항목 하나뿐이었다. 그러나 1980년 인구조사 때부터는 '민족' 배경에 대한 질문 항목이 하나 더 추가된 것이다. 모든 인구조사 참가자들은 먼저 자기의 민족 배경에 대한 항목, 즉 자신이 히스패닉인지 아니면 비히스패닉인지에 대해 답해야 했다. 이어 기존의 인종에 관한 두 번째 질문에 자신의 범주를 표시해야 했다.

인구조사국의 새로운 시도는 커다란 혼란과 반발을 초래했다. 특히 중남미계 주민 사이에서 새 범주에 대한 저항이 컸다. 미국에 거주하는 중남미인은 자신의 정체성을 규정할 때 출신국 명을 기준으로 하는 성향이 강했다. 당시 일반적 반응은 "나는 쿠바인, 혹은 나는 멕시코인이다. 나는 히스패닉이 아니다. 이 유형은 나에게 적용되지 않는다"였다. 또한 '히스패닉'이 민족집단을 지칭하기보다는 인종집단을 의미한다고 생각하는 이들이 많았기 때문에, 두 번째 질문에 대한 오답률이 높고

또한 응답률도 떨어지는 현상이 벌어졌다.[22]

　이런 혼란이 생긴 데에는 몇 가지 이유가 더 있다. 첫째, 앞서 언급했듯이 근본적으로 상당수 중남미 출신의 인종이 서로 중첩된다는 점이다. 둘째, 히스패닉 집단에 대한 연방 행정관리예산국의 모호한 규정도 중요한 원인이다. 연방 행정관리예산국은 훈령에서 히스패닉의 대체적 범위에 대해만 언급했을 뿐, 이들이 구체적으로 누구인지를 분명히 하지 않았다. 마지막으로 히스패닉 범주에 포함된 집단의 다양성이다. 이들은 출신 지역이 광범위하고, 집단마다 독특한 역사를 간직하고 있으며, 이민 역사도 서로 달랐다. 이들을 마치 동질적 집단인 양 하나의 범주로 묶었으니, 혼란과 반발이 있을 수밖에 없었다.

　행정관리예산국은 논란을 잠재우기 위해, 1997년 〈행정훈령 15호〉의 개정안을 공표했다. 여기서 행정관리예산국은 미국 내 인종 범주의 수를 4개에서 5개로 조정했다. 또한 '히스패닉'이란 민족 범주의 이름을 '히스패닉 또는 라티노'라고 바꿨다. 중남미 주민이 '라티노'라는 용어를 선호하는 점을 참작한 조치였다. 아울러 인구조사에서 사용되는 범주가 결코 "과학적 혹은 인류학적 범주"가 아니라는 점을 분명히 했다. 단지 여러 집단에 대한 자료를 수집하기 위해 고안된, "사회·정치적 가공물social-political constructs"일 뿐이라고 밝혔다.[23]

히스패닉 범주의 '인종화'

인구조사국은 히스패닉 범주를 만들어낸 이래, 용어 정착을 위해 애를 썼다. 미국 내 중남미 커뮤니티 지도자를 자문위원으로 위촉한 뒤, 이들을 통해 새 범주의 중요성을 알리는 대대적 캠페인을 펼쳤다. 스페인어 방송국과 신문도 동원됐다. 이들 언론은 유명 가수나 배우 등 각국 스타를 출연시켜, 새 범주를 홍보하도록 권장했다.[24]

이런 노력이 전혀 효과가 없는 것은 아니었다. 시간이 흐름에 따라 새 분류를 받아들여, 자신을 히스패닉으로 규정하는 중남미 출신자 비율이 조금씩 늘었다. 1990년에는 히스패닉 유형을 받아들이는 비율이 25퍼센트에 이르렀다. 특히 미국에서 태어나고 자라난 중남미계 2세 가운데서는 자신을 히스패닉으로 규정하는 비율이 부모 세대보다 상대적으로 높았다. 그러나 미국 내 중남미 출신 가운데 자신의 정체성을 히스패닉으로 규정하는 이는 여전히 소수다. 아직도 이 말이 무엇을 의미하는지 모른다고 응답하는 이들이 적지 않다. '히스패닉' 분류를 둘러싼 혼란과 논란은 지금까지 계속되고 있다.[25]

히스패닉 정체성과 관련해 두드러지게 나타나는 현상은 두 가지로 요약된다. 첫째, 중남미 출신 거주민 상당수는 여전히 '출신 국가 명칭'을 자신의 인종 정체성으로 내세운다는 점이다. 이런 경향은 최근에 이민 온 중남미인들 사이에서 현저하게 나타난다. 이들 가운데는 인종 정체성을 묻는 물음에 "나는 도미니카인"이라거나 "나는 과테말라인"이라고 응답하는 이가 많다. 즉 기존 인종체계를 무시한 채, 자신의 조국 이름을 인종 범주로 사용하는 것이다. 국가 명칭이 인종화됐다고 할 수 있다. 계속된 이민자 유입이 기존 미국 인종 분류체계에 영향을 줄 수 있음을 시사하는 부분이다.[26]

둘째, '히스패닉' 또는 '라티노'를 별도의 '인종' 범주로 받아들이는 이들이 늘고 있다. 즉 히스패닉 범주가 백인, 흑인, 아시아인 유형과 마찬가지로, 독립적인 인종을 지칭하는 것으로 간주하는 이들이 많아졌다. 이는 정부 당국이 히스패닉 또는 라티노를 '민족집단'으로 규정한 것과는 상반되는 현상이다. 이는 가장 최근 시행된 인구조사에서 40퍼센트의 라티노가 인종 항목에 자신을 '기타' 인종으로 표시한 것에서 잘 나타난다. 연구자들은 이런 현상을 라티노가 자신의 인종이 백인이나 흑인이 아니라는 것을 드러내는 것으로 해석한다. 이제 중남미 출신 주민이나 그 후손들에게 '히스패닉' 또는 '라티노' 범주는, 여러 인종이 섞인 '혼합인종'임을 나타내는 것으로 굳어졌다.

이런 현상은 비단 히스패닉 주민에게만 국한되지 않는다. 일반인 사이에서도 이런 관행이 널리 퍼져 있다. 이제는 일반 미국인도 히스패닉을 흑인이나 백인과 동일한 반열의 '인종' 범주로 본다. 즉 '혼종'을 지칭하는 말로 보는 것이다. 인종 문제 연구자는 이런 추세를 '히스패닉 범주의 인종화'라 부른다.[27]

정부 당국도 이런 흐름을 받아들이는 쪽으로 선회했다. 2012년 백악관 산하 행정관리예산국은 인종 범주를 놓고 파생된 혼돈을 최소화하는 조치를 하겠다고 발표한 것이다. 즉 2020년 인구조사에 기존의 인종 항목과 히스패닉계 여부 항목을 하나로 합하는 것을 고려해보겠다는 취지였다. 학계의 의견을 반영한 아주 합리적인 조치였으며, 각 커뮤니티도 환영의 뜻을 표했다. 그러나 트럼프 대통령이 이를 반대하면서 마지막 단계에서 무산됐다. 비록 2020년 인구조사에서는 이 방식이 적용되지 못하게 됐지만, 결국은 이런 방향으로 나가게 될 것으로 연구자들은 예상한다.

이제 '누가 히스패닉인가'에 대한 답을 논하는 것으로 이 장을 마무리 지으려 한다. 이 질문은 지금껏 개인적·사회적·국가적 차원에서 항상 제기돼왔다. 미국 인구조사국, 이민국, 여론 조사기관은 같은 견해를 밝히고 있다. 누구든 자신을 히스패닉으로 규정하는 이를 히스패닉으로 취급하는 것이다. 외부에서 부여된 범주보다는 개인 자신이 스스로 규정한 정체성을 존중해주자는 취지다. 거꾸로 통상 히스패닉으로 분류될 수 있는 사람이 자신을 그렇게 규정하지 않으면, 그를 히스패닉으로 간주하지 않는다. 이런 부류가 히스패닉 인구의 약 11퍼센트 정도 되는 것으로 추산된다. 특히 히스패닉 4세들 가운데서는 50퍼센트가 자신을 히스패닉으로 간주하지 않는 것으로 나타난다.[28]

히스패닉의 몸집과 '맷집'

히스패닉계는 아시아인과 더불어 인구수가 미국 내에서 가장 빨리 증가하는 집단이다. 앞에서 언급했듯이 2019년 현재 미국 전체 인구의 18.1퍼센트가 히스패닉이며, 2050년에는 그 비율이 25퍼센트에 달할 것으로 예측된다.

각 주의 히스패닉 인구비를 보면 히스패닉의 힘이 어느 정도인지 좀 더 분명해진다. 2018년 기준으로 뉴멕시코주 히스패닉 인구 비율은 48.8퍼센트이며, 텍사스주는 39.4퍼센트, 캘리포니아주는 39.1퍼센트, 애리조나주는 31.4퍼센트다. 또한, 네바다주 인구의 28.8퍼센트, 플로리다주 인구의 25.6퍼센트, 콜로라도주 인구의 21.5퍼센트, 그리고 뉴욕주 인구의 19.2퍼센트가 히스패닉이다.

미국에서 한국인이 제일 많이 사는 로스앤젤레스 지역을 보자. LA

시가 포함된 LA 카운티郡와 리버사이드 카운티의 히스패닉계 인구 비율은 각각 50퍼센트다. 거주민 2명 가운데 1명이 히스패닉이다. LA시 북쪽에 있는 샌버너디노 카운티의 히스패닉 주민 비율은 54퍼센트다.

이 같은 급속한 인구 증가는 지속적인 이민과 함께, 히스패닉 여성의 높은 출산율에도 힘입은 바 크다. 히스패닉 집단은 다른 집단에 비해 훨씬 젊다. 이들의 평균 중간 나이가 30세다. 백인 중간 나이가 44세, 아시아인이 37세, 흑인이 34세임에 비추어 보면, 히스패닉 인구집단이 얼마나 젊은지 알 수 있다.[29]

불어난 것은 히스패닉의 몸집뿐만이 아니다. 히스패닉계의 '뱃집'도 단단해졌다. 이들의 정치력 신장을 보자. 전통적으로 히스패닉의 유권자 등록률과 투표 참여율은 다른 집단에 비해 아주 저조했었다. 그러나 지금은 다르다. 2016년 기준으로 투표가 가능한 히스패닉 가운데 유권자 등록을 마친 비율은 이제 57퍼센트에 달한다. 물론 전국 평균 70퍼센트인 유권자 등록률에는 못 미치지만, 과거에 비하면 매우 증가했음을 알 수 있다.

미국 전체 유권자 가운데 히스패닉 유권자의 비율은 이제 12퍼센트가 됐다. 각 주별로 보면 이들의 정치력 잠재력이 어떠한지 쉽게 가늠할 수 있다. 2018년 기준 뉴멕시코주의 히스패닉 유권자의 비율은 42.6퍼센트이며 캘리포니아주의 경우는 30퍼센트다. 텍사스주에선 유권자 가운데 29.8퍼센트가 히스패닉이며, 애리조나주는 23.4퍼센트, 플로리다주는 20퍼센트, 네바다주는 19퍼센트가 히스패닉 유권자다. 이젠 누구도 히스패닉을 이전처럼 '종이호랑이'로 여기지 못한다. 미국 정치인들 사이에선 반反히스패닉 정책이나 법안을 추진하는 일이 '정치적 자

살'에 버금가는 일로 간주할 정도가 됐다.[30]

'히스패닉' 또는 '라티노' 범주는 비록 행정 편의상 만들어지고 부여된 범주이긴 하지만, 그 대상 집단이 점차 이 분류를 수용하면서 이젠 중남미 출신 거주민의 정체성을 대표하는 범주로 자리 잡아가고 있다. 또한, 이들 집단 사이의 연대를 촉진하고, 공동체 의식을 고양하며, 정치적 단합을 가능케 하고 있다. 이런 과정을 통해 히스패닉 집단은 계속 맷집을 단단하게 만들고 몸집을 불려나가고 있다.

지금까지 미국에서 인종 범주, 즉 백인, 흑인, 아시안, 히스패닉이 어떻게 만들어졌는지를 기술했다. 이제부터는 미국에서 '인종'이라는 개념이 어떻게 시작됐는지, 그 탄생과 성장 과정에 얽힌 비밀을 통해 인종의 파란만장한 일대기를 살펴보기로 하자.

2
인종, 약자
억압의
이데올로기

7.
인종,
"인류의 가장 위험한 신화"

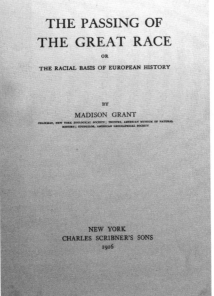

THE PASSING OF
THE GREAT RACE
OR
THE RACIAL BASIS OF EUROPEAN HISTORY

BY
MADISON GRANT
CHAIRMAN, NEW YORK ZOOLOGICAL SOCIETY ; TRUSTEE, AMERICAN MUSEUM OF NATURAL
HISTORY ; COUNCILOR, AMERICAN GEOGRAPHICAL SOCIETY

NEW YORK
CHARLES SCRIBNER'S SONS
1916

매디슨 그랜트와 그가 1916년 펴낸
《위대한 인종의 쇠락》의 속표지
(출처: 위키미디어, 공용).

이야기 7.
히틀러의 성경책

미국 인종주의의 대제사장

"이 책을 저술해주어 고맙습니다. 이 책은 나의 성경책입니다."

1930년대 초, 한 독일인이 미국인 저자에게 편지를 보냈다. 그는 미국인이 쓴 책에 깊은 감명을 받았고, 흥분을 가라앉힐 수 없어 펜을 든 것이다. 일종의 팬레터였다. 짧지만 격정이 넘치는 글이었다. 나의 성경책이라. 이만하면 가히 저자에 대한 최상의 찬사가 아닐 수 없었다.

편지 수취인의 이름은 매디슨 그랜트. 독일인이 극찬한 서적은 그랜트가 펴낸 《위대한 인종의 쇠락》이었다. 몇 년 전 독일어로 번역된 후 독일에서 열광적 반향을 불러일으킨 책이었다. 팬레터를 쓴 독일인은 서신을 보낸 직후 바이마르공화국 총리로 임명됐고, 곧이어 독일 총통으로 등극했다. 권력을 손아귀에 거머쥔 그는 그랜트의 주장을 충실히 반영한 정책을 강력히 밀고 나갔다. 그리곤 그의 조국을 서서히 파멸의 구렁텅이로 몰아갔다. 그의 이름은 아돌프 히틀러다.[1]

매디슨 그랜트는 과학적 인종주의의 선구자이자, 미국 우생학과 반이민운동의 대부였다. 그에게 "미국 인종주의의 대제사장", "인종차별주의의 위대한 교주", "과학적 인종주의 선언서의 저자" 등 여러 불명예스러운 별명이 꼬리표처럼 따라붙는 이유다.[2]

그랜트는 세기말 전후의 새 이민 물결에 커다란 위기감을 느꼈다. 1880년대부터 세기 초까지 1,000만 명 이상이 큰 파도처럼 밀려오고 있었기 때문이다. 그러나 정작 그가 우려한 것은 새 이주민의 숫자가 아니었다. 이들의 출신지였다. 이들은 주로 이탈리아, 그리스, 폴란드, 헝가리, 러시아(유대인)에서 왔다. 이들은 북유럽인보다 피부색이 검고, 체구도 작았다. 딱히 흑인도 아니고, 그렇다고 백인도 아니었다. 기존 인종 분류체계에 들어맞지 않는 집단이었다.

그랜트는 1916년 《위대한 인종의 쇠락》을 펴냈다. 그는 먼저 '인종'이 인류 문명의 기본 엔진이라고 규정했다. 이어 지구상의 모든 인류는 우열 순으로 배열할 수 있는 여러 아종亞種으로 나뉘어 있다고 주장했다. 그랜트는 유럽인을 노르딕, 알파인, 지중해인으로 나눈 분류법을 받아들였다. 인종 서열의 정점엔 금발 머리와 파란 눈을 가진 노르딕, 즉 북유럽계가 자리 잡고 있으며, 그 밑으로 여타 가치가 떨어지는 인종이 존재한다고 보았다. 그는 북유럽인이 미국 문명을 건설한 '지배 인종'이라며, 이들의 우수성을 강조했다. 그런데 이제 새 이민자가 대거 유입되면서, 인종 혼합 가능성이 커졌고, 이로 인해 미국 사회가 퇴락할 것이라 경고했다.[3]

그랜트는 연방 의회를 설득하기 시작했다. 열등한 유럽인의 유입을 막아야 한다며, 이민 제한법 통과를 위해 적극적으로 로비활동을 펼쳤다. 1920년대엔 많은 의원이 그의 주장에 동조했다. 이들은 국회의사당에서 발언 도중 그랜트의 책을 인용하거나 관련 부분을 큰소리로 낭독하곤 했다. 흑인에 대한 린칭을 정당화할 때도 그의 책이 인용되곤 했다.[4] 결국, 의회는 1924년 거주민의 출신 국가 비율에 따라 각 나라의 이민자 수를 할당하는 새 〈이민법〉을 의결했다. 이 법안의 목적은 북유럽 이외에서 오는 이민을 봉쇄하는 것이었다. 실질적으로 〈반이민법〉이었다. 이로 인해 아시아나 중남미 지역에서 미국으로 오는 이민 문호가 꽁꽁 잠겼다. 미국 '이민의 암흑기'가 도래한 것이다.[5]

그랜트는 이것으로 만족하지 않았다. 그는 위대한 노르딕 인종이 다른 유럽인과 섞이는 것을 막기 위해 동분서주했다. 노르딕 인종이 다른 인종과 섞이면 순혈성이 오염되고, 곧이어 쇠락의 길을 걷게 되리라 두려워했다. 그랜트는 서로 다른 인종 간 결혼을 금하는 법안 통과에 주력했다. 그랜트의 노력에 힘입어 여러 주가 서로 다른 인종 사이의 결혼을 불허하는 법안을 채택했으며, 인종 울타리를 넘어선 사랑은 불법이 됐다.

　그랜트는 또한 위대한 인종을 보존한다는 명목하에, 우생학을 적극적으로 추진했다. 그는 사회에 무익한 열등집단은 제거되어야 한다며, 다윈의 사촌 프랜시스 골턴이 창시한 '우생학'을 사회정책 논쟁 속으로 끌어들였다. 그랜트는 가는 곳마다 장애인이나 병약한 아이에게 불임수술을 실시해야 한다며 목소리를 높였다. 아니나 다를까. 이번에도 여러 주가 호응했다. 이들은 우생학 관련 법안을 채택하고 이를 정책으로 실행했다. 그 결과 1907년부터 1961년대까지 약 6만 2,100명의 "쓸모없는" 시민이 강제로 불임수술을 당했다. 그랜트는 이내 미국 우생학의 대부로 떠올랐다.[6]

너희가 인종을 아느냐

인종은 근대의 산물

태초에 인종이 있었을까. 사람들은 대개 인종이 오래전부터 있었다고 지레짐작한다. 사람의 인종이란 태어날 때부터 주어지는, 자명한 것이라 가정하는 것이다. 따라서 나와 피부색, 외모, 언어가 다르면, 당연히 다른 인종에 속한 사람이라고 속단한다. 즉, 모든 인간이 원초적으로 특정 인종에 속한다고 단정한다.

그러나 현대 역사학자와 인류학자는 이런 생각이 틀렸다고 주장한다. 이들은 먼저 인종 개념이 태어난 시기가 "놀라우리만큼 최근"임을 보여준다. 즉, 인종은 '역사의 새내기'라는 말이다. 그리고 다양한 사례를 들어 피부색에 근거한 인종 분류가 오류임을 증명해 보인다.

인종과 인종 혐오의 역사는 짧다. 고전 문학과 고대 언어 연구자는 현대의 '인종'에 상응하는 낱말이나 개념이 고대 사회에는 없었다는 점을 강조한다. 이런 입장을 개진하는 학자 가운데 대표적인 인물이 프랭크 스노우든이다. 스노우든은 이집트·그리스·로마·초대 기독교의 문학과 미술에 나타난 '흑인 이미지'를 낱낱이 살펴봤다. 이를 토대로 스노우든은 고대 사회에서 검은 피부가 차별의 토대가 된 예가 없다고 주장했다. 고대 지중해 지역에서 오늘날 흑인과 백인으로 분류되는 사람이 교역할 때, 피부색에 대한 첨예한 의식이나 어떤 형태의 인종차별도 찾아볼 수 없었다는 것이다.[7]

물론 고대 사회에도 노예제는 존재했다. 그러나 당시 노예는 대부분 전쟁 포로이거나 채무 불이행으로 팔린 자들이었다. 고대 사회에서 '흑인성blackness'이 노예의 토대로 사용됐다는 증거는 하나도 발견되지 않았다고 스노우든은 강조한다. 로마제국의 경우, 노예는 제국의 변방에 산재하는 모든 피부 색깔의 주민과 다양한 국가 출신을 망라했다. 로마제국의 대다수 노예는 그리스 출신 노예처럼, 유럽인이거나 지중해 지역 출신이었다는 말이다.

그렇다면 인종적 사고방식에 선행한 것은 무엇일까. 역사학자들은 인종 개념이 출현하기 전에는, "자기 민족 중심적ethnocentric" 성향이 우세했다고 지적한다. 자기 민족문화는 우수하지만 다른 집단의 문화는 미개하고 야만적이라 믿는 풍조가 널리 퍼져 있었다는 것이다. 예를 들어 고대 그리스인은 이집트인의 뛰어난 건축, 문화, 법률의 영향을 받았음에도 불구하고, 이들의 전제적 정치체제, 노동력 강제 동원, 비합리적 사고 등을 들어, 그리스인이 이집트인보다 더 뛰어나다고 믿었다. 특정 종족의 선천적 우월성을 처음으로 주장한 철학자가 아리스토텔레스다. 그는 이성을 소유한 자유 그리스인이 이방인보다 선천적으로 우월하다는 견해를 표방했다.

이처럼 고대인은 문명 대 비문명이라는 이분법적 구분을 토대로 야만적인 종족을 노예로 삼거나 죽이기도 했다. 여기서 주목해야 할 점은 타 집단에 대한 편견의 기반이 '신체적 특징'이 아니라, 문명이나 이성의 존재 여부, 그리고 그리스인이라는 종족성, 혹은 민족성이었다는 점이다. 기원전 2000년과 기원전 5세기경에 흑인이 등장하는 그림과 연극이 있지만, 그리스인은 이들 흑인을 편향된 인종적 시각으로 바라보지 않았다. 왜냐하면, 그리스인 사이에 자신들이 '백인'이라는 인식이 없었기 때문이다.[8]

중세 때는 어떠했을까. 역사학자 이반 한나포드는 고대와 중세의 광대한 문헌을 탐구해왔다. 그는 문헌조사를 토대로 "히브리어, 그리스어, 로마어 가운데 인종과 유사한 개념이 없다"고 밝혔다. 인류가 "혈통, 관상, 기후, 대지, 토양, 언어"에 따라 인간 외양에 차이가 있음을 인식한 것은 12세기경부터라고 그는 주장했다. 이런 '다름'을 설명하는 과정에 원시적 인종 개념이 싹트기 시작했다고 한나포드는 적고 있다. 즉, 거주민을 피부 색깔에 따라 분류하기도 했다는 것이다. 그러나 피부색 차이는 서로 다른 기후대에 거주한 결과로 보았지, 원초적으로 주어진 차이로 간주하지는 않았다고 한나포드는 주장했다.[9]

《간추린 인종주의의 역사》를 저술한 조지 프레데릭슨은 인종주의의 원형을 14~15세기 중세 아랍 세계에서 찾는다. 즉 신대륙 발견 이전 이슬람이 지배하는 스페인에선, '흑인성'을 노예와 동일시했다는 것이다. 그러나 프레데릭슨도 인정했듯이 당시엔 흑인 노예와 백인 노예가 공존했다. 즉, 이베리아반도의 노예제는 순전히 인종에 바탕을 둔 제도가 아니었다. 프레데릭슨도 이러한 초기 반흑인 인종주의가 제도와 이념으로 굳어지기까지는 좀 더 오랜 시간이 걸렸다고 분석했다.[10]

기독교가 모든 삶을 지배하던 중세시대엔, 타고난 신분—귀족, 평민 등—과 함께 종교가 경계 짓기의 중요한 기준이었다. 이런 종교적 분위기 탓에 이교도, 특히 유대인과 이슬람인에 대한 차별이 광범위하게 퍼져 있었다. 당시 기독교인은 유대인과 이슬람인을 악마의 자녀로 정죄했다. 이들이 예수를 십자가에 못으로 박거나, 거부했다고 보았기 때문이다.

프레데릭슨 스탠퍼드대 교수는 이 같은 반유대 감정을 인종주의의 뿌리로 봤다. 그는 중세시대의 반유대주의와 반이슬람 정서가 근대에 들어와 인종주의로 전환됐다고 주장한다. 즉, 중세 때의 종교적 불관용이 르네상스 시기와 '발견의 시대'에 들어와 초기 인종주의의 모태가 됐다는 설명이다. 그는 유럽에 인종주의가 만연한 시점을 17세기 중엽부터라고 명토 박는다. 여기서 보듯, 이교도에 대한 반감과 차별은 종교에 토대를 둔 것이었지, 신체적 특징에 기인한 게 아니었다. 기독교권을 하나의 통일된 세계로 보고, 그 안의 모든 사람이 같은 인간이라고 보는 종교관 때문이었다.[11]

인종의 '제작 연대'

많은 역사학자는 인종 개념의 출현이 16세기 '항해의 시대' 개막과 밀접하게 맞물려 있다고 본다. 대부분 학자는 '발견의 시대'로 불리는 16세기 이전에는 오늘날 우리가 알고 있는 인종 개념이 아예 없거나, 아주 원시적 형태로 존재했다고 본다. 이 당시 유럽인의 장거리 여행은 낙타나 말을 이용한 육로 여행이 주였다. 이 경우 말안장 위 순례자는 행로 주변 거주민의 외모에서 두드러진 차이점을 느끼지 못했을 것이다. 거주민의 겉모습이 아주 조금씩 달라졌기 때문에.

그러나 항해술의 발달은 이런 패턴을 확 바꾸어놓았다. 이제 사람들은 구대륙과 신대륙 사이의 대양을 건너 먼 곳까지 탐구할 수 있게 됐다. 유럽인은 원거리에 있던 서반구를 방문해 그곳 원주민과 맞닥뜨렸다. 아메리카 토착민의 외모는 지금까지 유럽인이 조우했던 이방인과

확연히 달랐다.[12]

유럽인이 신대륙에서 '발견'한 것은 기대 이상이었다. 그곳엔 광대한 땅과 광산물, 그리고 풍부한 노동력이 있었다. 유럽인은 아메리카 대륙을 정복해 천연자원을 수탈했으며, 원주민 노동력을 이용해 대규모 농장을 경영했다. 여기서 나온 막대한 수익은 스페인과 영국 국부의 원천이 됐다. 북·남미 대륙 '발견'과 정복, 그리고 현지 원주민의 노예화는 유럽 강대국 근대화의 주요 동력이었다. 이 과정에서 원주민 '수천만 명'이 전염병과 노동 혹사와 학살로 인해 사망했다. 이에 따른 노동력 감소를 메우기 위해 대서양 '노예무역'을 통해 아프리카인이 수입되기 시작했다.

그러자 남미 대륙 원주민에 대한 예속과 착취가 유럽에서 큰 문제로 떠올랐다. 특히 가장 넓은 식민지를 갖고 있던 스페인에서 이에 대한 종교 논쟁이 벌어졌다. 논의의 핵심은 과연 남미 선주민을 신이 창조한 인간으로 간주할 수 있는지였다. 도대체 인간은 누구이며, 인간 다름의 본질은 무엇인지, 원주민이 유럽인과 비교해 열등한 존재인지, 그리고 이들 원주민을 어느 정도까지 학대하고 노예로 부려먹을 수 있는지를 놓고, 유럽의 종교인과 지식인은 열띤 토론을 벌였다. 이렇게 토착민 억압을 정당화하는 과정에서 인종 이데올로기가 서서히 모습을 드러내기 시작했다.

캘리포니아 버클리대 마이클 오미와 그의 동료 호워드 와이난도 유사한 주장을 펼쳤다. 오미와 와이난은 《인종 형성》이라는 저서에서 유럽인의 신대륙 '발견'과 정복 사건에 특별한 의미를 부여한다. 이들은 남미 대륙 정복과 착취를 인류 최초이자 최대 규모의 '인종화 프로젝트'라 명명한다. 전 지구적 규모로 인종화가 시작된 사건이라는 것이다. 두 학자는 오늘날 우리가 알고 있는 인종 개념과 분류가 정착하기까지는 오랜 시간이 걸렸다는 점을 강조한다.[13]

오미와 와이난은 시작부터 인종이 "사회적으로 구성되었다"라는 점을 강조한다. 즉, 유럽 지식인이 아메리카 원주민, 혹은 아프리카인에 대한 철학적·인류학적 논의를 시작하기 전에, 이곳 사람을 "분류하고 범주화해야 할 매우 급박한 필요성"이 야기됐다는 것이다. 이러한 목적에 부합하는 가장 중요한 기준이 '표현형', 즉 눈에 보이는 외모나 형체였다. 여기서 이들이 강조하는 것은 인종화가 일어난 순서다. 먼저 원주민에 대한 수탈이 일어나고 억압적 구조가 수립됐으며, 후에 이를 정당화하기 위해 토착 원주민에 대한 부정적 이미지를 덧입히는 과정에서 인종 개념이 고안됐다는 것이다. 다시 말해 인종 개념이 비서구인 억압에 대한 정당화의 기제로 형성됐다는 점이다.

이런 역사적 배경 탓에 학자들은 인종 개념의 뿌리를 서구의 아메리카 대륙과 아프리카 대륙 식민화에서 찾는다. 즉 유럽인이 남·북아메리카 원주민을 식민화하고 아프리카 흑인을 노예화하는 과정에서 인종이라는 아이디어가 고안됐다고 본다. 즉, 인종 이데올로기는 서구의 비서구 사회 정복과 원주민 노예화의 산물이라는 것이다. 이런 과정을 통해 인종 정체성에 대한 의식이 많은 이들에게 퍼졌으며, 각 집단에 일관된 의미가 부여되기 시작했다. 인종 관련 연구에서 식민제국 스페인과 영국 사례가 집중 조명을 받는 연유다. 사학자 프레데릭슨은 스페인을 일러, "서구인의 인종적 태도를 배양한 모판"이라고 부르기도 했다.[14]

18세기 후반 계몽주의 시대엔 인종의식이 일반 대중 사이에 점차 넓게 퍼졌다. 그러자 헤겔, 칸트, 볼테르, 존 로크 등 명망 있는 유럽 철학자가 줄줄이 인종 규명에 나섰다. 그러나 계몽주의 철학자의 인종 묘사, 특히 비백인 인종에 관한 서술은 명확한 증거에 의해 뒷받침되지 않는 경우가 많았다. 이들이 비유럽인에 대한 정보를 얻기 위해 주로 사용한 자료가 대부분 신빙성이 극히 의심되는 모험담, 여행기, 또는 선교 보고서였기 때문이다. 이를 토대로 계몽 철학자들은 신랄한 인종주의적 견해를 피력했다. 예를 들면 볼테르는 흑인이 백인과 다른 '별도의 종'이라고 주장했다. 그는 또한 "검둥이는 열등하며, 이성적 사유 능력이 모자랐다"라고 단언하기도 했다.[15]

지금까지 살펴봤듯이 인종 개념이 인류 역사에 등장한 시점에 대해선 학자들 사이에 다소 차이가 있다. 인종 개념이 계엄령 선포되듯 하루아침에 뚝딱 급조된 게 아니고, 서로 다른 지역에서 시차를 두고 서서히 형성된 탓이다. 그러나 인종이 근대의 발명품이라는 사실에 대해선 큰 이견이 없다. 다시 말해 피부색 등 외모를 기준으로 만들어진, 우리가 지금 익히 알며 쓰고 있는 인종 카테고리가 완전히 자리 잡은 때가 19세기 초엽이라고 보는 것이다.[16]

지금까지 거론된 견해를 토대로, 인종이라는 아이디어의 진화 과정을 얼추 꿰맞추자면 이렇다. 근대 인종 개념의 싹이 움튼 것은 15~16세기 '항해의 시대' 무렵이었다. 이어 17세기와 18세기 계몽주의 시기를 거치며 인종 본질과 분류에 대한 인식이 점차 널리 퍼졌다. 그리고 19세기 초경 오늘날 널리 쓰이는 인종 범주와 인종 세계관이 완전히 이데올로기로 굳어졌다.[17] 우리에게 아주 친숙한 인종 범주가 확립된 게 불과 200여 년밖에 되지 않았다는 말이다. 유구한 인류 역사에 비춰보면 이는 아주 최근의 일이다. 작금의 인종적 세계관이 인류 시작과 함께 널리 사용됐을 거라는 일반의 생각과는 확연히 다름을 알 수 있다.

풀리지 않는 수수께끼: 인종의 수

그러면 세상에는 모두 몇 개 인종이 있을까. 지난세기 많은 학자가 이 질문 앞에서 모두 머뭇거렸다. 일견 인종집단의 테두리는 명백하고 확고한 것으로 보이지만, 실은 그 경계가 모호하기 짝이 없었기 때문이다. 인종 개념이 만들어진 이래 많은 학자가 인종의 수를 확정지으려 애썼지만, 그럴수록 이들의 곤혹스러움은 더욱 커졌다. 인종 범주와 기준이 시대와 장소에 따라 가지각색이었기 때문이다.

진화론을 주창했던 찰스 다윈도 이 문제가 좀 알쏭달쏭하다고 생각했다. 당시까지 이루어진 모든 연구를 다 뒤져봤지만, 원하는 답을 찾을 수 없었다. 그는 난감했음이 틀림없다. 다윈은 약 150년 전인 1871년에 이렇게 썼다(괄호 속은 인종의 개수와 관련해 특정 숫자를 제시한 학자 이름이다).

인간은 다른 어떤 생명체보다 더 자세하게 연구돼왔다. 그런데도 인간 분류를 놓고 재능 있는 연구자들 사이에 견해가 아주 분분하다. 인간을 단 하나의 종species 혹은 인종race으로 볼 것인지, 아니면 2개의 인종(빌레이Vireo), 혹은 3개(지키나Jacquinot), 또는 4개(칸트Kant), 5개(블루멘바흐

Blumenbach), 6개(뷔퐁Buffon), 7개(헌터Hunter), 8개(아가시 Aggasiz), 11개(피커링Pickering), 15개(보리 세인트 빈센트Bory St. Vincent), 16개(데물랭Desmoulins), 22개(모튼Mortone), 60개(크로퍼드Crawfurd), 아니면 버크Burke가 주장한 대로 63개의 인종 범주로 나눠야 하는지.[18]

20세기에 들어와서도 형편은 크게 달라지지 않았다. 연구자들은 인종 범주와 그 경계를 확정짓지 못했다. 각 연구자가 제시하는 인종의 수는 널뛰기하듯 편차가 컸다. 단 하나라는 주장에서부터 100개 이상의 인종이 있다는 견해까지 아주 다양했다.

이 점에 관한 한 현대인은 다윈보다 아주 유리한 위치에 있다. 현대 유전학이 인종 수에 대해 더 확실한 답을 제시해주고 있기 때문이다. 21세기의 유전자 연구자는 키, 피부색, 머릿결 등 인간 사이의 다름을 유전자의 특성, 즉 대립 유전자 측면에서 연구해왔다. 대다수 연구자가 공통으로 내린 결론을 단순화하면 이렇다. 세상에는 호모 사피엔스, 즉 인류라는 단 하나의 '인종'만이 존재한다.[19]

우리가 일상 속에서 사용하는 인종 개념은 유전적 사실과 맞아떨어지지 않는다. 우리는 서로 다른 인종집단 사이에 커다란 차이가 있을 거라 가정한다. 물론 흑인종이나 백인종 혹은 황인종 사이엔 피부색, 체형, 머릿결, 눈동자 색 등 분명 신체적 차이가 있다. 그러나 이런 피상적 다름은 유전적 특성의 극히 일부일 뿐이다. 인류가 서로 공유한 유전적 특질에 비하면 '새 발의 피' 수준에도 훨씬 못 미친다. 이 체형적 차이는 성격, 지능, 도덕성과는 전혀 상관이 없다. 그런데도 사회 지배집단은 이런 외형적 다름을 마치 내적 성품이나 지적 능력의 반영인 양

선전해왔다. 이런 과정에 인종이라는 '딱지'가 발명되고 조작되었다.

여기서 한 가지 분명히 해야 할 게 있다. 인종이 '만들어졌다'라는 주장이 사람 간 신체적 차이가 있다는 점을 부인하는 게 아니라는 점이다. 흑인과 백인의 외양이 왜 다르지 않겠나. 피부색과 머릿결과 키가 다르고, 이런 차이를 우리가 두 눈으로 똑똑히 볼 수 있는데. 인종을 인간의 발명품으로 보는 시각은, 사람 겉모습 차이가 개인의 내적 특성이나 타고난 차이를 드러낸다고 여기는 '본질주의적' 시각을 비판한다는 말이다. 백인 인종은 원래부터 지적으로 우월하고, 유색인은 그 반대라는 식의 주장 말이다. 이런 식의 인종 규정이 실은 '날조'이자 '기만'이라는 말이다.

인종을 근대의 발명품으로 보는 담론은, 오랜 전통 대부분이 근래 들어와 '만들어진 전통'임을 드러낸 에릭 홉스봄의 연구와 결이 비슷하다. 영국 사학자 홉스봄은 일견 유구한 역사를 지닌 듯 보이는 유럽 국가의 장엄한 의례나 전통이 실제로는 "최근에 시작됐거나 종종 발명된 것"임을 밝혀냈다.[20] 홉스봄은 먼저 19세기 말과 20세기 초 권력을 잡은 소수 정치 엘리트 집단이 국가의 권위와 지배의 정당성 확보라는 과제에 직면했음을 지적한다. 이들은 이런 목적을 달성하기 위해 많은 상징물을 이용하고 전통을 '창안'해냈다고 홉스봄은 분석했다. 즉, 국기와 국가 제정, 동상 건립과 공적 의례 실시, 의무교육제 도입 등을 통해 민중의 복종심과 충성심을 끌어낼 수 있었다는 말이다.[21]

인종이 주관적 창안물이라는 주장은, '민족' 개념을 정치 엘리트가 만들어낸 '상상된 공동체'로 본 베네딕트 앤더슨의 시각과도 맥이 닿는다. 전통적 이론은 민족이 고대로부터 혈연, 관습, 언어, 종교, 역사를 기반으로 형성된 원초적 집단이라고 설명한다. 그러나 앤더슨은 민족의 기원과 확산에 관해 전혀 다른 견해를 밝혔다. 그는 18세기와 19세기 남미 대륙의 유럽 이주민 후예가 자신들을 유럽인과 구별되는 별도 집단으로 자리매김하면서 '민족' 개념이 창안됐다고 주장했다. 이들은 근대 자본주의 경제 양식과 인쇄 매체를 통해 일체성과 정체성을 공유한 "상상된 정치 공동체"를 만들어갔으며, 이를 통해 '민족'이 탄생했다고 앤더슨은 진단했다.[22]

비슷한 시각에서, 본서는 '인종'이 근대의 발명품임을 강조한다. 인종이 고대부터 있어 온 인간의 원초적 특질이 아니라, 집단 사이의 불평등과 지배집단의 우위성을 합리화하기 위해 근대에 창안된, 사회 정치적 구성물임을 드러내려 한다.

편견, 혐오, 차별, 인종, 민족집단

다음 장으로 넘어가기 전 해야 할 일이 하나 있다. 자주 언급되는 핵심 용어의 뜻을 분명히 밝히는 일이다. 특히 편견, 혐오, 차별, 인종, 민족집단의 의미를 분명히 해둘 필요가 있다. '편견prejudice'은 특정 집단 구성원에 대한 부정적 감정, 인식, 선입견, 혹은 태도를 일컫는다. 여자는 지도자로 적합하지 않다는 생각이 편견의 한 예다. 편견이 말이나 상징으로 표출되면 '혐오'가 된다. 마치 명태가 얼린 상태가 되면 동태로 불리듯. 반면 '차별discrimination'은 특정 사회집단 구성원을 부당하게 대우하거나 상이하게 취급하는 행위를 지칭한다. 직원이 여성이라는 이

유로 한직에 배정하거나 승진에서 누락시키는 행위 등이 좋은 예다. 넓은 의미의 '갑질'과 동의어다.[23]

인종은 일상 대화나 언론 신문 보도 속에서 자주 쓰이는 낱말이다. 그런데 인종이 무어냐고 묻는다면 한마디로 '이거다'라고 딱 부러지게 말하기가 쉽지 않다. 일반 대중은 인종을 피부색의 동의어로 취급한다. 얼굴색이 검은색이면 흑인종, 백색이면 백인종, 노란색이면 황인종, 뭐 이런 식이다. 인종은 학계에서도 의미가 헷갈리고 애매하기로 악명이 높다. 그래서 인종을 정의하는 일은 종종 깊은 수렁 속으로 발을 내딛는 일로 비유된다. 시대와 지역에 따라 의미가 다르게 이해됐고, 학자마다 인종을 서로 다르게 정의하기 때문이다.

여기서는 먼저 내가 생각하는 인종 정의를 제시하려 한다. 버클리 법대 이안 헤이니 로페즈 교수가 내린 정의를 조금 변형한 것이다. "인종은 조상이나 생김새에 부여된, 끊임없이 변동하는 사회적 의미체계다."[24] 인종이란, 사람들이 개인의 조상이나 개인의 피상적 외양에다 갖다 붙인 '의미' 또는 '해석'이라는 말이다. 예를 들어 키 큰 사람은 다 싱겁다거나, 곱슬머리는 고집이 세다든지, 또는 이마가 좁은 사람이 속도 좁다고 말하는 것과 유사함을 일컫는다. '사회적'이라고 사족을 덧댄 것은, 인종의 의미나 분류가 시대와 지역에 따라 다를 수 있음을 나타내기 위해서다.

'인종주의racism'도 의미를 분명히 해둘 필요가 있다. 인종주의에 대한 여러 정의가 있지만, 내 생각에 가장 간결하고 분명한 정의는 프린스턴대 사학자 넬 페인터가 제시한 것이다. 나는 페인터의 정의를 좀 더 변형시켜 보았다. "인종주의란 인종 사이에 우열이 있다고 믿는 생각이다. 또한, 추정된 인종 서열을 토대로 차별과 예속을 합리화하는 주의다."[25]

인종 개념 하나만 해도 골치 아픈 데 속 썩이는 놈이 또 있다. 바로 '에스닉 그룹'이다. 에스닉ethnic은 '사람', '민족', 혹은 '국가'를 뜻하는 '에스노'에서 파생된 말로, 한국에선 흔히 '민족'이나 '민족집단'으로 번역된다. 틀린 번역은 아니지만, 흔히 민족주의를 언급할 때의 '민족'과는 뜻이 조금 다르다. '종족'과 '종족집단'으로 쓰이기도 한다. 인종과 마찬가지로 이 단어도 역사적 맥락 속에서 뜻을 살펴봐야 한다.

에스닉 그룹은 일반적으로 동일 인종 내의, 출신국을 기준으로 한 하위집단이라고 할 수 있다. 가령 '아시안 아메리칸'이라는 통상적 '인종' 집단 안에는, '한국계 미국인'과 '중국계 미국인' 등 20여 개의 하위 '에스닉 집단', 즉 민족집단이 있다고 할 수 있다.

앞서 언급했듯이 1880년대에서 1920년대 사이에 1,400만 명에 달하는 엄청난 수의 이민자가 유럽에서 미국으로 건너왔다. 이들은 유럽인이었지만, 이전의 유럽 이민자와 한 가지 다른 점이 있었다. 출신국이 이탈리아, 그리스, 폴란드, 러시아(유대인) 등 남유럽과 동유럽 국가였다. 이들은 당시 미국의 인종 분류체계에 잘 들어맞지 않았다. 백인 범주 속으로 집어넣기엔 피부가 너무 검고 신체도 왜소했다. 그렇다고 흑인이나 토착 인디언으로 취급하려니 그러기엔 얼굴색이 너무 하얬다.

이들은 오랫동안 밥도 아니고 죽도 아닌 어정쩡한 상태로 남아 있었다. 결국, 유럽에서 건너왔으니 일단 공적으로는 백인으로 분류됐다. 그러나 영국이나 독일 등 기존 백인집단과 차별화하기 위해 통상 '이탈리안 아메리칸', '그리스 아메리칸' 등으로 불렸다. 이게 미국 내 백인 '에스닉 그룹', 즉 '민족집단' 개념의 탄생 배경이다.

이 단어는 20세기 초 이전에는 거의 쓰인 적이 없다. 이 개념이 점차 보편화한 것은 1930년대와 1940년대 인류학자들이 동유럽 이민자 집단을 지칭하는 데 '에스닉 그룹'이라는 표현을 사용하면서부터였다. 이 단어가 옥스퍼드 영어사전에 등재된 때는 1964년이었다. 일반 대중 사이에 널리 회자하기 시작한 것은 그보다 조금 세월이 흐른 1970년대였다.[26]

이처럼 에스닉 그룹, 즉 '민족집단'은 언어, 종교, 관습 등 같은 문화와 역사적 경험을 공유한 집단으로, 종종 같은 국적 배경을 가진 무리를 일컫는다.

다음 장에서는 미국에서 인종 개념이 처음 만들어진, 인종의 본적지를 탐구하려 한다. 먼저 미국 민주주의의 발원지이자 인종 혐오의 인큐베이터였던 버지니아주 제임스타운 현장으로 가보려 한다.

8.
인종의
파란만장한 이력서

1670년 버지니아주 담배농장에서 일하는 노예(작자 미상).
(출전: 위키미디어).

이야기 8.
담배와 인종의 뒤얽힌 운명[1]

담배, 효자상품이 되다

존 롤프는 스물다섯의 건장한 청년이었다. 그는 긴 항해와 난파의 어려움을 딛고 마침내 일행 104명과 함께 제임스타운 땅을 밟았다. 영국이 3년 전인 1607년 5월 북미 대륙에 세운 최초의 영구 식민 정착지였다. 이때 그곳 주민은 혹독한 '기근의 시기'를 지나고 있었다. 인디언이 요새를 포위한 탓에, 정착민은 밖으로 나올 수도, 사냥할 수도 없었다. 굶주림을 면하고자 시체를 파 먹거나, 죽은 아내를 염장해 먹은 남편도 있었다. 제임스타운은 죽어가고 있었다.[2]

그때 롤프의 눈길을 끄는 작물이 있었다. 원주민이 피우는 담배였다. 롤프는 애연가였고, 영국 담배시장에 대해서도 나름 아는 바가 있었다. 잘하면 장사가 될 것 같았다. 롤프는 이내 담배 재배에 매달렸다. 그러나 문제가 하나 있었다. 버지니아주 인디언 담배는 "조악하고 약하며, 무엇보다도 목을 팍 쏘는 독한 맛"이 났다. 영국인이 좋아할 엽연초가 아니었다. 영국인은 서인도제도에서 재배된 스페인 고급 담배를 선호했다. 당시 스페인은 국제 담배무역을 독점하며 막대한 부를 쌓아올리고 있었다. 스페인은 중남미 자국 식민지에서 재배되는 담배를 철저히 감독했다. 외국인에게 담배 종자를 판매한 이는 사형에 처했다.[3]

1611년 롤프는 한 선장을 통해 귀한 담배 씨앗을 구했다. 서인도제도 트리니다드산 담배 씨앗이었다. 그는 제임스타운 인근에 씨를 뿌렸고 다음 해 7월 첫 수확을 했다. 롤프의 친구들이 먼저 시연해 봤다. 이들은 담배의 "맛이 꽤 좋고, 달며, 강하다"는 반응을 보였다. 롤프는 이 품종을 '오리노코'라 불렀다. 그리고 수확한 담배를 영국으로 보냈다. 스페인산보다 맛이 조금 떨어지긴 하지만 품질이 그런대로 괜찮다는 평을 받았다.

롤프는 더 많은 담배를 심었다. 그리고 매년 담배의 질을 개선해 나갔다. 수출량도 점차 늘어났다. 파이프 담배를 즐겨 피는 영국인이 점차 북미산 담배를 찾기 시작했다. 영국인의 호응이 점차 뜨거워지면서, 담배는 효자상품으로 떠올랐다. 그러자 정착민이 너도나도 담배농사에 뛰어들었다. 담배가 점차 식민지 정착민을 먹여살리기 시작한 것이다. 담배농사를 짓는 이주민이 늘면서, 새로운 땅이 절실히 요구됐다. 그러나 커다란 장애물이 하나 있었다. 제임스강을 따라 옥토가 눈앞에 펼쳐 있었지만, 언제 인디언이 들이닥칠지 몰랐다.

인디언 소녀, 그리고 '검둥이'의 도래

그때 롤프의 눈길을 사로잡은 것이 또 하나 있었다. 10대 초반의 인디언 소녀였다. 그녀의 이름은 포카혼타스. 그녀는 인디언 부족의 추장 포우하탄의 딸로, 포로로 잡혀 와 요새 안에 머물고 있었다. 롤프는 포카혼타스와 사랑에 빠졌다. 그녀가 이교도라는 게 문제였지만, 그녀가 기독교로 개종하면서 둘 사이의 장벽이 자연스레 사라졌다. 1614년 4월 5일 경 제임스타운 최초의 결혼식이 교회당에서 열렸다.

효과는 즉시 나타났다. 둘의 결혼으로 인디언과의 적대관계가 누그러진 것이다. 이제 정착민은 제임스 강변을 따라 인디언 부족 영토 안으로 깊숙이 들어가 담배를 심을 수 있었다. 식민지는 1617년 2만 파운드의 담배를 영국에 수출했다. 다음 해에는 수출량이 5만 파운드로 늘었다. 담배 수출로 경기가 살아남에 따라, 식민지 경제는 흑자로 돌아섰다. 점차 대형 농장주가 늘면서 신흥 부자가 출현하기 시작했다. 이들 대농장주는 자연스레 식민지 사회 지배층이 되었다. 이들에겐 늘 더 넓은 땅과 더 많은 노동자가 필요했다.

롤프는 또 한 번 진기한 일을 경험한다. 1619년 8월 말경 발생한 일이었다. 160톤의 네덜란드 선박 '화이트 라이언'호가 제임스타운 요새에 도착했다. 교전국 선박을 포획할 수 있는 사략선私掠船이었다. 이들은 좀 색다른 인간을 태우고 왔다. 롤프는 네덜란드 선원이 "20여 명의 검둥이"를 데리고 왔다고 일지에 적었다. 제임스타운 주민은 식량과 이들을 맞바꿨다. 그리고 사흘 뒤 영국 배 '트레저'호가 숫자 미상의 '검둥이'를 데리고 이곳을 찾았다. 버지니아 정착지에도 흑인이 도래한 것이다. 당시 롤프는 담배와 흑인의 결합이 장차 미국이 될 나라의 운명을 어떻게 뒤바꿔놓을지 꿈에도 상상하지 못했으리라.

기원 논쟁

논쟁의 초점

미국에서 인종이라는 개념은 언제 생긴 것일까. 해답의 실마리는 서유럽과 미국의 식민 역사 속에서 찾을 수 있다. 실제로 미국 식민지시기의 사회경제상은 인종 개념의 역사적 기원을 논할 때 아주 중요하게 다뤄진다. 인종이 만들어진 과정이 노예제 수립과 밀접한 관련이 있기 때문이다. 이 두 핵심 주제에 대한 미국 사학계의 연구는 20세기 초반부터 꾸준히 이어져왔다. 1950년대부터는 새로운 시각으로 이 주제에 접근하는 연구가 늘기 시작했으며, 1970년대 이후 폭발적으로 증가했다. 이런 추세는 지금도 계속되고 있다.

어느 정도냐 하면, 미국에서 매년 노예제와 관련해 출판되는 학술서적과 논문 편수가 총 1,500건이 넘는다. 지금껏 누적된 연구 숫자만도 2만 5,000건을 웃돈다. 물론 모든 연구가 17~18세기 미국 버지니아 지역과 남부 노예제에 초점을 맞춘 것은 아니지만, 아무튼 엄청난 양임에 틀림이 없다. 이처럼 방대한 연구 결과가 거꾸로 통일된 학설의 정립을 어렵게 할 정도다.[4]

미 역사학계에선 노예제와 인종 발생에 대한 논의를 '기원 논쟁 Origins Debates'이라 부른다. 여기서 가장 논란이 되는 부분이 노예제와 인종 차별주의의 인과관계. 이 둘 가운데 어느 것이 먼저 발생했느냐 하는, 순서에 관한 점이다. 연구자들은 이를 놓고 닭이 먼저냐 달걀이 먼저냐는 식의 갑론을박을 벌여왔다. 논쟁의 초점은 흑인에 대한 영국인 이주민의 편견 때문에 흑인 노예제가 생겼는지, 아니면 거꾸로 노예제가 먼저 수립되고 이를 정당화하는 과정에서 흑인에 대한 인종주의가 제조됐느냐 하는 점이다.

양쪽 주장에 조금 더 살을 붙이자면 이렇다. 일부 역사학자는 백인의 인종적 편견이 흑인 노예제의 원인이라고 주장해왔다. 이들은 먼저 16세기 영국을 비롯한 유럽 사회에 아프리카인에 대한 부정적 시각이 널리 퍼져 있다는 점을 상기시킨다. 이런 상황에서 유럽의 일부 백인이 북미 대륙으로 이주해올 때 흑인에 대한 편견을 그대로 가지고 왔다고 연구자들은 가정한다.

즉, 백인 정착민이 본래부터 흑인 열등성에 대한 인종주의적 태도를 지녔다는 것이다. 따라서 자연스럽게 흑인을 노예로 만들었다는 주장이다. 이 입장은 영국 정착민 사이에 흑인에 대한 편견이 먼저 있었고, 그 결과로 흑인 노예제가 태어났다고 본다. 미국 사학계에선 이런 시각이 1970년대까지 우세했다.[5]

이들과 대척점에 선 학자들은 전혀 상반된 주장을 펼친다. 농장 노예제가 먼저 정착됐으며, 이를 합리화하는 과정에 흑인에 대한 백인의 인종주의가 형성됐다는 것이다. 이런 견해를 밝히는 연구자는, 17세기 중엽까지 북미 대륙에 '인종'이라는 개념이 아주 희박했다는 점을 강조한다. 제임스타운 건립 이후 최소 반세기 동안, '나는 백인이고 너는 흑인일네' 하는 식의 인종 정체성이 지금처럼 두드러지지 않았다는 것이다. 따라서 흑백의 인종 구분이나 인종관계가 상당히 유동적이었다고 이들은 분석한다.[6]

즉, 식민 초기엔 백인과 흑인 모두 담배농사 노동자로 참여했지만, 값싼 노동력이 점차 흑인으로 대치되면서, 노예제가 뿌리내렸다는 것이다. 이 학설은 노예제가 먼저 정착됐고, 이 제도를 옹호하는 과정에서 흑인에 대한 부정적 이미지가 후에 고안됐다고 본다. 즉, 대농장주가 경제적 필요에 따라 다른 인간을 노예로 삼게 됐고, 이로 인해 마음이 좀 편하지 않았을 것이라 본다. 하여 노예제를 정당화하기 위해 농장주들은 흑인이 원래 선천적으로 열등해서 노예가 될 수밖에 없었노라는 논리를 펼치기 시작했다는 것이다. 이런 학술적 주장은 1970년대 중반부터 힘을 받기 시작했다.

카의 시각에 따른 기원 논쟁

일반인이 보기엔 두 입장 모두 "그놈이 그놈 같은" 주장이다. 노예제가 먼저 생겼으면 어떻고, 인종주의가 먼저 있었다고 한들, 크게 달라지는 것도 아닐 텐데 그게 뭐 그리 대수인가 싶기도 하다. 학자 양반들 정말 밥 먹고 할 일 되게 없는 것처럼 보일 수도 있다. 그런데 사실은 이게 중요하다. 각 진영의 주장이 미국사에 함축하는 바가 자못 의미심장하기 때문이다. 아울러 이 논쟁은 '인종이 사회·정치적으로 만들어졌다'라는 본서의 주제와도 밀접하게 연관돼 있다.

그렇다면 이 두 주장 가운데 어느 것이 더 '역사적 사실'에 가까울까. 이는 '역사란 무엇인가'라는 사학계의 해묵은 논쟁과 관련된 물음이다. 독일의 실증사학자 레오폴드 폰 랑케L. Ranke가 주장하듯 과연 역사는 오로지 "있었던 그대로의 과거", 즉 "과거 사실의 객관적 편찬"일 수 있을까. 아니면 "모든 역사는 현대사"라고 본 이탈리아 역사학자 베네테토 크로체B. Croce의 주장처럼 "역사가의 해석에 따른 주관적 산물"일까.[7]

역사학자 에드워드 카E. H. Carr는 '사실과 해석', '객관성과 주관성' 문제에 대해 다소 절충적 해법을 제시한다. 카는 "역사가는 그의 해석에 따라 사실을 형성하고 그의 사실에 따라 해석을 형성하는 끊임없는 과정에 매달려 있다"라고 봤다. 즉, 카는 역사를 과거 사실과 역사가의 해석이 버무려진 결과로 규정했다. 그러기에 카는 역사를, "현재와 과거의 끊임없는 대화"로 봤다.[8]

카의 시각을 노예제 기원 논쟁에 적용해보면, 왜 같은 과거에 대해 서로 다른 주장이 난무하는지 조금 이해할 수 있을 것이다. 역사학자마다 과거사에 대한 자신의 해석에 따라 지난 과거 사실을 재구성한 뒤, 이를 역사적 사실로 제시하기 때문이다. 다시 말하면 모든 주장에 저자의 주관이 담겨 있다고 봐도 무리가 아니다. 이런 점을 염두에 두고 모든 주장을 비판적 시각으로 읽어나갈 필요가 있다. 이 책도 마찬가지다. 특정 이론에 대한 나의 지지 역시, 과거사에 대한 나의 해석 혹은 편향이 반영된 것으로 보는 게 타당하다.

초기 버지니아주: 인종이 없던 사회

17세기 버지니아 지역의 중요성

북미 대륙의 노예제를 논하기 전, 염두에 두어야 할 점 두 가지가 있다. 첫째, 미국 노예제는 서서히 뿌리를 내렸다는 점이다. 어느 날 갑자기 노예제가 뚝딱 반포되고 실시된 게 아니다. 흑인에 대한 제약이 하나둘씩 추가되고, 여러 노예 법안이 통과되면서 서서히 제도화됐다. 둘째,

미국의 노예제 성립과 발전 과정은 지역에 따라 사뭇 다르다. 지역적 편차가 있다는 얘기다.[9] 체사피크만에 접한 버지니아 지역과 좀 더 남쪽에 있는 남캐롤라이나에서 노예제가 뿌리내린 시기가 다르다. 그리고 북미 대륙의 스페인 식민지에선 다소 다른 노예제 양상을 보였다. 따라서 각 지역의 노예가 겪은 경험도 다를 수 있다.[10]

영국 식민지 기간 중, 북미 대륙 정착지의 사회문화적 특성을 규정하는 데 가장 중요한 역할을 한 지역이 버지니아주였다. 물론 제임스타운도 이 안에 자리 잡고 있었다. 북미 대륙에서 처음으로 '자생적' 노예법을 제정한 곳이 버지니아주였다. 이후 노예법은 더 확대되었으며, 다른 식민 지역도 유사한 노예법을 채택했다. 노예제와 인종 기원에 관한 연구 대부분이 17세기 버지니아 지역에 초점을 맞추고 있는 이유다.

앞에서 언급했던 초기 제임스타운으로 가보자. 존 롤프가 주도한 담배 재배는 이내 식민지 경제의 젖줄이 됐다. 담배가 대박을 터뜨리자 제임스타운 건설을 주도했던 '런던 버지니아 회사'의 태도가 달라졌다. 개척 초기엔 버지니아 회사가 북미 대륙 식민지의 모든 땅을 소유하고 있었다. 그러나 더 많은 정착민을 식민지로 끌어들이기 위해 토지정책을 바꿨다. 먼저 '인두권人頭權'을 신설했다. 보상 차원에서 기존 자유 정착민 한 명 당 100에이커의 토지를 무상 분배한 것이다. 새 이주민에게는 한 사람 당 50에이커를 떼어주었다.

이로 인해 소규모의 독립 담배농장이 우후죽순처럼 늘어났다. 이들은 경작지를 자신의 노동력에 의존해 일구었다. 버지니아 회사의 새 토지정책 시행 후, 얼마 지나지 않아 40여 개의 커다란 담배농장이 제임스강을 따라 들어섰다. 대형 농장이 선을 보이기 시작한 것이다. 이들

거대 담배농장 소유주는 점차 식민 사회 지도집단으로 부상했다.

담배 농장주가 직면한 가장 큰 골칫거리는 노동력 부족이었다. 담배 농사는 노동 집약적이었다. 씨를 뿌리고, 모종을 이양하고 관리하며, 잎을 때맞춰 솎아내고, 잎을 수확한 뒤 말리는 데 많은 인력이 필요했다. 유달리 손이 많이 가는 작업의 연속이었다. 담배농사가 시작된 지 10년도 지나지 않았지만, 농장주는 늘 노동력 부족에 시달렸다. 농장주는 더는 필요한 노동력을 식민지 내에서는 찾을 수 없었다. 결국, 이들은 본국에서 '연한年限계약노동자'를 데려와 쓰는 것으로 일손 부족을 해결하려 했다. 당시 영국에는 노예제가 없었다. 대신 계약하인제가 널리 시행되고 있었다.

영국의 계약하인은 대개 하층민이거나 죄수였다. 아일랜드인도 다수 포함돼 있었는데, 이들은 영국 지배에 저항해 반란을 일으켰다가 포로가 된 자들이었다. 빈곤층 부모가 자녀를 자발적으로 계약노동자로 파는 일도 있었다. 영국에서 하인은 한시적이긴 했지만, 거의 준準노예나 마찬가지였다. 이들은 잘 먹지 못해 영양실조로 고생했고, 열악한 거주 환경과 의복 부족으로 고통을 겪었다. 주인은 하인을 종종 잔인하게 대했다. 하인이 말대꾸하거나 대들 경우, 채찍질, 귀 자르기, 쇠꼬챙이로 혀 뚫기 같은 형벌을 가하곤 했다. 이런 이유로 영국에선 계약하인의 사망률이 높은 편이었다.[11]

북미 대륙 담배 농장주는 영국에서 계약노동자를 데려오기 위해, 이들의 뱃삯을 대신 지급했다. 숙식과 옷을 제공해주었으며, 농장에서 일을 가르쳐주었다. 현장 직업훈련을 제공한 셈이다. 그 대가로 연한계약 노동자는 7년간 등뼈 부러지게 일을 해야 했다. 계약 기간을 채우고 살아남으면, 계약노동자는 자유민이 됐다. 그런 점에서 연한계약노동자는 시한부 노예노동자라고 할 수 있다. 관대한 주인은 계약에서 풀려나는 하인에게 땅을 선사하기도 했다. 일단 자유민이 되면, 이들은 자기 자신의 부를 쌓는 게 허용됐다. 땅을 사고, 하인을 고용할 수 있었다. 그러나 독립해 나간 뒤, 성공적으로 생존하는 비율이 높지는 않았다.[12]

초기의 '연한계약노동자'는 대부분 영국계 이주자로 충당됐다. 이미 언급했듯이 이들 가운데는 죄수와 빈민층이 많았다. 죄수를 감옥에 가둬두는 대신, 계약하인으로 북미 식민지로 보낸 것이다. 또한, 골칫거리였던 빈민을 식민지로 방출함으로써, 영국도 사회적 부담을 덜 수 있었다. 계약노동제는 한동안 영국과 북미 식민지 사회 모두에게 유익한 방법으로 간주됐다. 17세기 버지니아 지역으로 온 이주민 가운데 "적어도 4분의 3이 계약하인"이었다.[13]

그러나 얼마 지나지 않아 유럽계 연한계약노동자의 문제점이 드러나기 시작했다. 영국에서 노동자를 데려오는 게 점점 더 어려워진 것이다. 그 이유 가운데 하나는 영국의 노동자들도 위험한 식민지 일자리보다는 국내 직업을 더 선호한다는 점이었다.

담배 농장주도 영국에서 데려온 계약노동자에 대해 아쉬운 게 없진 않았다. 담배 재배 기술을 가르쳐 숙련된 담배농장 노동자로 키워놓으면, 이내 자유민이 되어 농장을 떠난다는 점이다. 괜히 남 좋은 일만 시켜주는 격이었다. 담배농사엔 단순 노동자도 필요하지만, 숙련 노동자가 절대적으로 요구됐다. 특히 담배농사 마지막 단계에선 눈썰미 좋은 숙련공이 절대적으로 필요했다. 담배농장의 명성이 담배의 질에 크게 달려 있었기 때문이다. 그러나 영국계 숙련공은 점차 구하기도 힘들 뿐 아니라 부리기가 힘들었다. 이들은 작업 환경 개선, 짧은 계약 기간, 계약 만료 시 농지 할당 등을 요구했다. 영국계 계약노동자를 데려오는 일은 이래저래 아주 부담스러운 모험으로 여겨졌다.[14]

흑인의 증가와 신분의 변화

존 롤프가 1619년 흑인의 도래를 처음 목격한 이래, 버지니아 지역의 흑인 인구는 적지만 조금씩 증가했다. 처음에는 주로 중남미 인근 서인도제도에서 건너온 흑인이 주를 이뤘다. 그러나 1670년대 초반 영국 선적船籍 배가 노예무역에 뛰어들면서 상황이 확 바뀌었다. 이들이 흑인을 아프리카에서 직접 들여오기 시작한 것이다. 이후 아프리카에서 대서양을 건너 북미 대륙으로 직수입된 흑인 수가 점차 늘어났다. 1700년 북미 대륙의 영국 식민지 내 흑인 거주민 수는 약 2만 5,000명에 달했다. 1760년경에는 25만 명으로 불어났다.[15]

이처럼 아프리카에서 들여온 흑인 일꾼 증가는 영국에서 수입되던 계약노동자 감소와 맞물려 일어났다. 1700년경에는 흑인 노예노동자가 모든 노동자의 절반을 넘어섰다. 이후 흑인 노동자가 영국계 계약노동자를 점차 대신하며, 담배농장 노동자의 주력이 됐다.

그러면 북미 대륙에서 노예제가 정착된 것은 언제일까. 이것도 학자에 따라 차이가 있다. 많은 사학자가 동의하는 바는 최소한 1670년대 이전까지는 제도화된 노예제가 존속하지 않았다는 점이다.[16] 영국 식민지 버지니아에서 노예제가 뿌리내리기 시작한 시점은, 흑인 노예 수입이 활기를 띤 1670년대 이후였다. 1619년 롤프가 흑인의 도래를 목격한 이래 거의 반세기 동안 노예제가 제도로서 존재하지 않거나 아직 정착하지 못했음을 시사하는 부분이다.

초기 버지니아 식민지에 정착한 흑인의 신분은 역사학계의 논란거리다. 흑인의 신분을 확정적으로 추정하기엔, 현존하는 자료가 아주 단편적이기 때문이다. 버지니아주 내 여러 군청 청사에는 식민지 초기 자료가 보관돼 있다. 매매 기록, 유언장, 과세 기록, 소송 기록 등 모두 1640년대와 1650년대에 기록된 자료다.

예일대 사학자 모간 교수는 이 자료를 분석해 아주 흥미로운 사실을 발견했다. 초기 버지니아 지역의 신분체계가 놀라울 정도로 유동적이고, '비인종적'이었다는 것이다. 원 사료에 따르면 당시엔 노예 흑인도 있었고 자유민 흑인도 있었다.[17] 모건 교수는 초기 흑인이 노예 신분으로 도착했으리라 추정한다. 당시 아프리카 대륙 바깥에 거주하는 흑인은 대개가 노예였기 때문이다. 그러나 이들이 도착했을 당시, 버지니아를 비롯한 북미 대륙엔 노예제가 없었다. 그런 탓에 이들이 계약노동자로 일하다 자유를 얻을 거라고 모간 교수는 추정했다. 다수의 사학자도 이 견해에 동의한다. 즉, 초기 식민지시기의 신분제가 상당히 유동적이었다는 말이다. 흑인의 법적·사회적 지위가 처음부터 노예로 고정된 게 아니었다.[18]

듀크대 사학자 피터 우드도 비슷한 견해를 가지고 있다. 우드 교수는 1670년대 이전에는 흑인이 미국으로 조금씩 유입됐다고 설명한다. 이때까지도 영국이 노예무역에 발을 담그지 않았기 때문이었다. 따라서 소규모로 들어온 흑인은 곳곳에 있는 담배농장으로 분산되어, 기존의 영국계 노동자들과 쉽게 섞일 수 있었다.[19] 흑인과 영국계 노동자가 비교적 동등한 조건에서 함께 일하는 경우가 많았고, 흑인도 계약 기간이 끝나면 자유민 신분을 얻었다는 것이다. 이런 점에서 원 사료를 토대로 식민시기 초기 사회경제상을 기술한 모간 교수의 설명은 시사하는 바가 크다.

이 당시 버지니아인은 흑인을 자신들과 동등한 공동체 성원으로 기꺼이 받아들였다. 그리고 흑인들에게 똑같은 행동 기준을 요구했다. 같은 주인을 섬기는 흑인 노동자와 백인 노동자는 함께 일하고, 먹고, 잤으며, 함께 탈출하거나 도망가거나, 벌을 함께 받았다.······함께 도망가거나, 함께 돼지를 훔치거나, 함께 술을 마시는 게 일상이었다. 그리고 함께 육체적 사랑을 나누는 것도 낯선 일이 아니었다.[20]

모간 교수는 1670년대까지는 다른 하인보다 흑인 하인이 심하게 다루어졌다는 증거가 없다고 강조한다. 흑인 하인들은 소송을 걸 수도 있고, 소송을 당하기도 했다. 또한, 돈을 내고 하인 상태에서 풀려나 자유민이 될 수도 있었다. 몇몇 야망 있는 이들은 땅과 가축을 사들이고 집을 짓고, 결혼해 부유한 농장주가 됐다. 어떤 경우엔 주인이 흑인에게 자유뿐 아니라, 땅과 가축과 집을 증여하기도 했다. 어떤 이는 상인이 되어 유럽계 정착민과 동등한 위치에서 무역에 종사했다.[21]

이런 상황을 가장 잘 보여주는 인물이 흑인 앤서니 존슨이다. 1621년 버지니아로 팔려 온 앤서니는 담배농장에서 연한계약노동자로 일했다. 수년 후 계약 기간을 마친 앤서니는 자유 신분이 되었고, 식민지 당국으로부터 땅을 하사받고서 자신의 담배농장을 시작해 성공적인 사업가가 됐다. 그는 말년에 440에이커의 토지를 소유하고 8명의 계약하인을 거느렸다. 그의 하인 가운데 3명은 유럽인이었으며 또 다른 3명은 흑인, 그리고 나머지 2명은 인디언이었다.[22]

인종 간 결혼도 크게 흉이 되지 않았다. 흑인 남자 하인은 종종 유럽계 여자 하인과 결혼했다. 당시 유럽계 여자 하인에게서 난 아이 중 네 명 가운데 하나는 물라토였다는 통계도 있다. 흑인 남자와 결혼했다가 상처한 영국계 과부 이야기도 흥미롭다. 그녀는 후에 영국계 남성과 재혼했는데, 이 과정에 아무런 문제가 없었다. 그녀는 나중에 두 번째 남편을 상대로 소송을 제기했다. 첫 남편과 함께 벌어놓은 재산을 탕진해, 패가망신했다는 이유였다.[23]

사유재산을 소유한 흑인은 유럽계 정착민과 마찬가지로 권리와 의무를 공유했다. 흑인은 식민지 자치기구인 의회House of Burgess에 참여했으며, 투표하고, 배심원으로 봉사했으며, 다른 농장주와 교제를 했다. 여러 법원 기록에 따르면, 17세기의 흑인은 동등한 사회적 신분의 영국계 주민과 별 다름없이 행동했다. 당시 개인 신분을 결정하는 것은 재산 소유 여부였다. 토지나 주택 등 사유재산 소유 여부가 사람을 가르는 중요한 기준이었으며, 크리스천 혹은 이교도 여부가 사회관계 형성의 밑바탕이었다.

역사학자는 이런 사실은 토대로, 17세기 후반까지는 미국 사회에 인종 개념이 뚜렷하게 자리 잡지 않았을 것이라고 본다. 지금은 상상하기 어렵지만, 이때까지는 대중의 인식 속에 인종이라는 개념이 거의 없었다는 것이다. 피부색이 개인 신분 결정에 중요한 역할을 하지 않았다는 말이다. 그런 탓에 많은 흑인이 언젠가 자신의 땅을 구매하고 개인적 자유를 얻으리라는 희망을 품고 있었다.[24] 그런데 이들의 꿈을 산산조각이 나게 만든 사건이 벌어졌다.

인종 '제조'의 촉매제: 베이컨 반란

17세기 후반, 미국 인종사에 큰 획을 그은 중대 사건이 발생했다. 1676년 나다나엘 베이컨이 주도한 노동자 반란이 일어난 것이다. '베이컨 반란'은 독립전쟁 이전, 미국에서 발생한 가장 큰 대중봉기였다. 버지니아주의 거의 모든 노동자가 여기에 가담했다. 반란은 변방 개척지에서 시작해 점차 식민지 영토 전역으로 퍼졌다.

사실 17세기 중반 이후 북미 대륙의 영국 식민지는 위기 상황을 향해 조금씩 나아가고 있었다. 크고 작은 노동 소요가 자주 일어나고 있었다. 원인은 땅이었다. 당시 버지니아에선 소수 대농장주가 가장 비옥한 땅을 차지하고 있었다. 이들은 대규모 농장을 만들고 담배를 재배해 큰 이득을 봤다. 이들은 축적된 재산에 힘입어, 식민지 사회의 지배계급으로 부상했다.

반면 새로이 자유민이 된 노동자는 땅을 구매하려 해도 살 수가 없었다. 점차 땅을 소유하지 않은 빈곤층 버지니아인이 늘어났다. 땅을 소유하지 못한 자유민은 자신의 처지에 대한 불만을 품고 있었다. 특히 식민지 지배 세력인 대지주의 횡포와 부패에 대한 분노를 공공연하게 표출했다. 총기로 무장한 이들은 이웃을 약탈하거나, 식민지 정부 지도

자를 능멸하며 정착지 곳곳에서 소요를 일으켰다.[25]

땅이 절실했던 유럽계 자유인은 인디언 땅에 눈독을 들였다. 이들은 식민지 정부에 대해 좀 더 공격적인 인디언 정책을 요구했다. 식민지 총독이 자신들의 요구를 거절하자, 노동자의 분노가 폭발했다. 이들은 닥치는 대로 때려 부수고 불을 질렀다. 수천 명의 가난한 노동자가 벌이는 소요 사태는 사회 안정을 크게 해쳤다. 반란 진압을 위해 영국에서 위원회가 파견됐다. 그러나 이들은 정착민 대부분이 반란을 지지하고 있음을 깨닫고 위협을 느꼈다.

노동자 반란 자체 못지않게 대농장주를 놀라게 한 것이 있었다. 반란 때 흑인 노동자와 영국인 노동자 함께 총을 잡고 봉기한 점이다. 베이컨 반란 진압군이 한 번은 큰 무리의 역도들과 맞닥뜨렸다. 그런데 이들 반란군은 "400명의 영국인과 검둥이"로 이뤄졌다. 이들은 식민 정부의 억압적이고 엄격한 법률에 항거하면서, 함께 행동한 것이다. 이후에도 식민지 지배층은 약 400명의 검둥이와 아이리시계가 주축을 이룬 600~700명의 유럽 노동자가 연합해 반란을 일으킬 가능성에 대해서 크게 우려하기도 했다.[26]

역사학자 테오도르 앨런은 흑인과 백인 노동자가 함께 연합해 반란을 일으킨 사실을 당시 백인 인종이 존재하지 않았다는 결정적 증거로 해석한다. 사실 농장주가 가장 두려워한 일이 바로 유럽 노동자와 흑인 노동자의 연합이었다. 1676년에 일어난 '베이컨 반란' 사태는 지주계층이 직면한 위협의 심각성을 극명하게 보여줬다. 식민 지배층은 특단의 조치가 필요하다고 느꼈다. 무엇보다도 먼저 영국계 노동자와 아프리카계 노동자를 갈라놓아야만 했다.

이들은 먼저 유럽계 계약하인의 신분을 격상시켰다. 식민지 의회도 줄곧 이에 상응하는 여러 법안을 통과시켰다. 예컨대 버지니아주 의회는 남성 지주계층에게만 허용됐던 참정권 요건을 대폭 완화했다. 세금, 토지 및 가옥 소유, 고용 상태, 그리고 다른 관련 요건을 완화함으로써, 영국계 노동자가 자치기구에 참여할 수 있는 길을 터준 것이다.[27]

새로이 자유민이 된 영국계 노동자는 대지주가 누리는 자유를 누리는 데 동참할 수 있게 됐다. 또한, 이들은 비교적 쉽게 재산을 얻게 됐고, 한두 명 노예를 살 기회도 부여받았다. 새로이 자유를 얻은 유럽계 거주민은 부유하고 권력 있는 자와 이해를 공유하게 됐다. 이런 일련의 신분 격상 조치가 흑인 노동자와 영국계 노동자를 차별화하는 중요한 계기가 됐다.

일군의 사학자는 이처럼 노동자 집단 분열을 위한 필수 장치로 창안된 게 인종이라고 보았다. 즉, 노동계급의 연합을 방지하려고 조처하는 과정에 인종 개념이 서서히 만들어졌다고 본다. 이때 영국계 정착민이 자신들을 지칭하는 호칭에서도 중요한 변화가 발생했다. 이들은 통상적으로 자신을 '크리스천'이라고 불렀다. 그러던 것이 17세기 중반부터 '영국인'이나 '자유인'이라는 말로 기울었다. 이어 1680년대 후반 식민지 전역에서 '백인'이라는 새로운 용어가 생겨났다. 이때 이후로 영국계 거주민은 자신을 '백인'으로 불렀다. 1690년에는 식민 의회가 채택한 법안 속에 백인이라는 말이 처음으로 등장했다.[28]

노예제 수립과 인종 '발명'

지금껏 다소 장황하게 미국 초기 역사를 나열한 것은, 인종 탄생 배경을 설명코자 함이었다. 즉, 노예제와 인종주의의 선후관계를 정하는 데 필요한, 역사적 맥락을 기술하기 위해서였다. 앞에서 언급했듯이 1970년대 이후 미국 사학계에선 노예제와 인종관계를 새로운 시각에서 분석한 저서와 논문이 쏟아져 나왔다. 주로 진보 성향의 역사학자가 쓴 저작이었다. 이들은 미국의 노예제가 흑인에 대한 부정적 태도와 감정 때문에 초래됐다는 기존 이론을 비판했다.

이들의 주장을 종합해 요약하면 이렇다. 베이컨 반란은 농장주들에게 커다란 트라우마를 남겼다. 버지니아 농장주는 반란을 통해, 백인 계약노동자가 자신들의 주 노동원이 될 수 없다는 것을 확신하게 됐다. 유럽인 노동자와 아프리카인 노동자가 다시 연합할지 모른다는 가능성은 농장주들에게는 악몽이었다. 이들 식민지 엘리트는 피부색을 넘어 형성된 노동계급의 연대를 약화시켜야만 했다. 결국, 이들은 신체적 특징을 토대로 노동자를 가르고, 이들 중 흑인을 영구적 노예로 만드는 새로운 예속 형태를 도입했다. 이들은 또한 유럽계 정착민을 사회적 신분에 상관없이, 같은 꾸러미로 묶기 시작했다.

식민지 지도자는 흑인을 영구 노예로 만든 뒤, 이를 합리화하기 위해, 흑인을 야만인으로 그려내기 시작했다. 농장주는 흑인의 뇌와 피는 검다는 식으로, 두 집단 사이의 차이점을 과장하고 날조하기 시작했다. 즉, 다른 집단을 만들어낸 뒤, 그 집단에 서로 다른 사회적 의미를 부여한 것이다. 이렇게 농장주는 인종과 인종 차이에 대한 정형을 만들어냈

다. 즉, 노예제를 창안한 뒤, 서서히 인종의 이념적 요소를 구조화한 것이다.[29]

'인종 뇌물': 유럽계 노동자, 백인이 되다

흑인을 영구 노예로 만든 덕에, 유럽계 노동자는 사회적 신분이 상승했다. 대농장주와 같지는 않더라도, 어쨌든 정치적으로는 더욱 평등해졌다. 식민지 지도층은 개인의 사회계층에 상관없이 유럽계 정착민을 '백인'이라는 새로운 인종 범주로 균일화시켰다. 이들은 계약 기간을 마치고 자유민이 된 영국계 노동자가 소지주로 성장할 수 있는 길을 터주었다. 대지주와 재산이 없는 자유민으로 나눠진 사회보다는, 대지주와 소지주로 나누어진 사회가 훨씬 더 안정적일 거라고 판단했기 때문이다.

이들은 여러 법안을 통해 가난한 백인에게 물질적 혜택과 사회적 특권을 제공해주었다. 이처럼 자유 거주민의 기대가 어느 정도 충족되자, 이들 영국계 노동자는 자신이 부유하고 권력 있는 자들과 이해를 공유하고 있다고 느끼기 시작했다. 소지주와 대형 농장 소유주 사이의 계급적 차이로 인한 갈등의 소지는 많이 줄어들었다. 이렇게 유럽계 노동자를 백인이라는 범주 안에 편입시킴으로써, 지도층은 정치·경제적 지배를 튼튼하게 다질 수 있었다.

사학자 데이비드 뢰디거는 흑백 분리에 대한 두 보이스의 통찰을 상기시켰다. 유럽계 노동자는 백인이라는 특권과 우월성을 얻기 위해, 공유하던 계층 이해를 배반했다는 것이다. 즉, 영국계 노동자는 같은 노동자인 흑인을 버리고, 그 대가로 '백인'으로 편입되는 은전을 입게 됐다. 이제 이들은 백인 시민권이 주는 물질적 혜택과 정치적 특권을 누리게 된 것이다. 유럽계 노동자는 점차 지배계층과 자신을 동일시하기 시작했다. 이들은 자신의 야망을 실현할 수 있게 됐다. 아울러 이전 동료였던 흑인 노동자와 사회적 거리를 둘 수 있는 "공적이며 심리적인 보상"을 받게 됐다. 소위 말하는 '인종적 뇌물'을 받은 것이다.[30]

이렇게 '만들어진' 백인 범주는 이후 정치·경제 상황에 따라 그 테두리를 견고하게 굳히거나 유연하게 넓혀가면서, 지배집단의 통제 도구 역할을 해왔다. 백인 범주엔 특권이 따라붙었기에 모두 백인으로 포함되기를 원했다.

다음엔 '종교'와 '과학'과 '법'이 어떻게 인종을 만드는 데 이바지했는지를 다룬다. 인종이라는 허상이 사회 속에서 마치 실재하는 것인 양 '물화物化'된 것은 저절로 그리된 것이 아니다. 조력자가 있었기에 가능했다. 인종이 신격화된 이면에는 먼저 종교, 특히 스페인의 가톨릭과 미국 개신교의 든든한 안받침이 있었다.

3
인종 '굽기':
목사와
유사과학자와
판사

9.
교회,
성경을 비틀어 인종을 짜내다

'함의 저주.' 창세기 9장의 일화를 그린 목판화(1860).
율리우스 슈노르 폰 카롤스펠트(1794~1872).

이야기 9.
남침례교 교단의 참회록

"우리가 저지른 인종차별의 죄악에 대해 진심으로 회개합니다."

1995년 6월 21일. 미국 남침례교회 총회는 애틀랜타에서 열린 총회에서 이런 내용을 담은 결의안을 채택했다. 남침례교 총회는 인종에 관한 교단의 입장이 "기독교 도덕성에 대한" 교인들의 이해를 심히 왜곡시켰고, "인종 편견과 인종차별이 복음과 양립할 수 있다"라는 그릇된 믿음을 심어주었다고 고백했다. 미국 언론 가운데 가장 영향력이 있는 《뉴욕 타임스》는 이 사건을 커다란 사진과 함께 1면 기사로 보도했다. 다른 유력 매체도 이를 비중 있게 다루었다.[1]

남침례교 교단은 미국 개신교의 최대 종파다. 아울러 보수주의 신앙의 보루이기도 하다. 결의안이 통과된 해는 교단 창설 150주년이 되는 해였다. 도대체 이 교파가 무슨 죽을죄를 지었기에 이렇듯 공개적으로 참회했던 것일까. 왜 이들은 "아프리칸 아메리카인 형제자매" 한 명 한 명에게 일일이 사죄한다며 이들의 용서를 구해야만 했을까.

그 답은 남침례교회의 출생에서 찾을 수 있다. 남침례교는 1845년 태어났다. 남북전쟁(1861~1865)이 벌어지기 16년 전이었다. 남침례교회는 노예 해방의 목소리가 커지고 있을 때, 노예제 옹호의 깃발을 내걸고 시작됐다. 흑인 노예에게 동정적인 북침례교 교단과 갈라선 것이다. 남침례교회는 흑인 노예제가 하나님의 뜻이며, 흑인에게도 유익한 제도라고 가르치기 시작했다. 비단 남침례교회뿐만 아니라, 감리교, 장로교 등 남부 지역에 있는 교회는 모두 이와 비슷한 노선을 취하며 북부 교회와 결별했다.

당시 노예제는 요즈음의 동성애처럼 모든 교회의 '뜨거운 감자'였다. 미국 사회와 교회는 이로 인해 중병을 앓고 있었다. 남과 북의 갈라섬은 남북전쟁 이전에 이미 교회의 분열로 나타났다. 그리고 신앙 분열의 씨앗은 이미 오래전에 뿌려져 있었다.[2]

중남미 인디언 홀로코스트

종교와 인종

종교는 인류사를 통해 인간 해방과 인간 억압이라는 상반된 두 기능을 수행해왔다. 종교는 고통받는 인간에게 마음의 안식과 구원의 희망을 주었다. 동시에 신의 이름을 앞세워 인간 자유를 말살하고 폭압을 행사하기도 했다. 종종 지배자나 강자의 편에 서서, 약자에 대한 폭력과 핍박을 정당화하며 면죄부를 남발했다.[3] 남침례 총회의 사죄는 후자에 대한 것이었다.

인종사회학자인 오미와 와이난은 인종 형성의 계기를 제일 먼저 제공한 요인으로 종교를 꼽는다. 비서구인에 대한 억압을 신학적으로 정당화하는 과정을 통해, 종교가 인종 만들기에 크게 이바지했다는 것이다. 특히 남미 대륙 원주민을 예속시키고 아프리카 대륙 흑인을 노예로 만드는 과정에서, 가톨릭 신학이 이들의 복속을 정당화하는 논리를 제공해주었다고, 두 학자는 진단했다. 즉, 유럽인은 하나님의 자녀이자 온전한 인간인 반면, 인디언은 야만인으로 어쩌면 인간이 아닐지 모른다는 종교적 독트린이 인종 형성의 토대가 됐다는 것이다.[4]

북미 대륙의 인디언 원주민과 흑인의 인종화도 유사한 경로를 밟았다. 교회는 인디언 예속과 흑인 노예제를 변호하는 과정을 통해 인종 이데올로기 수립에 기여한 것이다. 특히 흑인의 열등성과 백인의 우수성이라는 '인종화' 논리를 퍼트리면서, 노예제의 버팀목이 되어주었다. 그럼 먼저 남미 대륙의 상황을 간략히 살펴본 뒤 북미 대륙으로 넘어가도록 하자.

남미 식민화와 제국주의적 기독교

서구에 의한 신대륙 식민화는 1492년 콜럼버스가 아메리카 대륙에 도착하면서 시작됐다. 서구 유럽인에게 신대륙 '발견'은 근대화의 전주곡이었다. 그러나 아메리카 토착 인디언에게 서구 유럽인의 도래는 재앙의 서곡일 뿐이었다.

스페인제국은 복음과 문명 전파라는 깃발 아래 신대륙을 정복했다. 제국의 선봉대는 먼저 남미와 중남미 중간지대 해상에 있는 서인도제도를 공략했다. 스페인 정복자는 이들 카리브해 인근 섬을 교두보 삼아 남미 대륙 진출을 꾀했다. 결국, 1520년경 멕시코의 전신인 아즈텍제국을 정복했고, 1540년대 무렵엔 페루 지역의 잉카제국을 거의 멸망시켰다.[5]

스페인이나 포르투갈보다는 한발짝 뒤졌지만, 영국, 프랑스, 네덜란드도 카리브해를 포함하는 서인도제도 일대를 식민지로 만들었다. 영국은 여러 차례의 실패 끝에 1607년 북미 대륙에 식민 정착지를 세우는 데 성공했다. 스페인도 지금의 플로리다 지역에 북미 대륙 진출의 교두보를 마련했다. 이후 서구 열강은 1820년대까지 300년 이상 (1492~1825) 서인도제도와 중남미 지역을 식민지로 다스렸다. 서구 열강은 중·남미에 식민지를 세운 뒤, 금과 은 같은 광물을 본국으로 들여와 막대한 부를 쌓았다. 스페인의 경우, 아메리카 대륙에서의 광산 개발을 통해 전 세계의 은 거래를 거의 독점하다시피 했다. 이렇게 벌어들인 수익이 스페인 일 년 예산의 '5분의 1'에 육박했다. 미 대륙 식민지에서 들여온 은은 스페인 국부의 원천이었다.[6]

'스페인 정복자'는 인디오에게 공포의 대상이었다. 이들은 원주민을 약탈하고 착취했으며, 저항하는 토착민을 잔인하게 살해했다. 이 과정에서 수백, 수천 년 역사를 간직한 문명이 파괴되고, 많은 원주민이 노예가 됐다. 또한, 전염병, 전쟁, 학대와 학살로 수많은 토착 인디언이 사망하면서 인구가 급속도로 감소했다.[7]

그러면 도대체 얼마나 많은 원주민이 죽었을까. 현대 사학자들은 콜럼버스 도착 이전의 아메리카 대륙에는 약 5,000만 명의 거주민이 있었다고 추정한다. 이 중 북미 대륙에는 약 500만 명이 거주했을 것으로 본다. 이를 토대로 스페인 정복으로 최대 800만 명의 원주민이 사망했다고 보는 주장이 있는가 하면, 초기 반세기 동안 최소 수천만 명이 죽었다고 보는 견해도 있다. 그 어느 것이 사실이든 엄청난 숫자임에 틀림이 없다. 한 사학자가 표현한 대로 이때의 참상은 "인류 역사의 가장 커다란 비극"이 아닐 수 없다.[8]

인종을 둘러싼 16세기 종교 논쟁

스페인 정복자의 혹독한 중남미 식민통치는 스페인 본국에서조차 문제가 됐다. 스페인 국왕이자 신성로마제국 황제인 카알 5세는 위원회를 구성해 이 문제를 논의에 부쳤다. 신학자를 소집해 스페인의 중남미 정복과 원주민 처우의 정당성 문제를 놓고 토론을 벌이게 한 것이다.

논쟁의 핵심은 신대륙 원주민인 인디언의 정체였다. 과연 이들을 인간으로 볼 수 있는지, 그리고 이들에게도 이성과 영혼이 있는지에 관한 논의였다. 당시엔 이성 소유 여부로 온전한 인간과 야만인을 가름했기 때문이다. 신학자와 사제들은 1550년과 1551년 스페인의 바야돌리드에 모여 수개월간에 걸쳐 이 문제를 놓고 갑론을박했다. 이것이 16세기 유럽을 뜨겁게 달군 종교 논쟁이었다. 이때 두 인물이 논쟁을 주도했다.

저명한 인문학자이자 신학자인 후안 히네스 드 세풀베다는 아메리카 원주민에겐 이성이 없다고 주장했다. 그는 토착 인디언을 "모든 문명적인 삶과 관습과 덕성을 혐오하는 야만적이며 비인간적인 존재"로 봤다.[9] 특히 원주민의 미신 숭배, 식인 풍습, 인신 공희供犧 습속은 하나님과 자연에 대한 모욕이기에, 전쟁 등 모든 수단을 써서라도 막아야 한다고 강조했다.

세풀베다는 스페인이 이들 야만인을 정복하고 다스릴 책임이 있다며, 무력에 의한 중남미 정복을 정당화했다. 가톨릭 신학과 자연법 아래서 인디언의 예속은 마땅하다고 본 것이다. 요약하자면, 세풀베다는 아메리카 인디언이 노예 습성을 갖고 태어난 열등한 존재이므로, 이들을 무력으로 제압하고 노예로 삼는 것이 옳다고 주장했다.

반면 바르톨로메 드 라스 카사스 신부는 중남미 인디언도 이성을 가진 존재라고 반박했다. 토착 원주민은 "야만인"도 "자연적 노예"도 아니며, 오히려 온전한 영혼과 자연권을 지닌 합리적 존재라고 강조한 것이다. 그는 인디언 원주민도 문명적 삶을 영위할 능력이 있으며, 기독교로의 개종은 강압이 아닌, 평화로운 설득을 통해 이뤄져야 한다고 주장했다. 라스 카사스 신부는 스페인 정복자의 수탈과 잔인함을 비판하면서, 토착 인디언도 스페인 왕국의 유용한 일원이 될 수 있다는 점을 부각했다. 그는 인디언 원주민도 "하나님의 형상과 모습을 따라 창조됐으며, 예수가 생명을 바친, 우리의 형제"라고 설파했다. 아울러 "모든

인간 인종은 하나"라고 선언했다.[10]

결국 종교 논쟁은 비유럽 원주민에 대한 서로 다른 입장만 드러낸 채 뚜렷한 승자 없이 끝났다. 이 논쟁 이후 라스 카사스 주교는 "남미 인디언 권리 옹호자", "아메리카의 예언자" 등으로 불렸다. 반면 토착민의 비인간성을 부각한 세풀베다의 주장은 인디오에 대한 학대와 착취를 정당화하는 근거로 자주 인용됐다. 이뿐만 아니라 남미 원주민의 선천적 노예 근성과 열등함을 강조함으로써, 근대적 인종주의가 뿌리 내릴 토양을 마련해주었다는 평가를 받고 있다. 스페인 정복자는 인디오의 개종을 위해 종종 무력을 사용했다. 개종 거부는 종종 살육, 강간, 굶주림으로 이어지곤 했다. 무지몽매한 미개인이 영혼 구원의 기회를 차버렸기 때문에, 이런 가혹행위는 적법할 뿐만 아니라, 하나님이 허용한 종교적 의무로 간주됐다. 이처럼 정복과 포교가 함께 얽히는 일은 유럽사의 현저한 특징 가운데 하나이기도 하다.[11]

지난 2000년 요한 바오로 2세는 역대 교황이 이 문제에 대해 줄곧 침묵을 지켜온 관행을 깨고 이 문제에 대해 입을 연 바 있다. 남미 원주민이 지난세기 가톨릭교회로 인해 겪었던 "아픔과 괴로움"에 대해 정중하게 사과한 것이다. 교황은 포교 과정에서 원주민에게 개종을 강요한 것을 비롯해 그동안 가톨릭교회가 자행한 폭행, 탄압, 실수에 대해 용서를 구했다. 이어 2015년, 프란치스코 교황도 남미 방문 중 이 같은 과거사 문제에 대해 "통렬히" 사과하고 원주민 후손에게 용서를 구했다. 그 옛날 가톨릭 사제와 스페인 정복자의 행적이 "중대한 죄악"이었다는 고백과 함께. 유럽이 남미 대륙을 정복한 지 500여 년이 지난 후 나온, 용기 있는 사죄이자 고백이었다.[12]

대서양 노예무역

서구 열강은 또한 서인도제도에서 면화, 담배, 사탕수수 대농장을 경영했다. 그리곤 현지 인디언 원주민을 강제 노역에 투입했다. 곧바로 노동력 공급에 차질이 생겼다. 노동자로 사용하려던 원주민 수가 급감했기 때문이었다. 유럽인에게 노출된 뒤 발생한 역병과 살인적이라 할 만큼 혹독한 노동이 원흉이었다.

스페인과 포르투갈은 노동력 부족을 해소하기 위해 눈을 아프리카로 돌렸다. 여기서 생포하거나 사들인 아프리카인을 남미로 보내 노동자로 쓰기 시작한 것이다. 악명 높은 대서양 노예무역이 시작된 것이다. 노예무역은 황금알을 낳는 거위였다. 다른 유럽 국가가 이를 보고만 있을 리 만무했다. 17세기엔 네덜란드가 포르투갈을 제치고 노예무역에서 강세를 보였고, 이에 자극받은 영국도 곧 노예무역에 발을 들였다.

대서양 노예무역으로 팔려간 아프리카인의 정확한 숫자는 알기 쉽지 않다. 그러나 사학자들은 항해일지 분석을 통해, 1525년부터 1866년까지 350여 년간 대략 1,250만 명의 아프리카 원주민이 노예로 팔려간 것으로 추정한다. 이 가운데 약 15퍼센트가 항해 도중 사망했으며, 대략 1,070만 명이 살아남았다. 이들 가운데 95퍼센트 이상이 브라질 등 남미 대륙과 서인도제도로 팔려나갔다.[13]

아프리카인이 지금의 미국 땅인 북미 대륙으로 직접 팔려나가기 시작한 것은 1700년 이후다. 이후 노예무역이 금지될 때까지 약 38만 8,000명의 흑인이 북미 대륙으로 유입됐다. 서인도제도에 정착했다가 후에 북미 대륙으로 재이주한 7만여 명까지 합하면, 북미 대륙에 상륙한 아프리카 노예의 수는 약 45만 명에 이른다. 아프리카에서 노예로 팔려나간 전체 숫자의 5퍼센트 미만에 불과하다. 대서양 노예무역으로 팔려간 아프리카인의 극히 일부만 북미 대륙으로 온 것임을 알 수 있다.[14]

북미 인디언, 백인의 발명품

북미 대륙 '선주민'은 인디언이다. 영국인은 대서양을 건너 제임스타운이나 플리머스에 정착한 '이주민'이었다. 이들은 정착 초기 극히 짧은 기간 동안 비교적 우호적 관계를 유지했다. 그러나 이들의 밀월은 오래가지 못했다. 이후 영국 이주민은 인디언을 가혹하리만큼 무자비하게 다뤘다. 왜 그랬을까? 역사학자 오드리 스메들리는 두 가지 원인이 있다고 분석한다.

첫째, 영국 교회가 미국 식민지화를 거의 만장일치로 지지했기 때문이다. 영국 목회자는 신대륙을 새로운 가나안으로 보았으며, 설교와 글을 통해 영국인이 신대륙 개척 사업에 적극적으로 나서도록 권유했다. 이들은 영국의 해외 탐사와 식민화 사업은 신으로부터 승인된 것이라는 신학적 논리를 제공해주었다. 따라서 영국인은 하나님의 선민으로서 풍요로운 땅을 정복할 권리가 있다고 강조했다.[15] 영국 목회자의 절대적 지지 이면에는 종교적·상업적 고려도 작용했다. 영국의 경쟁 상대인 스페인이 북미 대륙을 점유할 경우, 가톨릭 세력이 이곳에서도 퍼질 것을 우려해, 이를 차단하려는 의도가 있었다. 또한, 해외무역에 눈을 돌린 상사와 상인이 목회자를 상대로 자신들의 사업을 선전해주길

당부했던 것도 한 요인이었다.

둘째, 영국의 아일랜드 정복과 식민화 경험이 북미 대륙 원주민에 대한 적대적 태도를 부추겼다. 영국은 12세기부터 끊임없이 아일랜드를 손에 넣으려 시도했다. 영토 강탈을 정당화하기 위해 영국이 내세운 논리는, 아일랜드인이 "야만인"이라는 것이었다. 아일랜드인은 수치심이 없고, 정부나 법이 없기에 무질서하며, 지적으로 열등하고, 종교적으로는 미신을 숭배하며, 신체적으로는 원숭이 같고, 상습적으로 만취해 있다는 이미지를 뒤집어씌웠다. 또한, 사유재산에 대한 개념이 없으며, 기독교인이 될 수 있는 축복을 거절함으로써 신성모독의 죄를 범했다고 규정했다. 즉 아일랜드인은 하나님이 주신 땅을 잘 가꾸지 않았기 때문에, 이들의 땅을 빼앗는 것은 정당하다는 논리였다.[16]

영국은 똑같은 이유를 들어 북미 인디언 영토 탈취를 변호했다. 인디언은 야만인이기에 구원받기에 합당치 않은 존재임을 드러내려 했다. 아울러 인디언을 인간 영혼의 사냥꾼으로 묘사하며, 사탄과 동일시했다. 그뿐만 아니라 북미 인디언이 땅을 제대로 사용하지 않았기 때문에, 신이 이들의 땅을 탈취하도록 허용했다고 믿었다. 특히 거의 벗은 듯한 인디언의 모습은 이들의 원죄와 야수성을 반영하는 것으로 해석됐다. 당시의 유대적 크리스천 세계에서, 누드는 인류 타락 후의 원죄를 상징했다. 에덴동산에서 아담과 이브가 신의 명령을 어기고 선악과를 먹은 뒤, 자신들의 벗은 모습을 인식하고 부끄러워했기 때문이었다. 유럽 정착민에게 인디언의 나신은 곧 하나님에 대한 불순종의 표시로 보였다. 영국 정착민은 이런 인디언 모습을 경멸했다.[17]

영국인 정착민은 북미 대륙 정착 후 "좋은 아이리시는 죽은 아이리시뿐"이라는 고압적 태도를 북미 인디언에게 그대로 적용했다. 따라서 "좋은 인디언은 죽은 인디언뿐"이라는 시각이 널리 퍼졌다. 역사학자들은 이런 점을 들어, "인디언은 백인의 발명품"이라 빗대어 표현한다.[18] 역사학자 드와이트 후버는 청교도들도 부정적 인디언 상을 만들어냄으로써, 인디언에 대한 억압을 미화했다고 평가한다. 그의 주장을 요약하면 이렇다.

청교도는 인디언이 악하고, 게으르고, 사특하며, 사회와 동떨어져 있다고 경멸했다. 청교도 목회자는 인디언에게 종교적 가치를 가르치고 이들의 성품을 개선하기 위해선, 인디언을 정복하는 게 불가피하다고 강조했다.[19] 그런데 교회는 여기서 멈추지 않았다. 똑같은 논리를 점차 피부색이 검은 집단에게도 덧입히기 시작했다. 흑인에 대한 검은 이데올로기 제작에 착수한 것이다.

남부 교회, 노예제의 대변인이 되다

흑인의 비인간화

앞장에서 논의했듯이 초기 버지니아 식민지 사회엔 거의 반세기 동안 인종 개념이 없었다. 혹 있었다 하더라도 큰 힘을 발휘하지 못했다. 그러나 담배농장 노동력의 다수를 점했던 영국계 하층 이주민이 급격히 감소하고, 그 자리를 아프리카 노동자가 메우면서 큰 변화가 생겼다. 흑인이 주축이 된 영구 노예제가 자리를 잡아가기 시작한 것이다. 대형 농장주는 이제 노예가 식민지의 생존과 번영에 없어서는 안 될 존재라는 것을 절감하고 있었다. 이때 노예제의 정당성을 다져준 이들이 바로 남부 교회 목회자였다.

　교회는 노예제를 옹호하기 위해 두 가지를 시도했다. 첫째는 흑인의 비인간화다. 당시 목회자는 점차 흑인을 '인간 이하'의 존재로 묘사함으로써, 흑인의 인간 신분을 박탈했다. 이런 부류의 논조는 노예제가 제도화돼가던 식민지시기에 많이 언급됐다. 목회자는 설교를 통해 유럽인은 신에 의해 "생래적 주인"으로 점지되었으며, 우수하고 순수하며 자유스러운 존재라고 언급했다. 반면 "검둥이는 인간과 다른 별도의 존재"라고 강조했다.[20] 흑인은 에덴동산의 뱀처럼 죄악의 선조이자 문명 사회에 부담이 되는 존재라는 거였다. 이에 따라 기독교 세계관 속에 아프리카인은 본질에서 흠결이 많고 도덕적으로 타락했으며, 자연적 노예로 태어난 열등한 부류로 자리 잡아갔다. 이런 메시지는 흑인 노예를 인간이아닌, '사유재산'으로 취급하는 풍토 조성에 이바지했다.[21]

　역사학자 게리 네쉬가 지적한 대로, 흑인을 마소처럼 부리는 관행을 옹호하는 가장 손쉬운 방법은 이들을 인간 이하의 존재, 즉 흑인은 인간이 아니라 그저 소유 대상일 뿐이라고 보는 것이었다. 이에 따라 점차 많은 영국계 기독교인이 흑인을 다른 이교도와 마찬가지로 영혼이 없는 존재로 보기 시작했다. 어쩌면 노예의 비인간화야말로 인간을 노예로 부리는 데 대한 심리적 죄책감을 줄이는 유일한 길이었는지도 모른다.[22]

　식민지시기 흑인에 대한 기독교인의 태도를 대표하는 인물이 코튼 매더 목사다. 회중교회會衆敎會 목사인 매더(1663~1728)는 하나님이 각 사람에게 맞는 위치를 정해놓으셨다며, 사람은 이것을 바꾸려 해서는 안 된다고 설파했다. 각자 겸손과 만족함으로 자기의 위치를 지키라는 것이다. 덧붙여 하나님이 노예에게 자유를 허용치 않았기 때문에, 노예가 자유를 갈망하는 것은 교만이라고 규정했다. 그리고 노예제를 통해 흑인이 기독교인이 될 수 있으므로, 노예제는 흑인에게 유익한 제도라고 주장했다.[23] 동시에 코튼 매더 목사는 흑인이 기독교인이 되면 더 유순해지고, 겸손하며 근면해질 것이라 강조하면서 흑인의 개종을 가장 앞장서서 부르짖었다. 즉, 기독교 신앙이 노예를 더 좋은 노예로 만들 것이라는 논리였다.

역사학자 윈드롭 조단은 이런 가르침이 인류의 '단일 인종' 교리를 고수해온 '유대적 기독교' 신앙 전통과 차이가 있음을 지적했다. 인류 창조를 다룬 성경의 창세기 1장은 모든 인간이 하나님의 "이미지와 모습"을 따라 창조됐음을 기술하고 있다. 창세기 1장에는 인종에 대한 언급이 없으며, 온 인류가 같은 조상 아담과 이브에게서 파생된 것으로 서술하고 있다. 인류가 서로 다르게 창조됐다는 힌트조차 없다.[24]

그러나 농장주나 백인 주민은 점차 흑인을 하나님의 형상을 따라 창조된 동류 인간으로 보는 데 거부감을 느꼈다. 무엇보다도 노예제하의 일꾼은 천한 대상으로 규정되어야만 했으며, 결국 교회가 그 일을 떠맡아 충실히 수행한 것이다. 즉, 흑인은 인간 이하의 존재라는 이데올로기를 만들어낸 것이다. 이는 성직자들도 당대의 사회·경제적 이해에서 벗어날 수 없으며, 대농장주 등 사회 지배층 이해를 대변해왔음을 보여주는 대목이다.[25]

'함의 저주'와 함의 흑인화

교회가 취한 두 번째 조치는 흑인성과 노예성의 짝짓기다. 성경에 나오는 '함'을 흑인의 직계 조상으로 곡해한 것이다. 이렇듯 교회는 흑인이 노예가 될 수밖에 없는 운명임을 강조함으로써 흑인 노예제를 변호했다. 이런 논의가 본격적으로 부상한 시점은 남북전쟁이 발발하기 30여 년 전인 1830년대였다.

1830년대에 등장한 노예제 폐지론자는 즉각적인 노예 해방을 촉구했다. 점진적 개선과 온건 노선을 취했던 이전 세대와는 판판이었다. 이들은 모두 '기독교 국가 미국' 건설이라는 열기에 동참한 이들이었다. 이들 눈에 노예제는 비성서적이자 비윤리적이었다. 이들은 노예 소유주를 유아 판매자, 여성에게 채찍질하는 자, 도둑놈 등으로 표현했다. 그리고 미국은 거짓말쟁이이며 인류애에 대한 불명예를 상징한다고 주장했다. 급진적 노예제 철폐론자는 풀뿌리 복음주의자의 지지를 끌어내는 등 북부 지역에서 폭넓은 지지 세력을 확보했다.

북부 지역 노예제 폐지론자의 무기는 성경이었다. 이들이 가장 많이 이용한 성경 구절은 예수가 산상수훈 가운데 언급한 '황금률'이었다. 즉 "너의 이웃을 네 몸과 같이 사랑하라"라는 명령이었다. 이에 근거해 노예제가 예수의 가르침에 정면으로 어긋나는 제도라는 점을 부각했다.

남부 백인은 노예제 완전 철폐를 외치는 새 세대의 부상으로 커다란 위기감을 느꼈다. 그들의 요구는 노예 노동력에 기반한 남부 경제를 밑동부터 흔드는 일이기 때문이었다. 이때부터 남부 교회 지도자는 더 적극적으로 노예제 옹호에 나섰다. 이들은 먼저 노예해방론자를 "무신론

자, 사회주의자, 공산주의자이자 빨갱이 공화당"이라며 격렬하게 비난했다.[26]

아울러 성경을 노예제 옹호의 방패로 삼았다. 남부 교회 목회자는 성경이 노예제를 반대하지 않는다는 점을 드러내려 했다. 예를 들어 아브라함과 이삭 등 구약시대의 주요 족장이 노예를 거느렸으나 하나님이 이를 금한다는 명령을 내리지 않으셨고(창세기 21: 9~10), 십계명을 기술한 출애굽기 20장 10절에 노예에 대한 언급이 두 번—"네 남종이나 네 여종이나"—씩 나온 것은, 하나님이 이 제도를 암묵적으로 승인했기 때문이라고 해석했다. 또한, 예수님이 당시 로마제국에 널리 퍼져 있던 노예제를 비판하지 않으셨던 점과 사도 바울이 노예를 향해 주인에게 순종할 것을 명했으며(에베소서 6:5~8), 도망 노예인 빌레몬을 그의 상전에게 돌려보냈던 일화를 들어(빌레몬서 12), 노예제의 성서적 정당성을 변호했다.[27]

그러나 남부 기독교 지도자가 전가의 보도처럼 휘두른 무기는 따로 있었다. 바로 '함의 저주' 이야기였다. 이들은 오래된 유대 민담을 토대로, 노아의 아들 '함'이 흑인의 조상이라고 설교하기 시작했다. 저주받은 '함'을 아예 흑인의 직계 조상으로 변모시킨 것이다. 이어서 흑인은 하나님의 저주를 받아 노예가 될 수밖에 없는 존재였노라고 가르치기 시작했다. 이런 주장은 미국의 인종 논의에 지대한 영향을 미쳤다. 따라서 좀 더 자세히 살펴볼 필요가 있다.

성경은 구약 39권과 신약 27권, 모두 66권으로 이뤄져 있다. 구약의 첫 번째 책은 창조 기사가 실려 있는 '창세기'다. 창세기 제9장에는 대홍수 이후 지구상에서 유일하게 살아남은 노아의 가족사가 포함돼 있다. 여기서 한 사건이 벌어진다. 해당 본문을 직접 읽어보자.

창 9:18   방주에서 나온 노아의 아들들은 셈과 함과 야벳이며 함은 가나안의 아버지라

창 9:19   노아의 이 세 아들로부터 사람들이 온 땅에 퍼지니라

창 9:20   노아가 농사를 시작하여 포도나무를 심었더니

창 9:21   포도주를 마시고 취하여 그 장막 안에서 벌거벗은지라

창 9:22   가나안의 아버지 함이 그의 아버지의 하체를 보고 밖으로 나가서 그의 두 형제에게 알리매

창 9:23   셈과 야벳이 옷을 가져다가 자기들이 어깨에 메고 뒷걸음쳐 들어가서 그들의 아버지의 하체를 덮었으며 그들이 얼굴을 돌이키고 그들의 아버지의 하체를 보지 아니하였더라

창 9:24   노아가 술이 깨어 그의 작은아들이 자기에게 행한 일을 알고

창 9:25   이에 이르되 가나안은 저주를 받아 그의 형제의 종들의 종이 되기를 원하노라 하고

창 9:26   또 이르되 셈의 하나님 여호와를 찬송하리로다 가나안은 셈의 종이 되고

창 9:27   하나님이 야벳을 창대하게 하사 셈의 장막에 거하게 하시고 가나안은 그의 종이 되게 하시기를 원하노라 하였더라

줄거리를 요약하자면 이렇다. 노아가 포도주에 취해 곯아떨어졌다. 노아의 세 아들 가운데 '함'이 노아가 벗은 채 자는 모습을 보고, 그의 형제 '셈'과 '야벳'에게 고했다. 셈과 야벳은 아버지의 벗은 모습을 '보

지 않고', 뒷걸음쳐 들어가서 노아의 몸을 옷으로 덮어주었다. 노아는 나중에 함이 한 일을 알고 노하여, 함의 아들, 즉 '가나안'이 형제의 노예가 될 것이라 말했다. 이것이 '함의 저주' 혹은 '가나안의 저주'라 알려진 에피소드다.

여기서 몇 가지 의문이 생긴다. 함은 대체 무슨 잘못을 저지른 것일까. 노아는 함의 행위에 대해 왜 그렇게 격한 반응을 보였을까. 여기에 대해선 해석이 구구하다. 자식의 도리를 다하지 않은 함의 '불효'를 꼽는 시각이 가장 일반적이다. 즉 아버지의 나신을 보았으면 마땅히 고개를 돌리거나 덮어주어야 했다는 것이다.[28]

종교개혁가 마르틴 루터는 쌍방과실 쪽으로 해석한다. 노아는 술에 만취했으며, 그 아들 함은 의롭고 거룩하고 순결하다고 믿어왔던 아버지의 추한 모습에 실망했다는 것이다. 루터는 이 이야기가 원죄로 인해 마음이 완악해진 인간의 모습을 드러낸다고 보았다.[29] 일부 주석가는 당시 고대 중동의 관습을 들어 노아의 진노를 문화적으로 해석한다. 즉, 고대 중동에서는 아버지의 벗은 몸을 보는 행위가 부친의 권위를 넘보는 중대한 도전으로 간주한다는 것이다. 반면 거세去勢나 동성행위, 혹은 근친상간 등 성적 행위가 있었음을 암시한다는 해석도 있다. 그러나 이런 주해는 정통적 해석으로 받아들여지지 않는다.[30]

노아가 왜 행위 당사자인 '함' 대신, 함의 아들 '가나안'을 저주했는지도 논란거리였다. 이 질문은 "수세기 동안 주석가를 괴롭혀온" 난제였다.[31] 여러 주해 가운데 하나는 자식이 형제의 종이 되는 것을 보는 것이 아버지 함에게는 더 고통스러웠을 것이라는 입장이다. 또한, 가나안도 이미 아버지를 본받아 악행을 저지르고 있었기 때문에 저주를 받앉을 거라는 해석도 있다.

또 하나의 유력한 해석은 독일 종교개혁가 볼프강 무스쿨루스가 제시한 설명이다. 그는 노아가 복수하거나 저주하기 위해 이 말을 뱉은 게 아니라고 본다. 이것은 하나님의 뜻을 알리는 '노아의 예언'이라는 것이다. 즉, 이스라엘 백성이 '애굽'으로 불리는 이집트에서 종노릇 하다가 '출애굽' 한 뒤, 팔레스타인 지역을 공격해 이곳에 거주하는 '가나안 족속'을 정복할 것임을 알려주는 예시라고 무스쿨루스는 풀이했다.[32]

이처럼 '함의 저주'는 이스라엘의 역사와 관련해 이해되어왔다. '함'을 흑인으로 상정해 주해한 예는 거의 없었다. 그런데도 미국 남부 목회자는 1830년대 이후 '함의 저주'에 새로운 의미를 덧입혔다. 함을 흑인의 직계 조상으로 만든 것이다. 고로 함의 후손은 저주의 결과로 노예가 될 수밖에 없음이 성경에 이미 예견되어 있었다고 설교하기 시작했다.

남부 목회자는 창세기에 나오는 '함'을 흑인으로 '인종화'함으로써, 흑인과 노예를 연관 짓고 이를 흑인 노예제 지지의 근거로 삼았다. 아울러 노예제가 저주받은 흑인이 구원받을 수 있는 길이라고 주장했다. 이들 성직자는 흑인의 열등성과 자기 통제력 결핍을 끊임없이 상기시키며, 노예제를 통해 이들의 범죄성과 악덕이 제거될 수 있다고 설파했다. 그럼으로써 사회질서가 유지될 수 있다는 점을 이들은 반복적으로 언급했다. 이후 흑인이 함의 후손이라는 믿음은 남부 기독교인 사이에 노예제를 변호하는 주된 논거가 됐다. 한 노예제 폐지론자가 말한 대로 "노아의 이야기는 노예 주인들의 필수 휴대품"이 된 것이다.[33]

왜곡된 성경 해석 비판

흑인을 함의 후예로 고정한 일은 흑인에 대한 혐오감을 불러일으키는데 커다란 역할을 했다. 물론 지금 이런 해석을 공개적으로 지지하는 미국 목회자는 드물다. 그러나 한국 목회자 가운데는 이를 무비판적으로 받아들인 분들이 많다. 그리곤 종종 설교 속에 마치 검은 피부가 형벌의 징표인 양 흑인의 높은 빈곤율과 범죄율을 함의 저주와 결부시킨다. 그러나 함을 흑인의 조상으로 본 해석은 명백한 오류다. 그 이유를 다섯 가지로 요약해봤다.

첫째, 신학자 대부분은 '함의 저주' 혹은 '가나안의 저주'가 이미 오래전에 성취됐다고 해석한다. 이집트에서 종살이하던 이스라엘 부족이 후에 팔레스타인 지역 '가나안 땅'을 정복함으로써, 그 예언이 실현됐다고 보는 것이다.[34] 실제로 구약 성경은 여호수아와 솔로몬 왕 치세 기간에 이 지역 가나안 부족이 완전히 복속된 과정을 자세히 기술하고 있다. 이런 사실에도 불구하고 남부 목회자는 몇 천 년의 시공을 건너뛰어, 함을 북미 대륙으로 끌어들였다.

둘째, 남부 교회의 해석은 '대속代贖' 원리와 어긋난다(로마서 5:12, 18). 성경은 예수가 십자가 위에서 죽음으로써 인류가 죄와 저주로부터 해방됐다고 가르친다. 이 대속 원리는 기독교의 핵심 교리다. 그런데 남부 교회는 마치 '가계에 흐르는 저주'로 인해 흑인이 노예의 멍에를 지게 된 것인 양, 노아의 저주가 여전히 효력이 있는 것처럼 가르쳤다. 종교학자 스티브 헤인즈가 평가한 대로, 남부 목회자는 노예제를 정당화하려는 일념으로 성서를 억지로 남부 상황에 꿰맞춘 혐의가 짙다.[35]

셋째, 신학자들은 성경 속에 인류 조상의 인종에 대한 언급이 없다는 점을 강조한다. 그런데도 일부 목회자는 히브리어로 '함'이 '열기 heat'를 의미한다는 점을 들어, 함이 흑인의 선조인 양 선전한다. 그러나 성경에는 함의 피부가 검거나 검게 변했다는 어떤 암시도 없다. 굳이 함의 민족적·인종적 배경을 따지자면, 그는 성 오거스틴이 언급한 대로 유대인이고 그의 아들 가나안도 유대인이다. 노아에게서 서로 다른 세 개의 '인종'이 갈려 나왔다는 해석은 훨씬 후대에 이르러 논의된 주제다.[36]

창세기 10장에는 노아의 후손과 열국의 지리적 분포가 기술되어 있다. 일부 성서 연구자는 여기에 열거된 함의 후손 주거지를 토대로, 함을 아프리카인과 연계시켰다. 그러나 이런 해석은 여러 허점이 있다. 먼저 '리빗' 등 여러 지명의 정확한 위치가 알려지지 않거나 애매하다는 점이다. 알려진 지명도 추정에 근거하는 경우가 많다. 그리고 유럽, 아프리카, 아시아라는 지리적 개념이 출현한 시점이나, 이들 대륙의 경계가 늘 분명한 것은 아니었다. 아울러 종족이나 상용 언어가 일치하지 않는 경우도 종종 있다.[37]

넷째, 성서 해석사를 보면, 함의 이야기가 인종과 연결되어 풀이된 예가 없음을 알 수 있다. 성 제롬이나 성 오거스틴 같은 초기 기독교 교부의 저술 속에는 노아의 저주가 노예제와 연관해서만 언급되고 있다. 예를 들어 성 오거스틴은 "가운데 아들[함]은 유대인 사람이다. 이들은 그리스도(노아)를 거부하였고 그러므로 노예가 될 것이다"라고 말했다. 이처럼 교부들은 함을 노예와 연관 지었을 뿐 누구도 함을 흑인과 연결하지 않았다.[38]

16세기의 종교개혁가들도 마찬가지다. 마르틴 루터는 함의 이야기를 부모에 대한 자식의 불순종이라는 측면에서 다뤘다. 루터는 함의 행위를 "사탄적이며 독기어린 증오"로 돌린 뒤, 함을 간통, 독재, 신에 대한 반란과 연계시켰을 뿐이다. 존 칼빈은 함의 죄가 아버지에 대한 불경이라는 시각을 제일 먼저 제시했다. 인종의 '인'자도 꺼내지 않았다.[39]

존 칼빈의 해석은 16세기와 19세기 성경 주석가들에게 큰 영향을 주었다. 매튜 헨리, 윌리엄 뉴튼, 아담 클락과 같은 인물이 대표적 예다. 이들 성서 주석가 가운데 누구도 창세기 9장을 흑인 노예제의 근거로 주해하지 않았다. 아마 종교개혁가와 이후의 주석가는 '함의 저주'가 한두 세기 후 악의에 찬 인종적·지역적 편견과 연결되리라곤 상상도 못 했을 것이다.[40]

신학자들은 함을 검은 피부의 인물로 묘사한 최초의 문서로, 서기 3세기경 기록된 《바빌로니아 탈무드》를 꼽는다. 탈무드는 구전되어 내려온 율법과 함께 여러 유대 관습과 전통을 담은 유대교 경전이자 유대인의 생활 규범집이다. 이 탈무드 속에 두 랍비가 함이 저지른 죄를 놓고 벌이는 논쟁 이야기가 있다.

이때 한 랍비가 함의 얼굴이 검다고 언급했다. 그 랍비는 구약 성서에 없는 말들을 마음대로 추가해서 덧붙였다. 예를 들어 노아가 함에게 "너의 후손은 추악하며, 검은 피부를 갖게 되리라"라고 말했다는 것이다. 그리고 가나안을 일러 "인간의 얼굴을 검게 만든 자"라고 불렀다는 새로운 설명을 슬쩍 삽입하기도 했다. 만약 이들이 지금 이런 주장을 내놨다면, 성경에 없는 말을 추가한 혐의로 당장 이단 처분을 받았을 것이다.[41]

이렇게 각색된 이야기는 중세 때 이슬람 신학자들 사이에서 한동안 논의되기도 했다. 그리고 유대 문학에 대한 크리스천의 관심이 늘었던 르네상스 때 잠시 거론된 뒤, 거의 잊혔다. 역사학자 윈드롭 조단은 16~17세기에 들어 이 주제가 기독교인 사이에서 조금씩 언급되기 시작했다고 지적한다. 우리가 익히 알고 있듯이, 바로 유럽인의 대항해시기와 겹쳐지는 시점이다. 그러나 당시의 주된 초점은 흑인 노예제의 정당화가 아니었다. 얼굴 색깔이 유럽인과 다른 사람들이 존재한다는 것이었다.

다섯 번째 문제점은 노아 자손들의 추정된 인종 범주가 시대를 거치며 계속 변해왔다는 점이다. 이는 노아의 세 아들과 대륙별 짝짓기가 시대에 따라 달랐다는 말이다. 남부 목회자는 대체로 '함'을 흑인종의 조상으로, '셈'을 유대인과 아시아인의 선조로, 그리고 '야벳'을 유럽인의 조상으로 상정해왔다.

보스턴대 사학자 벤저민 브로디는 이 주제와 관련해 고대, 중세와 근세의 문헌을 분석한 바 있다. 브로디는 당대 지식인이 쓴 연대기나 박물지는 물론 당시 일반인의 세계관을 잘 보여주는 여행기나 민담 모음 등을 광범위하게 분석했다. 그는 여기서 아주 흥미로운 사실을 발견했다. 고대나 중세 문헌에 나타난 셈, 함, 야벳의 대륙별 근거지가 아주 유동적이고 복잡한 양상을 띠고 있다는 점이다. 특히 근세 초기까지는 오히려 '셈'이 흑인의 조상으로 이해됐으며, 반면 '함'은 아시아인의 조상으로 간주했다는 사실이다.[42]

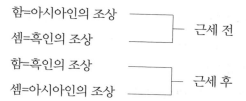

함=아시아인의 조상 ┐
셈=흑인의 조상 ┘ 근세 전

함=흑인의 조상 ┐
셈=아시아인의 조상 ┘ 근세 후

예를 들면, 마르틴 루터도 그의 유명한 창세기 강해 속에서 함을 "전체 아시아의 군주lord of all Aisa"로 기술하고 있다. 루터는 "함이 아버지의 저주를 받았지만, 세계에서 가장 큰 부분을 소유하고 있으며 광대한 왕국을 세웠다"라고 다소 의아스러워했다. 민간 사이에서는 함이 "칭기즈칸의 조상"으로 여겨지기도 했다.[43] 이것은 함의 후손이자 최초의 왕, 혹은 영걸로 묘사된 '니므롯'의 주 활동무대가 메소포타미아 지역이었던 것과 관련이 있다(창세기 10장).

이런 현상은 문헌에만 국한되지 않았다. 브로디는 미술사에서도 유사한 현상이 발견된다고 주장했다. 19세기 전까지만 해도 노아의 세 아들 이야기를 묘사한 서양 미술작품 가운데 함을 흑인으로 그린 작품이 거의 없다는 것이다. 브로디 교수는 이런 흐름을 당시 함이 아시아인과 연관된 인물로 이해됐음을 방증해준다고 해석한다. 그리고 15세기와 19세기 초 사이에 '함의 흑인화'가 이루어졌을 것으로 추정한다. 이전까지 아시아와 결부되어 이해되던 함의 정체성이 점차 흑인으로 바뀌었다는 것이다. 잘 알다시피 이 시점은 대항해의 시기, 그리고 유럽인에 의한 아프리카 식민화시기와 겹친다.[44]

이처럼 '함'을 흑인의 조상으로 상정하는 일은 치명적인 맹점을 안고 있다. 그런데도 오랫동안 이것이 마치 성서적 진리인 양, 아무런 제재 없이 강단에서 전파되어왔다. 현대 성서 연구자들은 '함의 저주'와 흑인 노예제를 연결한 남부 목회자의 사례를 "성서 해석사의 가장 슬픈 순간 가운데 하나"라고 평가한다.[45]

교회의 가르침과 관행은 인종에 관한 인식을 결정짓는 가장 중요한 요인이었다. 조지 프레데릭슨이 지적한 것처럼, 인종 개념의 수립은 제일 먼저 자연과학의 언어가 아니라, 종교적 언어 속에서 이루어졌다.[46] 인종에 대한 종교적 논의는 이제 서서히 과학적 논의에 자리를 물려주기 시작했다.

10.
과학,
인종 서열을 지어내다

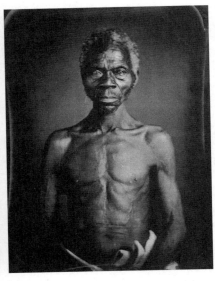

루이스 아가시의 초상(왼쪽 판화)과 1850년 그가 의뢰해 찍은 흑인 노예 사진 중 하나.
노예 이름은 '렌티'로, 콩고에서 태어나 사우스캐롤라이나 농장으로 팔려왔다.

이야기 10.
아가시와 흑인의 첫 상견례

루이스 아가시(1807~1873)는 1846년 10월 첫째 주 보스턴에 도착했다. 당시 아가시는 39세였다. 비교적 젊은 나이에도 불구하고 그는 지질학, 고생물학, 어류학 등 여러 분야에서 국제적인 학자로 명성을 날리고 있었다. 미국 방문도 그의 학문적 업적을 높이 평가한 로렌스재단 초청으로 이뤄진 것이다.[1]

　몇 년 뒤 하버드대학이 자연사학과를 신설했을 때, 아가시는 초대 학과장으로 임명됐다. 그는 이곳에서 '비교동물학 박물관'을 건립하는 등, 정열적으로 연구와 가르치는 일에 전념했다. 그는 "미국 자연과학의 아버지"로 불릴 만큼 여러 분야에 커다란 발자취를 남겼다. 하버드대를 비롯해 보스턴 곳곳에 그의 이름을 딴 건물, 거리,

학교가 즐비한 이유다.

　루이스 아가시는 신실한 크리스천이었다. 스위스와 프랑스에 거주할 때만 해도 그는 '창조론자'였다. 하나님이 창조한 아담은 한 명뿐이며, 모든 인류는 아담이라는 공통 조상으로부터 분기했다는 교리를 충실하게 신봉했다. 미국 방문 직전에 쓴 글 속에서도, 아가시는 모든 인종이 같은 종이라는 '인류의 동질성' 원리를 강력히 옹호했다.

　그랬던 그가 미국 체류 중 '복수 기원론자'로 전향한다. 인류가 서로 다른 지역에서 별도의 인종으로 창조됐다는 태도로 급선회한 것이다. 또한, 인종 사이엔 우열이 있으며, 이들 가운데 가장 우수한 인종은 백인 인종이라고 주장하기 시작했다. 무엇 때문에 아가시는 급격한 심경의 변화를 일으켰을까. 과연 그에게 무슨 일이 있었던 것일까. 실마리는 아가시가 필라델피아를 방문했을 때 일어난 사건에서 찾을 수 있다.[2]

　아가시가 1846년 학술강연 차 처음으로 방미했을 때 필라델피아에 묵은 적이 있었다. 여기서 그의 학문적 여정에 큰 영향을 준 한 사람을 만난다. 흑인과 우연히 만난 것이다. 유럽에 있을 때 아가시는 흑인을 본 적이 없었다. 그러나 나흘간의 필라델피아 체류 기간 중 여러 번 흑인과 접촉할 기회가 있었다. 당시 그는 한 호텔에 묵고 있었다. 그는 흑인 웨이터들과 접하며 느꼈던 "고통스러운 인상"을 편지에 담아 스위스에 있는 어머니에게 보냈다:

이 퇴락한 인종을 본 순간 연민의 정을 느꼈습니다. 그들도 진정 사람일진대, 그들의 운명을 생각해보니 그저 애처롭다는 동정심이 일었습니다. 그런데도 그들이 우리와 똑같은 동종의 사람이 아니라는 느낌을 억누를 수 없었습니다. 두꺼운 입술과 일그러진 이빨을 가진 얼굴이며, 양털 같은 머리카락, 굽어진 무릎, 비정상적으로 길쭉한 손, 길고 굽은 손톱, 특히 거무죽죽한 손바닥을 보았을 때, 저는 그들에게 멀리 떨어지라고 말하느라 그들 얼굴에서 눈을 뗄 수 없었습니다. 그리고 음식을 서빙하기 위해 내 접시 위로 그 흉물스러운 손을 뻗으며 다가왔을 때, 아, 이런 서비스를 받으며 식사를 하느니, 다른 곳에서 빵 한 조각을 먹는 한이 있더라도, 그 자리를 뜨고 싶은 마음이 굴뚝같았습니다. 이렇게 검둥이들과 가까이 얽혀서 살아가야만 하다니 이런 나라의 백인 인종은 얼마나 불행한가! 하나님이여 이런 접촉으로부터 우리를 보호해주소서!³

아가시는 흑인의 행색에서 큰 충격을 받은 듯하다. 그는 자신의 조상이 흑인의 선조와 같다는 사실을 받아들일 수 없었다. 자신이 흑인과 같은 피를 나누어 가지고 있다는 것은 상상하기조차 역겨운 일이었다. 흑인과의 접촉 이후 그는 마음을 바꿨다. 아가시는 인류가 각기 서로 다른 지역에서 독립된 별도의 인종으로 창조됐다는 '복수 기원설'로 홱 돌아섰다. 학문적 전향을 감행한 것이다. 당시 아가시의 변신은 하나의 커다란 학문적 스캔들로 받아들여졌다.

미국에서의 과학적 인종주의

유럽, 과학적 인종주의의 모판

인종에 대한 종교적 논의는 서서히 과학적 논의에 자리를 물려줬다. 과학이 종교로부터 인종 불평등 정당화의 바통을 이어받은 것이다. 과학을 인종 논의 속으로 제일 먼저 끌어들인 이들은 18세기의 유럽 동·식물학자였다. 이들은 민간에 널리 통용되는 인종 분류를 다듬어나갔다. 무엇보다도 이들은 사회적 불평등을 설명하는 데 지대한 관심이 있었다. 인종집단 간 생물학적 우열이 사회적 우열로 이어졌다는 것을 과학적으로 안받침해주려 애썼다. 후세 사람은 이를 '과학적 인종주의'라 부른다.[4]

스웨덴 식물학자 칼 린네(1707~1778)는 최초로 인종을 과학적으로 분류한 이로 꼽힌다. 물론 프랑수와 베르니에(1620~1688) 같이 린네보다 훨씬 앞서 인종 분류를 시도한 인물도 있었지만, 그의 주장은 논리성이 부족하다는 평을 받는다. 린네는 이런 축적된 자료를 토대로 분류체계를 다듬어나갔다. 그는 1735년과 1758년에 펴낸 《자연의 체계》에서 인간을 피부색과 거주 대륙에 따라 '유럽인', '아시아인', '아프리카인', '아메리카인'의 4개 인종으로 나눈 바 있다. 린네의 분류법은 사람의 신체적 특징을 기질에 대한 속설과 접목한 최초의 권위적인 분류로 평가받는다.[5]

독일 의사 요한 블루멘바흐(1752~1840)는 린네의 분류법을 계승, 발전시켰다. 그는 1795년 세계 인구를 '코카서스인', '몽골인', '에티오피아인', '아메리카인', '말레이인' 등 5개 인종으로 분류했다(여기서 에티오피아인은 아프리카인, 말레이인은 폴리네시아인을 의미한다). 블루멘바흐 분류법의 특징은, 최초로 각 인종의 상대적 순위를 매긴 수직적 모델이라는 점이다. 지리뿐 아니라 외모와 수월성을 기준으로, 각 인종의 상대적 순위를 매긴 형식이다. 이처럼 블루멘바흐는 각 인종 범주 사이의 우열을 명백하게 못 박았다.[6]

18세기 유럽에서 발전된 인종이론은 미국 사회에 큰 영향을 미쳤다. 미국에서도 대학을 통해 린네나 블루멘바흐 등 유럽의 분류학자와 그들 저서가 소개되고 논의됐다. 미국 과학자의 인종 연구는 유럽에서 거론된 논의의 연장선상에서 진행됐다. 당시는 흑인이 노예의 대부분을 차지하면서 흑인 이미지가 몹시 부정적으로 바뀌고 있었다. 그러기에 인종에 대한 미국인의 관심은 유럽인보다 훨씬 더 컸다. 이런 상황에서 18세기 후반경 유럽에서 미국으로 흘러들어온 인종담론은 인간 차이에 대한 미국인 지식체계의 일부가 됐다.

제퍼슨의 인종이론

미국에선 독립전쟁 기간 중 '니그로'의 본성에 대한 커다란 논쟁이 벌어졌다. 노예제 반대 세력, 특히 유럽 지식인이 미국 독립혁명 지도자를 위선자로 매도하며 비난한 게 발단이었다. 혁명 지도자들이 자신의 자유를 주창하면서도, 흑인 노예의 자유에 대해선 침묵하고 있는 이중적 태도를 꼬집은 것이다. 실제로 조지 워싱턴과 제임스 매디슨, 토머스 제퍼슨 등 혁명 지도자 상당수가 노예 소유주였다. 아픈 곳을 콕 찌른 비판이 아닐 수 없었다.[7] 미국의 노예제 찬성 세력도 대항 논리를 개발해냈다. 이들은 인간의 차이에 대한 이념을 발전시켜나간 것이다. 흑인의 생래적 열성을 주장하는 학문적 글이 등장하기 시작한 것도 이 무렵이었다.

토머스 제퍼슨은 독립선언문 초안을 비롯해 여러 중요한 문서를 작성한 인물이다. 그러나 그가 펴낸 책은 1787년에 발간된 《버지니아주에 관한 노트》가 유일하다. 여기서 그는 먼저 노예제를 비난했다. 노예 소유주와 노예 모두를 야수로 만들기 때문이라는 이유 때문이었다.

동시에 그는 같은 책 속에 흑인에 대한 편견을 여지없이 드러냈다. 그는 흑인이 기억력에서는 백인과 비슷하지만, 이성적 사유 능력은 백인에게 훨씬 못 미친다고 적었다. 아울러 흑인은 심사숙고하기보다는 감각적으로 행동하며, 상상력이 결핍됐다는 견해를 밝혔다.[8] 여기서 제퍼슨은 미국 인종사에 길이 남는 어록을 남겼다.

그러므로 나는 다음과 같이 주장한다. 흑인은, 원래부터 독특한 종이었든 아니면 시간과 환경 탓에 독특하게 되었든 간에, 몸과 마음의 재능 면에서 백인보다 열등하다. 비록 추측이긴 하지만.[9]

한마디로 흑인은 백인보다 못났다는 말이다. 그러나 이런 주장을 뒷받침할 증거는 제시하지 못했다. 제퍼슨은 논리적 이성을 강조하는 계몽주의의 세례를 받은 인물이다. 모든 논증에는 반드시 증거가 따라야 한다는 점을 잘 인식하고 있었다. 물증 없는 주장은 삼류 소설에 불과하다는 것을 누구보다 더 잘 알기에, 제퍼슨은 자신의 견해가 그저 "추측일 뿐suspicion only"이라는 사족을 달았다.

제퍼슨은 인디언에 대해선 다소 호의적이었다. 북미 대륙 토착 인디언이 이스라엘의 12지파 가운데 사라진 종족일지도 모른다는, 당시에 널리 퍼져 있던 속설을 믿은 탓이리라. 어쨌든 제퍼슨은 인디언에 대한 학문적 호기심이 있었다. 인디언이 흑인처럼 '야만인'이기는 하되, 흑인과 달리 문명화될 수 있다고 생각했다. 만약 이들이 교육을 받고 백인과 함께 섞여 지내면 미국 사회에 동화될 수 있다고 봤다. 그런 탓에 그는 인디언을 "고상한 야만인noble savage"이라 불렀다.

이처럼 제퍼슨은 인종을 서열화한 뒤 이를 문서로 남겼다. 학계는 제퍼슨의 흑인 열등성 담론을 미국 최초의 인종 우열이론으로 간주한다. 제퍼슨의 평등사상이 미국 독립의 초석이 됐다면, 흑인의 열등함에 대한 그의 '추측'은 인종차별의 모퉁이돌이 됐다. 제퍼슨이 건국의 아버지라는 명예와 더불어, 미국 '인종이론의 창시자'라는 불명예를 동시에 지니게 된 연유다.[10]

토머스 제퍼슨은 자연 상태에서의 흑인 신분에 대한 문제를 과학에 맡겨야 한다고 주장한 첫 번째 사람이었다. 당시 과학은 서구 문화에서 별도의 독특한 제도로 부상하기 시작했고, 이는 미국에서도 마찬가지였다. 대중은 과학이 최소한 편견 없이 객관적으로 사실을 밝혀줄 거라고 기대했다.

'존재의 대사슬'

18세기 후반 인간 다름의 본질에 대해 논하는 저술가는 대부분 '존재의 대사슬Great Chain of Being' 논리의 영향을 받았다. 이 개념은 당시 유럽이나 미국에서 생물과학의 전반을 지배해온 사이비 과학, 혹은 사이비 신학적 세계관이라 할 수 있다. 이 이데올로기에 따르면, 창조주는 세상의 모든 생물을 서열에 따라 배열될 수 있게끔 창조했다. 하나님은 당연히 이 서열의 맨 위에 자리하며 그 밑으로 천사가 배치되고, 다음은 인간이 차지한다는 식이었다. 물론 그 아래는 동·식물 차지다.[11]

미국에서는 독립 쟁취 후 '존재의 대사슬' 개념이 크게 유행했다. 자유를 옹호하면서 동시에 노예를 소유하는 데 대한 비난이 일자, 이를 옹호하는 과정에 일반 대중에게까지 널리 퍼진 하나의 문화적 사조였다. 자연 속 위계라는 '존재의 대사슬' 패러다임은 특히 과학자가 인간집단에 적용할 때 요긴하게 사용됐다. 당시 대다수 과학자는 이 모델에 푹 젖어 있었다.

존스홉킨스대 철학 교수였던 아서 러브조이는 '존재의 대사슬'이 18세기를 통틀어 과학적 가설을 형성하는 근본적 전제였다고 평가한다. 당시 많은 과학자는 이 개념이 별도의 증명이 필요한 이론이나 가설이라고 생각하지 않았으며, 오히려 세계 현실을 정확히 반영한다고 생각했다.[12]

'존재의 대사슬' 개념이 가장 흔히 적용된 예로는 '검둥이와 유인원의 연관성' 논의를 들 수 있다. 이는 흑인은 사람보다는 짐승에 더 가까운 존재일 거라는 의혹으로서, 아마 많은 백인의 마음속 깊은 곳에 자리한 감정이었을 것이다. 과학자들은 흑인이 노예로 적합함을 보이는 증거로, 흑인의 선천적 열등함을 내세우기 시작했다. 이들은 자연 속 위계를 믿었으며, 인간집단 사이의 불평등은 신이 승낙한 자연스러운 현상이라고 확신했다.

결국 '존재의 대사슬' 논리는 사회의 기존 인종적 위계를 자연질서의 일부분으로 포장했다. 백인 인종의 우월성이 자연질서의 일부라는 생각은 근대 19세기 중반의 '과학적 인종주의'의 발흥에 발맞춰 기만적으로 강화됐다. 초기의 과학자들은 머잖아 모든 인종 범주의 완전한 목록을 마련할 수 있다고 장담했다. 아울러 인종 사이의 차이점을 드러냄으로써 서열화한 사회질서에 과학적 정당성을 부여할 수 있으리라 믿었다. 그러나 종종 인종 서열에 대한 선제적 헌신이 '과학적' 질문 내용을 결정하곤 했으며, 자료 수집도 이미 사전에 내려진 결론을 지지하는 선에서 이루어졌다.

하버드대 고생물학자 스티븐 굴드가 지적한 대로 18세기와 19세기 미국 사회에선 지식인이나 정치 지도자 등 그 누구도 인종 서열의 적절성에 대해 아무런 의문을 제기하지 않았다. 에이브러햄 링컨조차 1858년 대선 캠페인 토론회에서 "백인과 흑인 인종 사이에는, 두 인종집단이 사회적·정치적으로 대등한 조건 속에 살 수 없도록 만드는, 신체적 차이가 있다"라고 언명할 정도였다. 그도 다른 사람과 마찬가지로 백인이 우수한 지위를 점유하는 것을 찬성한다는 견해를 밝혔다.[13]

미국 발 복수 기원설

18세기 끝 무렵 유럽에선 '다원 발생설' 혹은 '복수 기원설'이 재등장해, 인기를 얻고 있었다.[14] 인류의 다원 발생설에 기댄 유럽 과학자는 각 인종이 서로 다른 지역에서 기원한 별도의 종species이라고 주장했다. 그러나 '다원 발생설'이 학문적으로 다듬어지고 발전된 곳은 미국이었다. 특히 노예해방운동이 절정에 달했던 1830년대, 즉 19세기 초·중엽에 관련 논의가 활발히 개진됐다.

특히 새뮤얼 모튼, 루이스 아가시, 요시야 노트는 다원 발생설을 주장하며 미국 초기 인류학의 토대를 놓았다. 이로써 오랫동안 유럽의 사상적 그늘 속에 있던 미국은 이 분야에서 지적 독립의 첫발을 내디딜 수 있게 됐다. 유럽의 과학자는 미국 발 다원 발생설 주창자를 "미국학파"로 부르며, 관심과 존경을 표했다.[15]

이전까지 인간 기원에 대한 견해는 '창조설' 혹은 '단일 발생설'이 우세했다. 이 시각은 태초에 단 한 번의 창조만 있었다는 성경 해석에 근거한다. 전능하신 조물주께서 모든 인류를 하나의 같은 종으로 창조했다고 보는 것이다. 이 시각의 핵심은 모든 인류가 같은 종에 속한다는 거였다. 처음엔 일반 대중이나 대다수 과학자도 단일 창조설에 근거한 '인류의 동일성' 원칙을 따르고 있었다. 인간집단 사이의 차이점은 이 큰 테두리 안에서 '퇴행'이나 '존재의 대사슬' 개념을 이용해 설명되곤 했다. 그러나 인간 사이의 다름, 특히 백인과 흑인 사이의 차이에 관한 관심이 증대되고, 노예제 찬성론자의 현실적 필요까지 더해지면서, 전혀 새로운 주장이 점차 힘을 받기 시작했다.[16]

'다원 발생설'이 19세기 초와 중엽 미국에서 만개한 이유가 있다. 미국은 흑인 노예화와 인디언 선주민 축출이라는 도덕적 딜레마와 마주하고 있었고, 이를 정당화할 논거를 찾아내야만 했기 때문이다. 더더구나 1830년대를 전후로 과격한 노예제 폐지 주장이 큰 호응을 받는 상태였다. '과학자'들은 현존하는 사회 불평등을 설명하기 위해 두 가지 메뉴를 들고 나왔다. 첫째는 흑인과 인디언이 백인과 서로 '다른 종'이라는 주장과 둘째는 이들이 백인 인종보다 열등하다는 학설이었다.[17] 이런 주장을 발전시키고 확산시키는 데 주도적 역할을 한 3인방이 있다.

'과학적 인종주의'의 3인방

새뮤얼 모튼

1839년 필라델피아의 의학자인 새뮤얼 모튼(1799~1851)은 인지 능력이 인종 사이에 불균등하게 분포됐다고 주장했다. 해부학자이기도 한 모튼은 해골 수집가로 명망이 높았다. 그는 20대부터 해골을 모으기 시작해 죽을 때까지 모두 1,000여 개의 해골을 수집했다. 이는 당시 세계 최대 규모였다. 그는 두개골 계측에 전념해 13가지의 해골 측정법을 만들어내기도 했다. 모튼은 그가 인종별로 선별한 253개의 해골 안에다 겨자씨와 산탄, 납을 집어넣어서 각 인종의 뇌 용적을 측정했다. 모튼은 여기서 각기 다른 인종은 모양과 크기가 서로 다르다고 결론 내렸고, 연구 결과를 1839년 《미국인의 두개골》이란 책으로 펴냈다.[18]

뇌의 크기와 지능 사이에 상관관계가 있다는 가정하에, 모튼은 두개골 크기에 따라 지능을 서열화할 수 있다고 주장했다. 그는 각 인종 두개골 측정 결과, 코카시안 뇌 용적이 가장 크고 그 뒤를 이어, 몽골인(아시안), 말레이인(폴리네시아인), 아메리칸 인디언, 에티오피아인(흑인) 순으로 나왔다고 보고했다. 당연히 그는 백인 지능이 다른 어느 인종보다 더 뛰어나다고 단언했다.

모튼은 인디언 지능에 대해선 "인디언은 추상적 주제에 대해 계속 사유할 머리와 능력이 부족하다"라고 아주 부정적인 견해를 밝혔다. 또한, 인디언은 "야만인"으로 태어났으며, 유럽인의 우월성을 견뎌내지 못하고 사라지리라 예측하기도 했다. 이런 글이 쓰인 시점의 역사적 상황을 알면 모튼이 왜 이런 주장을 펼쳤는지 알 수 있다. 이때는 〈인디언 이주법〉에 따라 1835년 약 4만 5,000명의 체로키 인디언이 조상 대대로 살아온 땅에서 쫓겨나 오클라호마의 낯선 곳으로 강제 이주된 때였다. '눈물의 행로Trail of Tears'로 불리는 긴 여정 중 어린이와 부녀자 등 4,000명의 인디언이 추위와 비탄 속에 죽어갔다.[19]

모튼은 이후 고대 이집트인은 흑인이 아니라 단지 피부가 검은 백인이었다고 주장했다. 뇌 용적이 작은 흑인이 그렇게 위대한 문명을 이루어낼 수 없다는 이유에서였다. 모튼의 글과 강연은 미국 남부 지방에서 큰 환영을 받았다. 흑인이 생래적으로 열등한 존재라는 그의 주장은 남부인 입맛에 딱 맞는 음식과도 같았다. 모튼의 주장은 그의 사후에도 대중의 인종관에 지속적인 영향을 미쳤다.[20]

스티븐 제이 굴드 하버드대 진화고생물학 교수는 1981년에 펴낸 그의 저서 《인간에 대한 오해》에서 모튼의 실험 결과에 무의식적 편견이 작용했다고 비판했다. 굴드는 모튼이 실시한 두 번의 측정 결과가 서로 다른 점과 특히 재측정 시 아프리카인의 두개골 용적이 유난히 많이 늘어난 점을 집중적으로 거론했다. 굴드는 과학자들이 자료를 수집하고 분석할 때, 자신이 선호하는 쪽으로 기우는 무의식적 편향에서 벗어나지 못한다고 덧붙였다. 가령 해골 용적을 계산할 때 두개골 주인의 나이나 신장, 성을 고려하지 않음으로써 결과적으로 부정확한 결론에 도

달할 수 있음을 지적했다.[21]

2011년 제이슨 루이스 스탠퍼드대 인류학 교수와 그의 동료는 굴드의 주장을 반박했다. 이들은 모튼이 소장했던 두개골을 재측정한 결과—이들은 모튼이 소장한 해골의 반만 재측정했다—오류는 아주 적었으며, 오히려 굴드가 계산상의 잘못을 범했다고 비난했다. 그들은 굴드 교수의 진보적인 정치적 성향을 걸고 넘어갔다.

그러자 2015년 마이클 와이스버그 펜실베니아대학 교수가 제이슨 루이스의 연구를 비판하는 논문을 발표했다. 비록 굴드 교수의 계산에 일부 오류가 있긴 하지만, 모튼 연구에 대한 굴드 교수의 비판은 정확하다고 강조했다. 오리건대학의 인종철학자 조나단 카플란과 그의 동료들도 루이스 연구팀의 논문을 논박하는 글을 펴냈다. 이들은 모튼의 오류에 대한 굴드의 지적은 여전히 타당하다고 결론 내렸다. 그리고 루이스 연구팀의 재측정 방식은 모튼에 대한 굴드의 분석과는 아주 무관하다고 지적했다.[22]

루이스 아가시

1854년 하버드대 동물학자이자 지질학자인 루이스 아가시는 복수 기원설을 지지하는 논문을 펴냈다. 아가시는 백인, 아시안, 흑인 인종이 수백만 년 전 서로 다른 조상으로부터 따로따로 기원했다고 주장했다. 하나님이 인류를 하나의 '종'으로 창조하시되, 서로 다른 인종을 각각 다른 지역에서 창조했다는 것이다. 인종 사이엔 타고난 차이가 있으며, 어떤 인종은 다른 인종에 비해 우수하다고 그는 덧붙였다. 또한, 각 인종 유형은 고정불변이며, 이주나 적응을 통해서 변할 수 있는 게 아니

라고 못을 박았다.[23]

아가시는 각 인종이 서로 다른 재능을 가지고 태어났기에, 과학적 관점에서 "인종들 사이의 상대적 순위"를 확정해야 할 도덕적 의무가 있다고 지적했다. 아울러 각 인종의 타고난 능력이 다른 만큼 이에 맞는 맞춤형 교육을 제공해야 한다고 제안했다. 이에 근거해 흑인에겐 육체노동, 백인에겐 정신노동에 맞는 훈련을 시켜야 한다고 주장했다.

아가시는 노예제를 반대했다. 그러기에 흑인에게도 법적 평등이 허용되어야 한다고 생각했다. 그러나 사회적 평등은 별개 사안이었다. 아가시는 흑인이 백인과 함께 같은 공동체에서 평등한 신분으로 살아갈 능력이 없다고 확언했다. 이유는 흑인의 품성 탓이었다. 그는 흑인이 "나태하고, 놀기 좋아하며, 감각적이고, 흉내를 잘 내며, 굴종적이고, 온순하고, 다재다능하며, 성취 능력이 약하되, 헌신적이고 다정다감하다"라고 평했다. 한마디로 흑인은 어른 몸을 가진 어린애라는 것이다. 그러기에 흑백의 사회적 평등은 실행 불가능한 일이라고 보았다.[24]

1850년 아가시는 사우스캐롤라이나의 농장지대를 둘러봤다. 그는 여기서 흑인 노예를 자세히 관찰했다. 특히 아프리카에서 태어난 노예를 유심히 살폈다. 그리곤 이들 모습 속에서 자신의 학설을 뒷받침하는 "충분한 증거"를 찾았다고 확신했다. 그리곤 전문 사진사를 시켜 노예들의 사진을 찍어 기록으로 남겼다.[25]

아가시가 가장 두려워한 것은 흑백 간 결혼을 통한 융합이었다. 그는 열정적으로 인종 간 결혼의 위험을 강조했다. 두 인종 사이의 결혼은 백인 성품의 순수성을 훼손하는 일이며, 백인의 강점을 약화하는 일이라고 역설했다. 그러므로 비록 흑인 노예에게 법적 자유를 주어 해방

하더라도, 이들은 항상 규제받고 통제되어야 한다고 주장했다. 따라서 흑인과 백인은 인종적으로 서로 격리된 채 분리되어 사는 것이 바람직하다는 견해를 밝혔다. 이 같은 시각과 주장 탓에 아가시는 '과학적 인종주의'가 논의될 때마다 단골손님처럼 빠지지 않고 언급되는 유명 인사가 됐다.

요시야 노트

요시야 노트는 남부 앨라배마주의 저명한 의사였다. 그는 새뮤얼 모튼으로부터 두개골 계측에 대해 배우기도 했다. 노트는 1840년대 강연과 출판을 통해 흑인의 쇠약함과 퇴행성을 널리 전파했다. 그는 조지 글리든과 함께 1854년에 《인간의 유형》을 펴냈다. 이 책은 그때까지 복수기원론자들이 제시한 여러 주장을 집대성한 것으로, 19세기 말까지 일반 대중 사이에서 큰 인기를 끌었다. 특히 당시 한껏 위세가 높아지기 시작한 과학에 기대어, 일반인이 흑인에 대해 가지고 있는 여러 속설이 체계적인 이데올로기로 굳어지는 데 크게 이바지했다.[26]

노트는 하나님이 서로 다른 지역에서 각각의 인종을 따로 창조했다는 모튼의 주장을 그대로 이 책에 담았다. 흑인은 영원히 열등하고, 인디언 원주민은 멸종될 운명이라고 예견했다. 노트는 개인적으로 9명의 노예를 거느리고 있었다. 그는 흑인이 유아와 마찬가지로 돌봄과 훈육이 필요한 존재임을 드러내면서, 흑인이 노예제로 인해 누리는 혜택을 장황하게 열거했다.

흑인의 열등성과 노예제의 필요성에 대한 그의 주장은 과학적 근거가 약하고 비합리적이었다. 그러나 당대의 과학자들은 노트의 주장을

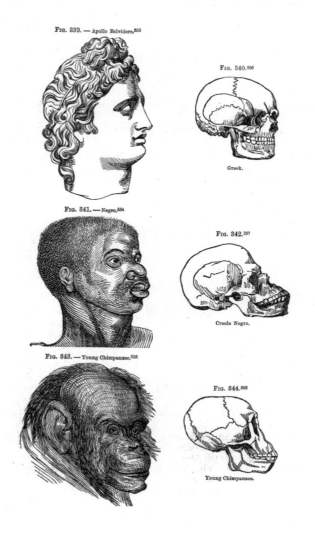

FIG. 339. — Apollo Belvidere.[553]

FIG. 340.[556]

Greek.

FIG. 341. — Negro.[554]

FIG. 342.[557]

Creole Negro.

FIG. 343. — Young Chimpanzee.[555]

FIG. 344.[558]

Young Chimpanzee.

노트와 글리든이 1854년 펴낸 《인간의 유형 *Types of Mankind*》 속 도판. 458쪽. 흑인을 유럽 인
종과 유인원 사이에 자리한 별도의 종으로 묘사하고 있다. 침팬지의 두개골은 실제보다 크게
묘사했지만, 흑인의 턱은 의도적으로 더 튀어나오게 그려졌다. 스티븐 굴드는 흑인이 어쩌면
유인원보다 더 낮은 존재일지 모른다는 인상을 주기 위해서 이렇게 제작됐을 거로 추정한다.

받아들였으며, 남부의 많은 대중이 노트의 가르침을 열광적으로 따랐다. 19세기 중반 미국인들은 노트와 글리든의 저서를 인종의 다름에 관한 가장 권위 있는 책으로 간주했다.[27]

당시 다른 '과학자'들도 흑인이 노예가 되기에 적합한 육체적 특징을 지니고 있다고 믿었다. 가령 저명한 외과 의사 새뮤얼 카트라이트는 도망 노예 현상이 흑인의 의학적 특징과 관련 있다고 설명했다. 그는 흑인이 해부학적 생리적으로 사슬을 끊고 도망가려는 성향을 타고났다며, 이를 '배회증徘徊症'이라 명명했다. 그리고 최상의 배회증 치유제는 채찍질이라고 치료 방법까지 친절하게 처방해주었다.[28]

복수 기원설의 유산

유럽에서 다원 발생설을 신봉한 대표적 인물은 프랑스 외교관 겸 작가인 조제프 아르투르 드 고비노다. 그는 1853년과 1855년 사이에 펴낸 《인종 불평등론》에서, 백인과 흑인과 아시아인이 서로 다른 지역에서 독립적으로 창조된 종이라고 보았다. 아울러 서로 다른 인종집단 간에는 외적 아름다움과 지적 능력 등에서 "논리적이고 명백하고 영속적이며 사라질 수 없는 불평등"이 상존한다고 주장했다. 즉, 명백하게 구분되는 인종의 존재를 믿은 것이다. 아울러 천부적으로 백인이 다른 인종보다 월등하게 우수하다고 확신했다. 그의 주장은 이른바 '생물학적 인종주의'의 큰 뼈대가 됐다.[29]

18세기와 19세기 초 인류의 복수 기원설을 옹호했던 인류학자는 이론을 실증적으로 증명하려 했다. 이들은 세계 곳곳을 방문해, 지역 주민의 신체를 측정하고, 이를 토대로 지역민을 인종별로 분류하려 했다. 그러나 모든 사람을 인종으로 분류할 수 없다는 게 분명해졌다. 딱 부러지게 반듯반듯한 측정 기준을 만드는 게 불가능하다는 것을 깨달았기 때문이다. 그로 인해 점차 많은 과학자가 독특한 인종이 없다는 결론에 도달했다.

사실 복수 기원설이 항상 환영만 받은 건 아니었다. 성경의 문자적 무오류성을 믿는 미국 남부 기독교인은 다원 발생설에 대해 본능적 거부감을 느꼈다. 단 한 번의 창조와 인류의 공통 조상을 상정한 정통 창조론을 정면으로 거스르기 때문이었다. 학계에서도 반발 기류가 일고 있었다. 결정타는 찰스 다윈의 등장이었다. 그는 1859년 출판된《종의 기원》을 통해, 인종은 인류라는 같은 종 안의 변이variation로 인한 차이일 뿐이라고 주장했다.

인종이 자연 선택에 따른 변이라는 진화론의 주장은, 모든 인종이 별도의 조상 밑에서 퍼져 나왔다는 아가시의 이론과 상충하는 것이었다. 당시 아가시는 자연사 분야에서 세계적 명성을 누리는 학자였고, 다윈은 영국 바깥에서는 거의 무명에 가까운 학자였다. 아가시는 지체하지 않고 반격에 나섰다. 다윈을 통렬하게 비판하며, 다윈의 이론을 무자비하리만치 깔아뭉개버렸다. 아가시는 끝까지 진화론을 반대하는 견해를 고수했으며 이로 인해 말년에 커다란 조롱을 받기도 했다.[30]

'다윈 발생설' 또는 '복수 기원설'은 과학계와 사회에 커다란 영향을 미쳤다. 19세기 중반에 널리 퍼진 복수 기원설은 점차 우수 인종과 열등 인종에 대한 세계관으로 굳어졌다. 미국 대중은 여러 상이점을 들어, 생물학적으로 서로 다른 인종이 분명히 존재한다고 믿게 됐다. 신체적 차이가 곧 인종이라는 생각이, 마치 지동설이 진리인 양 수백 년간 유럽인의 사고를 지배했듯이 일반인 사이에 진리처럼 회자된 것이다.

조지 프레데릭슨 스탠퍼드대 교수는 '복수 기원설'이 흔해 빠진 민간의 인종 편견을 과학적 사실로 만듦으로써, 여기에 신빙성을 부여해줬다고 지적했다. 객관적 자료와 엄중한 방법에 근거한 연구 결과보다는, 사회적으로 널리 공유된 관습에 따라 인종 서열을 재가했다는 평가다. 저잣거리에 떠돌던 인종 속설에 과학적 권위를 덧입혀줬다는 말이다.[31] 가장 객관적이어야 할 과학도 당대의 지배적 가치나, 때로는 개인의 이념적 편향으로부터 결코 자유롭지 못하다는 것을 다시 한번 보여주었다고 할 수 있다. 여기서 한 가지 주목해야 할 것이 있다. 사건 전개 순서다. 과학적 연구의 '결과'로 인종 개념과 인종 범주가 생겨난 게 아니다. 과학이 인종 문제를 막 들여다보기 시작할 즈음엔, 이미 민간에 '통속적' 인종 개념이 널리 퍼져 있었다. 이런 상황에서 과학이 뛰어들어 특정 인종의 열등함을 열거함으로써, 즉 인종 이미지를 만들어냄으로써, 인종 불평등을 정당화해주었다는 점이다.

20세기 들어와서도 '과학적 인종주의'의 망령은 여전히 미국 사회 주변을 맴돌았다. 이때는 IQ, 즉 인간의 지능 지수가 인종 간 차이점을 보여주는 새로운 도구로 주목을 받았다. 20세기 초반과 중반, 심리학자 헨리 고다드와 루이스 터만 교수는 미 전역에 IQ 테스트 열풍을 불러일으켰다. 1960년대 말 심리학자 아서 젠슨이 백인의 지능이 흑인 지능보다 높다고 주장하면서 IQ 논쟁이 재점화됐다. 젠슨의 주장은 1990년대 중반 '벨 커브 논쟁'을 일으킨 저술가들에 의해 그대로 답습됐다. 2000

년대 들어와서는 사리치와 밀레가 흑인 열등성 교리를 전파한 복수 기원설의 오래된 주장을 담은 책을 펴내기도 했다.[32] 물론 이들의 주장의 허구성을 낱낱이 뒤집고 반박하는 책과 논문도 허다하게 출판됐다.[33]

인종과 IQ를 둘러싼 논쟁은 앞으로도 계속될 전망이다. 지능의 정의와 측정 가능성, 유전 여부, 인종적 분포, 사회경제적 성취와의 상관관계는 좀 더 깊이 있게 다루어져야 할 주제다. 이는 본서의 범위를 넘어서는 과제이기에, 별도의 저서에서 다룰 예정이다. 여기서는 프랑스 분자생물학자인 베르트랑 조르당의 견해를 인용하는 것으로 마무리 지으려 한다.

한 사람의 지적 잠재력이 그가 속한 '인종'에 의해 결정된다는 주장은 거짓, 심지어 이중으로 거짓이다. 우선 집단 간에 유전자로 인해 지적 불평등이 생긴다는 주장은 입증된 적이 없다.……결론적으로 여러 집단의 능력 간에 유전적 차이가 있다는 것을 엄밀하게 증명하기는 극히 어렵다는 사실을 인정하자.[34]

11.
눈먼 법,
인종 울타리를 세우다

'백인' 인종 여부를 놓고 연방 대법원이 심리를 벌인 두 케이스의 주인공.
왼쪽이 일본계 타카오 오자와, 오른쪽은 인도계 바갓 싱 신드(출처: 위키미디어).

이야기 11.
조선 청년 차의석의 미국 시민권 도전기[1]

한국인은 백인이 될 수 없는가?

100여 년 전 한 조선 청년이 미국 연방 지방법원에 이런 요지의 청원서를 제출했다. 미국 정부를 상대로 일종의 소송을 제기한 것이다. 이 시기는 시민권 자격에 대한 논쟁으로 미국 사회가 한창 시끄러울 때였다. 당시 미국 귀화법은 오직 '백인'만이 미국 시민이 될 수 있다고 못 박고 있었다. 따라서 "누가 백인인가"에 대한 담론이 무성했다. 문제의 청원서를 내민 당사자는 평양에서 온 차의석이었다.

그는 1904년 11월 하와이 땅을 밟았다. 350여 명의 한인 노동자와 함께 태평양을 건너온 것이다. 그때 그의 나이 열 살. 미국행은 그의 꿈을 향한 첫걸음이었다. 차의석은 평양의 미국 선교사를 보며, 자신도 의사가 되어 가난한 백성을 무료로 치료해주고 싶었다.

그는 잠시 사탕수수농장에서 일한 뒤 샌프란시스코로 건너갔다. 이때 도산 안창호 선생이 어린 차의석의 손을 잡고 지역을 돌며 일자리를 알아봐주었다. 얼마 후 그는 다른 한인과 함께 떠돌이 농장 노동자가 됐다. 농작물 수확철에 맞춰 캘리포니아, 오리건, 유타 등지의 여러 농장을 방랑하듯 떠도는 순회 농장일꾼이 된 것이다. 이렇게 부평초처럼 부유하는 사이, "학교는 문턱도 밟아보지 못한 채" 8년의 세월이 흘렀다.

마침내 그에게 기회가 찾아왔다. 샌프란시스코에 와 있던 평양 선교사 조지 맥퀸 박사를 만난 것이다. 맥퀸 박사는 자신의 모교인 파크 대학으로 가라며, 그 자리에서 추천서를 써줬다. 이렇게 해서 차의석은 대학 캠퍼스를 밟는다. 이 대학 최초의 한인 입학생이었다.[2]

"한국인은 백인이 아니다"

몇 년간 꿈같은 시간이 흘렀다. 유럽에서 제1차 세계대전이 발발했고, 그 전쟁 끝 무렵인 1918년 그에게 한 장의 우편물이 배달됐다. 징병 통지서였다. 그는 미국 시민이 아니므로 징병 대상이 아니었다. 뭔가 착오가 있었다. 그러나 차의석은 입대하기로 했다. 그는 의무대에 배치됐고, 유럽으로 파병되기를 기다리고 있었다. 그러나 전쟁은 생각보다 일찍 끝났다. 차의석은 8개월 동안 복무한 뒤 제대했다.

그가 다시 캠퍼스로 돌아온 1919년 가을, LA 연방 법원은 깜짝 놀랄 판결을 내렸다. 제1차 세계대전에 참전한 일본계에게 시민권을 부여하라는 결정이었다. 차의석은 자신도 같은 혜택을 볼 수 있다고 생각했다. 그는 학교의 도움을 받아 귀화 청원서를 연방 법원에 제출했다. 1921년 4월 중순, 고대하던 법원 결정이 나왔다. 담당 판사는 의석이 몽골계로 한국인이며, 따라서 '자유 백인'이 아니라고 보았다. "현행 귀화법하에서 한국인은 백인이 아니다"라고 판시한 것이다. 이에 따라 그의 시민권 청원은 거부됐다.[3]

차의석 일병 구하기

이후 그는 비시민권자의 비애를 뼈저리게 절감했다. 그는 먹고살기 위해 빌딩 청소, 식당 웨이터 등 닥치는 대로 일을 했다. 1932년 청천벽력 같은 소식이 전해졌다. 이민국이 그의 아내에게 추방 명령을 내린 것이다. 그는 "끊임없는 긴장과 불확실성으로 인해 정신적 고통을 겪으며", "숱한 밤을 불면 속에" 지냈다. 마침내 그는 펜을 들었다. 비장한 마음으로 자신의 처지를 적은 뒤, 그 편지를 지역 정치인과 재향군인협회 등 요로에 보냈다.

지성이면 감천이라던가. 전국 재향군인회본부가 차의석 구명에 적극적으로 나섰다. 피보다 더 진한 전우애가 빛을 발휘하기 시작한 것이다. 존 테일러 재향군인회 법사위 부위원장은 연방 상·하 의원과 국방부 수뇌를 여러 차례 만나 이들을 설득했다. 동시에 해리 헐 연방 이민국장을 접촉해 차의석의 상황을 설명했다. 결국, 이민국장은 추방 명령 집행을 무기 연기했다. 차의석은 이민국장 편지를 받았던 때가 "내 생애 가장 행복한 순간이었다"라고 그의 자서전에 적었다.

1936년 1월, 차의석은 마침내 시민권을 손에 거머쥐었다. 미국 땅을 밟은 지 32년 만에 맺은 결실이었다. 그래도 그는 다른 이주민에 비해 억세게 운이 좋은 편이었다. 당시 아시안 이민자에게 시민권 취득이란 하늘의 별 따기였다. 이들에게 시민권 문호가 열린 것은 20여 년이 더 지난 뒤였다. 왜 그랬을까. 이유는 단 하나. 이들은 백인이 아니었기 때문이었다.

인종은 법의 산물

인종은 법의 산물이다. 종교와 과학에 이어, 법도 인종이 사회·정치적으로 구축되는 데 깊숙이 개입해왔다. 실제로 미국 입법기관과 사법기관은 노예제, 인종 간 결혼, 이민, 귀화와 시민권에 관한 여러 규정을 통해 인종 '창안'에 영향을 끼쳐왔다. 특히 귀화, 즉 시민권에 관한 입법과 법 해석은, 20세기 초반 미국 인종의 틀을 다지는 데 큰 역할을 했다.[4]

인종과 관련한 법적 논쟁의 중심에는 언제나 한 가지 물음이 자리 잡고 있다. 바로 "누가 백인인가"라는 질문이었다. 가령 흑인과 백인 사이에서 태어난 혼혈인은 백인일까, 아니면 흑인일까. 코카시안으로 간주하는 인도 이민자는 백인인가 아니면 몽골인가. 법정의 판사는 재판을 통해 이들의 인종 카테고리를 정해주어야 했다.

법원 해석과 판결에 따라 소송 당사자는 물론 그가 속한 집단의 인종이 결정되고 운명이 크게 갈렸다. 인종 범주에 따라 참정권이나 재산권 행사 여부가 영향을 받았기 때문이다. 예를 들어 캘리포니아주의 경우 외국인 토지 소유가 금지됐기에, 농업에 종사하는 아시안 이민자는 재판에 큰 관심을 두고 있었다. 이처럼 인종 범주는 정치·경제적 권리나 이익과 직결돼 있었다.

비판적 인종이론 등장

법과 인종의 관계에 제일 먼저 주목한 이들은 '비판적 인종이론'을 주창한 일군의 법학자였다. 1970년대 후반 민권운동이 후퇴 기미마저 보인 것이, 이들 모임 결성의 역사적 배경이다. 흑인이나 아시아계, 또는 라틴계 등 주로 소수인종 법학자들이 이 운동에 적극적으로 참여했다.

이들은 인종이 미국 법체계와 정책의 핵심이라고 보았다. 미국 권력 구조는 백인 특권과 백인우월주의에 따라 지탱되며, 여기에 법이 큰 역할을 한다는 시각을 갖고 있었다. 법이 종종 지배집단 이해를 대변하는 도구로 쓰인다는 것이다. 그런 탓에 '비판적 인종이론'은 법의 중립성에 회의적이다. 이들은 인종 권력이 법에 따라 구축되는 방식을 밝히고 비판함으로써 인종 권력체제를 해체하고, 이를 통해 사회 변혁을 이루려 했다.[5]

비판적 인종이론에 따르면, 미국에서 인종차별은 별난 게 아니다. 일상적이며 아울러 고질적 현상이다. 데릭 벨 전 하버드 법대 교수는 "인종주의는 이 사회에 내장된, 영구적이며, 절대 제거되지 않을 요소"라고 단언했다. 미국 사회에 팽배해 있는 '제도적 인종차별'은 영원히 깰 수 없다고 그는 다소 비관적으로 전망했다.[6]

비판적 인종이론의 기본 인식은 사회가 인종을 창안하고 조작하며, 필요에 따라 퇴출시킨다는 점이다. 따라서 이 운동의 주요 관심사는 인종 범주가 부여되는 법적·사회적·문화적 작동 방식을 드러내는 것이다. 특히 법원 판결을 통해 개인의 인종 범주, 특히 백인의 경계가 정해진 사례에 주목했다.[7] 아울러 백인의 특권, 즉 지배집단 일원에게 따라붙는 수많은 혜택과 이익, 권리 등을 낱낱이 파헤쳤다. 가령 사회적 평가나 신분, 교제, 고용 등 오로지 백색 피부를 지닌 사람만이 누리는 가시적·비가시적 유리함을 파고들었다. 일부 법학자는 백인성이 '자산'

이라는 개념을 발전시키기도 했다. 미국에서 백인이라는 지위는 법적으로 보호를 받는 소중한 자원이자 권리라는 분석이었다.[8]

비판적 인종이론은 인종 억압적 현실을 드러내기 위한 수단으로, '스토리텔링'과 개인적 경험을 사용한다. 즉 인종적 권력체제를 드러내는 도구로 개인사나 증언, 법적 사례 등을 많이 빌려 쓴다. 인종차별의 경험을 담은 사적 목소리를 저항담론으로 삼은 것이다. 실제로 이들 법학자가 쓴 논문을 보면 딱딱하고 건조한 법 논의보다는, 자서전적이고 우화적 담화가 많이 포함돼 있다. 차의석 일대기와 같은 이야기들 말이다.[9]

다음 단락은 시민권 취득의 '인종 선행조건 사례'를 주로 다루고 있다. 이를 통해, 법원 판결이 인종 정체성을 확정하는 과정을 살펴볼 것이다. 그에 앞서 노예법과 〈인종 보전법〉 등이 어떻게 인종 형성에 이바지했는지 선택적으로 기술하려 한다.

법, 인종 울타리를 짓다

노예법과 인종

이미 언급했듯이 미국 식민지 시절 초기엔 인종 개념이 없거나 아주 흐릿했다. 그러나 17세기 중·후반부터 아프리카인 노동자가 유럽계 노동자를 대치하면서 상황이 달라졌다. 연한계약하인제가 영구하인제, 즉 노예제로 전환되면서 노예제가 버지니아 지역에 뿌리를 내렸고, 흑인과 백인이라는 분명하게 분리된 인종 범주가 서서히 등장했다.[10]

여기에 크게 이바지한 것이 여러 식민지주 의회가 채택한 일련의

'노예법'이었다. 노예제 적용 대상의 기준은 단 하나, 피부색이었다. 이들 법은 오직 흑인과 그 후손만을 노예로 규정하고 이들의 자유를 점차 제약했다. 그 결과 신체적 특징이 사회적 신분의 표식이 됐다.[11]

초기 노예법 두세 개를 들여다보자. 1662년 버지니아주 의회는 파격적인 법안 하나를 통과시켰다. 흑인과 백인 사이에서 태어난 아이는 어머니의 신분을 계승한다고 규정한 법이었다. 이는 식민지의 모국인 영국 관습법과 정면으로 배치되는 결정이었다. 당시 영국에선 자녀가 아버지의 신분을 이어받는 게 관행이었다. 그런데도 버지니아 식민 당국은 영국 법과 전혀 다른 새 법안을 채택했다. 법안이 통과된 1660년대는 노예제가 조금씩 싹트던 시점이었고, 백인 노예주와 흑인 여성 노예 사이의 성관계가 점차 늘어나던 때였다.

이런 사실에 비추어볼 때, 새 법안의 목적은 분명하다. 이들 사이에서 태어난 아이에게 노예 엄마의 지위를 부여하여, 계속 노예로 남게 하려는 의도임이 틀림없다. 인종도 일종의 신분이었다. 따라서 흑인과 백인 부모 사이에서 태어난 자녀는 많은 경우 흑인으로 불렸다. 이런 관례로 인해, 식민지 시절 "아버지를 아버지라 부를 수 없는" 노예 자녀가 많이 생겼다.[12]

인류학자 오드리 스메들리는 1690년부터 1725년 사이에 통과된 법이 인종 경계를 구획짓는 데 크게 이바지했다고 평가한다. 특히 이들 법안이 백인의 경계를 확고히 하려는 식민지시기 지도자들의 태도를 잘 보여줬다고 진단했다. 법학자 이안 로페즈도 노예법에 언급된 흑인의 법적 정의가, 거꾸로 누가 백인인가를 정하는 데 도움을 줬다고 분석한다. 당시의 여러 법안이 유럽 정착민을 점차 '백인'이라는 새로운

인종 범주로 균일화시켰다는 것이다.[13]

인종 순결을 위한 입법

사랑엔 국경이 없다고 한다. 그러나 이런 사랑도 뛰어넘기 어려워 한 장벽이 있었다. 바로 인종의 벽이다. 건국 이래 미국 사회엔 서로 다른 인종 사이의 결혼, 특히 백인과 비백인 사이의 성관계나 결혼을 불순하게 보는 아주 강한 흐름이 있었다. 타 인종 간 결혼이 신의 뜻을 거스르는 것이며, 또한 백인의 인종적 순수성을 오염시킨다고 믿는 이들이 많았기 때문이다.

이는 참으로 위선적인 태도였다. 노예제가 정착된 이래 많은 백인 남성 노예주가 흑인 여성 노예를 성적 욕구 해소의 분출구로 삼은 경우가 허다했기 때문이다. 남북전쟁 전까지만 해도 흑백 사이의 성관계가 농촌과 도시 등 남부 전 지역에서 널리 성행했다. 이런 행태는 비밀도 아니었다. 어느 백인과 흑인이 사통하고 상간했는지 알 만한 사람은 다 알고 있었다.[14]

20세기에 들어와서는 양상이 좀 달라졌다. 백인 인종의 순결성을 보존한다는 핑계로 여러 주가 타 인종 간 결혼 금지법을 채택했기 때문이다. 1909년 캘리포니아주는 백인이 일본인과 결혼하는 것을 법으로 금지했다. 당시는 반아시안 정서, 특히 반일본인 정서가 극에 달했던 시점이었다. 샌프란시스코 시의회도 이즈음 일본인, 한국인, 중국인 학생의 공립학교 입학을 제한하는 등 여러 차별 조처를 했다.[15]

버지니아주도 1924년 백인과 비백인 사이의 결혼을 금지하는 〈인종 보전법Racial Integrity Act〉을 통과시켰다. 이 법을 어긴 커플에겐 결혼증명서 발부가 거부됐다. 또한, 체포된 뒤 재판에 부쳐지거나, 주 밖으로 추방되기도 했다. 이 법은 백인에 대한 명확한 정의를 내렸다. 〈인종 보전법〉은 "백인이라는 용어가 코카시안의 피 외에는 아무런 다른 피가 섞이지 않은 사람에게만 적용된다"라고 못 박았다. 순수한 '유럽인'의 피를 가진 사람만을 백인으로 규정한 것이다. 즉 백인 멤버십의 전제로 인종적 순결을 중시하는 풍조와 이종교배를 백안시하는 풍토가 반영된 법안이었다.

버지니아가 〈인종 보전법〉을 통과시키자 다른 여러 주도 이와 유사한 법을 채택했다. 이런 탓에 1930년대 초반까지만 해도 백인 여성이 비백인 외국인과 결혼하면, 마치 반역죄를 범한 것처럼 취급됐다. 또한, 비백인과 결혼한 백인 여성의 시민권도 결혼과 동시에 자동 상실됐다.[16] 버지니아주의 〈인종 보전법〉은 1967년 연방 대법원이 '러빙 대 버지니아주Loving vs. Virginia' 재판에서 위헌 판정을 내릴 때까지 계속 유지됐다.[17]

시민권법과 인종

미국 헌법엔 시민권 규정이 따로 없다. 영국 관습법의 '출생지주의'가 미국에서도 계속됐기 때문이다. '출생지주의', 즉 '속지주의屬地主義' 원칙에 따르면 미국 영토에서 태어난 '모든' 이들은 자동으로 미국 시민권자가 된다. 그러나 이 '모든'은 그 적용 대상이 한정적이었다. 이런 사실은 연방 귀화법에 잘 나타나 있다.

미국에서 시민권자가 되는 방법은 두 가지다. 미국 영토에서 태어나거나 귀화하면 된다. 그러나 출생이나 귀화에 의한 시민권 취득 모두 인종적 제한이 따랐다. 미국 건국 초부터 오랫동안 오직 백인에게만 시민권이 허용됐기 때문이다. 흑인이나 인디언, 그리고 아시아인 이민자 후손은 미국 땅에서 태어났어도 미국 시민권자가 될 수 없었다. '출생 시민권'은 1940년대까지 인종과 연계되었고, '귀화 시민권'은 1952년까지 인종에 의해 제약됐다.[18]

1790년에 처음으로 제정된 〈귀화법〉은 귀화 자격을 "자유 백인으로서, 미국 관할 지역에서 2년을 거주한 외국인"으로 제한했다.[19] 오로지 백인, 즉 유럽 출신 외국인에게만 귀화를 허용한 것이다. 남북전쟁 이전 흑인의 시민권 인정 여부는 주마다 달랐다. 일부 주는 주 영토 안에서 태어난 흑인을 시민으로 인정했지만, 많은 주는 이들을 시민으로 인정하지 않았다.[20]

오직 백인만이 미국 시민이 될 수 있다는 사고는 1857년의 '스캇 대 샌포드' 케이스에 잘 나타나 있다. 남북전쟁 바로 전에 열린 이 재판은 흑인의 사회적·법적 신분을 적나라하게 드러낸 사례로 유명하다. 노예였던 드레드 스캇은 주인을 따라 노예제를 반대하는 주에서 2년간 산 뒤, 다시 노예제를 허용하는 미주리주로 돌아왔다. 그는 노예 자유주에서 살았던 점을 들어, 자신이 자유인임을 선언했다. 그리고 자신의 새 주인이 된 에머슨 샌포드를 상대로 소송을 제기했다.

기나긴 법정 다툼 끝에 연방 대법원은 7대 2로 스캇에게 패소 판결을 내렸다. 로저 토니 연방 대법원장은 판결문에서 모든 흑인은, 노예든 자유인이든, 건국 초부터 미국 시민이 아니었으며, 또 앞으로도 시민권자가 될 수 없다고 적었다. 그는 또한, 흑인은 "종속적이고 열등한 집단"이며 "사회적이든 정치적이든 백인 인종과 어울리기에 적합하지 않다"라는 견해를 피력했다. 토니 대법원장은 흑인이 "아주 열등하므로 백인이 존중해줘야 할 아무런 권리를 가지고 있지 않다"라고 지적했다.[21]

로저 토니 대법원장은 이 판결로 백인우월주의자의 영웅으로 떠올랐다. 그의 판결문 중 앞에 인용된 문장은 백인우월주의자들이 두고두고 인용하며 우려먹는 문장이 됐다. 남부 지역 여러 곳에 토니 대법원장 동상이 세워진 중요한 연유다. 사학자들은 이 판결로 인해 미국이 내전의 구렁텅이 속으로 더욱더 가까이 밀려나갔다고 평가한다. '스캇 대 샌포드' 케이스가 연방 대법원 재판 중 최악의 판결 가운데 하나로 꼽히는 이유다.

남북전쟁 직후, 수정헌법 14조가 통과됐다. 수정헌법 14조는 미국에서 태어나거나 귀화한 자는 모두 시민권자라는 '출생지주의'를 재확인해주었다. 이에 따라 흑인에게도 완전한 시민권이 주어졌다. 곧이어 1870년에 새로이 개정된 귀화법도 이 같은 사실을 거듭 확인했다. 즉, 새 귀화법은 미국 귀화 신청 자격을 기존의 백인과 함께 "아프리카에서 태어난 자"나 "아프리카인의 후예"에게까지 확대했다.[22]

그러나 수정헌법 14조에도 불구하고 소수인종은 여전히 '출생지주의' 밖에 머물러 있었다. 연방 의회는 인디언 원주민이 부족에 충성을 맹세했다는 이유로 이들에게 시민권 부여하기를 주저했다. 만약 인디언이 시민권자가 되기 원한다면, 그는 먼저 부족에 대한 충성을 철회하고 자작농이나 임금노동자가 되어야만 했다. 모든 인디언에게 일괄적으로 시민권이 부여된 것은 1924년 〈인디언 시민권법〉이 통과된 뒤였다.

시민권 취득 '인종 선행조건' 판례

이안 헤이니 로페즈는 《법이 정한 백인》이라는 역저를 통해, 법이 미국 사회의 인종 지형을 형성하는 데 끼친 영향을 자세히 파헤쳤다. 그가 주목한 사례는 시민권 취득에 요구되는 이른바 '인종 선행조건' 관련 케이스다. 지금은 거의 잊혔지만 인종 전제조건 사례는 남북전쟁 후 제2차 세계대전 직전까지 인종 논쟁의 중요한 축을 이루고 있었다.

반이민 정서에도 불구하고 미국의 관문은 신세계에서 새 삶을 시작하려는 이들로 항상 북적거렸다. 미국 땅에 발을 내디딘 이민자들은 곧바로 미국 시민권을 신청했다. 연방 정부의 귀화 관련 자료에 따르면 1907년부터 1920년까지 약 124만 명이 인종 제한적 〈귀화법〉 아래 시민권을 획득한 것으로 나온다. 헤이니 로페즈는 귀화 신청이 거부된 이민자의 수는 이보다 더 많았을 것이라 추산한다. 그러나 귀화 신청이 거절된 이들은 쉽사리 포기하지 않았다. 이들 일부는 행정 당국 결정에 불복해, 법정 문을 두드렸다.[23]

첫 번째 인종 전제조건 재판은 1878년에 열렸다. 한 중국인이 시작한 소송이었다. 이후 1952년 〈귀화법〉에서 인종 조건이 삭제될 때까지 모두 52건의 인종 전제조건 재판이 각급 법원에서 다뤄졌다. 눈여겨볼 것은 소송 당사자나 청원서 제출자 가운데는 중국인, 일본인, 인도인 등 아시아인 이민자가 많다는 점이다. 물론 차의석도 이들 가운데 한 명이었다.

이들의 요구는 간단했다. 자신들이 백인인지 아닌지를 법원이 판정해달라는 거였다. 오늘날 시각에서 본다면 중국인과 일본인이 백인이 아니라는 건 아주 분명하다. 그러나 19세기 말과 20세기 초에는 이게 그리 간단치 않은 문제였다. 당시엔 인종 범주가 아주 유동적이었다. 예를 들어 당시 유명한 법학자 존 위그모조차 중국인은 백인이 아니지만, "일본인은 확실히 백인"이라고 주장할 정도였다.[24]

법원의 책무는 단순히 특정 개인의 백인 여부를 가리는 데 그치지 않았다. 소송 당사자나 청원자가 왜 백인인지 혹은 왜 백인이 아닌지, 그 근거를 제시하고 설명해야 했다. 즉, 판사는 판결의 근거가 피부색이나 얼굴 특징, 아니면 국적, 언어, 문화, 조상, 과학자들의 추정, 대중의 의견인지를 합리적으로 설명해야만 했다. 판사들은 이 간단치 않은 문제를 놓고 씨름했다. 정확한 근거를 찾고 판결을 정당화하기 위해, 이들은 백과사전이나 인류학 교과서를 들춰보며 낡은 인종이론서를 다시 끄집어내기도 했다.

이때 판사들이 사용한 두 가지 기준이 '상식'과 '과학적 증거'였다. 특정 개인의 인종을 결정할 때, 판사는 널리 받아들여진 일반적 상식을 중요한 근거로 삼았다. 또한 '과학적 증거', 즉 인간에 관한 자연주의적 연구에 따라 인종 구분을 정당화했다. 소송 당사자의 성품, 종교, 언어, 계층, 교류 행태 등, "동화적 행위"도 인종 판결 시 큰 역할을 했다.[25] 문제는 상식과 과학적 인식이 종종 상충하는 경우가 많았다는 점이다. 또한 법정 증인으로 나온 과학자마다 인종의 숫자나, 인종의 범주에 대한 견해가 서로 크게 달랐다. 이제 52개의 '인종 선행조건 재판' 사례 중 중요한 몇 개만 취사선택해 좀 더 자세히 살펴보자.[26]

인종 선행조건 케이스(일부), 1878~1944

법정 케이스	년도	판결	판결 근거
• 아엽 In re Ah Yup	1878	중국인은 백인이 아님.	과학 증거; 상식; 입법 취지
• 카밀 In re Camille	1880	백인 피와 토착 인디언 피가 반반 섞인 이는 백인이 아님.	법적 선례
• 사이토 In re Saito	1894	일본인은 백인이 아님.	입법 취지; 상식; 과학 증거
• 로드리구에즈 In re Rodriguez	1897	멕시코인은 백인임.	법적 선례
• 나이트 In re Knight	1909	백인 피가 반, 일본인 피가 ¼ 중국인 피가 ¼ 씩 섞인 이는 백인 아님.	법적 선례
• 발사라 In re Balsara	1909	인도인은 아마 백인이 아닐 것임.	입법 취지
• 나조르 In re Najour	1909	시리아인은 백인임.	과학 증거
• 할라드쟌 In re Haladjian	1909	아르메니아인은 백인임.	과학 증거; 법적 선례
• 미국 대 돌라 US v. Dolla	191	인도인은 백인임.	육안으로 피부색 검사
• 알베르토 In re Alverto	1912	필리핀 피가 ⅞, 백인 피가 ⅛이 섞인 이는 백인이 아님.	법적 선례; 입법 취지
• 샤히드 Ex parte Shahid	1913	시리아인은 백인이 아님.	상식

• 다우 Dow v. US	1915	시리아인은 백인임.	상식; 입법 취지; 법적 선례
• 차의석 Petition of Charr	1921	한국인은 백인이 아님.	상식; 법적 선례
• 오자와 Ozawa v. US	1922	일본인은 백인이 아님.	법적 선례; 입법 취지 상식; 과학 증거
• 신드 US. v. Thind	1923	인도인은 백인이 아님.	상식; 입법 취지
• 아메드 하산 In re Armed Hassan	1942	아라비아인은 백인이 아님.	상식; 법적 선례
• 모리에즈 Ex parte Mohriez	1944	아라비아인은 백인임.	상식; 법적 선례

* 출전: Ian Haney Lopez (2006, pp. 163~167)에서 부분적으로 선별.

미국 시민권이 뭐길래

•**아엽 케이스(1878):** 시민권을 둘러싼 최초의 '인종 전제조건 케이스'는 중국계 이민자 아엽Ah Yup이 제기한 소송이다. 아엽은 탄원서에 "모든 사람이 동등하게 창조됐다"는 헌법 문구를 인용하며, 자신이 미국 시민 자격이 있다고 주장했다. 1878년 연방 순회법원은 그에게 패소 판결을 내렸다. 재판부는 이 나라에서 '백인'이란 단어는 대중적인 담화 속에 조금도 의심할 여지없이 잘 성립된 의미를 획득해왔다고 판결문에 적시했다. 즉 '상식적'으로 중국인은 백인이 아니라는 것이었다.[27]

법원은 또한 과학적 증거도 제시했다. 담당 판사는 블루멘바흐의 다섯 가지 인종 분류법을 인용한 뒤, 몽골리안이나 황색 인종을 백인이나 코카시안 범주에 포함한 학자는 하나도 없다는 점을 지적했다. 아엽의 판결과 1882년에 의회가 통과시킨 〈중국인 배척법〉으로 인해 모든 중국 이민자는 미국 시민이 될 수 없었다. 이 조치가 풀린 것은 1943년이 되어서였다.

• 다우 케이스(1915): 시리아 이민자인 조지 다우도 그의 귀화 신청이 거절되자 소송을 걸었다. 그는 피부가 흰 편이었으며 기독교인이었다. 그러나 연방 지방법원은 시리아의 위치를 문제삼았다. 시리아는 유럽이 아니며, 따라서 다우는 '백인'이 아니라고 판정했다.

패소한 다우는 상급 법원에 항소했다. 다우는 순회법원 항소심에서 '백인성'은 지리적 용어가 아니라 서구 문명을 의미하는 개념이라고 주장했다. 그는 이어 중동이 서구 문명의 요람이라는 점과 미국이 기독교 문명국이라는 사실을 상기시켰다. 그리고 시리아가 예수의 탄생지인 이스라엘에 근접해 있다는 점을 언급했다. 다우는 이런 사실을 종합해 만약 미국이 시리아인의 시민권을 부정한다면, 예수 자신도 미국인이 될 수 없을 거라고 주장했다.

이에 대해 담당 판사는 이 사례는 예수의 시민권 자격에 관한 것이 아니라는 점을 상기시켰다. 핵심 이슈는 검은 피부를 가진 시리아인이 시민권을 취득할 수 있느냐라는 거였다. 판사는 다우의 높은 지적 능력을 고려해볼 때 그가 인종적으로 자격만 된다면, 당연히 귀화가 허용되어야 한다는 견해를 밝혔다. 판사는 이어 "일반적으로 용인된 의견에 따르면 시리아를 포함한 아시아 일부 지역의 거주민은 백인으로 분류되어야 한다"라는 판결을 내렸다. 즉 "상식적"으로 볼 때 시리아인은 백인으로 간주할 수 있다고 본 것이다. 담당 판사는 이런 연장선상에서 에티오피아인과 튀니지안 등 북아프리카인이 백인으로 분류될 수 있음을 확인했다.[28]

• 차의석 청원 케이스(1921): 차의석은 청원서에 먼저 자신이 중국인이 아님을 분명히 했다. '중국인은 백인이 아니다'라는 아엽의 판례가 자신에게 적용되는 것을 미리 봉쇄하기 위함이었다. 이어 자신은 1차 세계대전 참전용사이며, 따라서 연방 의회 특별법안에 따라 미국 시민권 자격이 있다고 주장했다.

그의 탄원서를 다룬 판사는 연방 지방법원의 밴 밸캔버그였다. 그는 여덟 쪽에 달하는 판결문 속에 판결 근거를 소상히 밝혔다. 그는 먼저 차의석의 교육 수준, 성품, 군 복무에 대해 긍정적으로 평가했다. 특히 청원자의 "군 복무는 적절하게 보상되어야 한다"라는 견해를 피력했다. 이것은 다른 사례에서처럼 소송 당사자의 개인적 결격 사유가 판정의 근거가 아니라는 점을 명시한 것이다. 그는 청원의 핵심 쟁점을 두 가지로 요약했다. 첫째는 차의석을 현행 〈귀화법〉 범위 내에서 "자유 백인" 외국인으로 간주할 수 있는지였고, 둘째는 의회의 특별법안 예외 규정에 따라 그에게 시민권 취득 자격이 부여됐는지라고 지적했다.[29]

밸캔버그 판사는 판결문의 상당 부분을 한국인이 '백인'이 아님을 논증하는 데 할애했다. 그는 "귀화법에 규정된 자유 백인은 흑인, 홍인종, 황인종, 갈색 인종과는 구별되는, 백인 혹은 코카서스 인종에 속한 사람"이라고 규정했다. 이어 그는 다우 케이스에 거론된 '코카서스인'과 '백인'의 관계, 그리고 인종, 피부색, 지리적 위치에 대한 논쟁을 복기하듯 열거했다. 그리곤 차의석은 틀림없이 몽골계로 한국인이며, 따라서 피부 색조에 상관없이, 상식적으로나 사실적으로 "자유 백인"이 아니라고 판정했다.

아울러 차의석의 복무 기간 중 의회가 통과시킨 〈귀화법〉 수정법안은 귀화 절차에 관한 것이지, 귀화 자격에 관한 것이 아니라고 해석했다. 즉 특별법은 군 복무자에 한해 귀화 절차를 간소화하라는 것이지, "한국인 복무자의 귀화를 승인한 게 아니다"라고 보았다. 밸캔버그 판사는 "현행 〈귀화법〉하에서 한국인은 백인이 아니며", 따라서 차의석의 탄원을 기각한다고 판시했다.[30] 당시 차의석 케이스는 캔자스시티 주요 신문에 게재될 정도로 관심을 끌었다.

• **오자와 케이스(1922):** 오자와 케이스는 신드 케이스와 함께 연방 대법원에서 다루어진 '인종 선행조건' 재판이다. 타카오 오자와는 일본에서 태어나 미국에서 자란 사업가였다. 그는 1906년에 개정된 〈귀화법〉에 따라 시민권을 신청했으나 퇴짜를 맞았다. 오자와는 곧바로 소송을 제기했으며 그의 케이스는 하급 법원을 거쳐 연방 대법원까지 올라갔다.

오자와의 변호인단은 '자유 백인'의 의미를 파고들었다. 1790년 귀화법이 만들어질 때, 이 용어는 흑인을 제외한 모든 사람을 지칭했다고 변호인단은 주장했다. 또한, 귀화가 허용된 이탈리아인이나 그리스인보다 오자와의 피부가 더 희다는 점도 부각했다. 따라서 오자와가 이들보다 더 나은 귀화 자격을 갖추고 있다고 주장했다.[31]

대법원 판사들도 오자와가 미국 사회에 동화됐으며, 피부가 하얗다는 점을 인정했다. 그러나 미국 귀화법은 개인의 피부색을 명시한 게 아니라, '코카서스인'이라는 과학적 개념을 명시했다고 지적했다. 대법원 재판부는 '백인'은 통상 코카서스인으로 인정된 사람을 의미한다고 해석했다. 대법원은 여기서 '백인=코카서스인'이라는 공식을 재확인했다. 대법관은 이런 논리에 근거해 오자와는 '과학적'으로 몽골리안이며, 코카서스인이 아니라고 봤다. 이에 따라 오자와는 백인이 아니며, 따라서 미국 시민이 될 수 없다고 전원 일치로 하급 법원의 결정을 지지했다.[32] 오자와 케이스 판결에 따라 모든 아시안 이민자는 미국 시민이 될 수 없게 됐다. 왜냐하면 모든 아시아인은 '몽골리안'으로 분류되기 때문이다.

• **신드 케이스(1923):** 오자와 재판 판결 이후 대법원은 곧바로 바갓 싱 신드 건을 다루었다. 신드는 인도 이민자이자 종교학자였으며, 차의석과 마찬가지로 제1차 세계대전 때 미군으로 복무한 바 있다. 그는 1920년 오리건주의 연방 지법에 귀화 청원서를 제출했다. 당시 인도 이민자는 다른 아시안 이민자와 한 가지 점에서 달랐다. 인류학자의 대부분이 인도인을 '몽골리안'이 아니라 '코카서스인'으로 분류했다는 사실이다. 신드는 여기에 착안에 자신은 '코카서스인'이고, 따라서 '백인'이며, 고로 시민권 자격이 있다고 주장했다. 연방 지방법원은 신드의 주장을 받아들여 그에게 귀화를 허락했다.

그러자 연방 이민행정국이 반발했다. 이민국은 상급 법원인 연방 순회법원에 항소했다. 그리고 인도 독립에 대한 신드의 신념을 꼬투리 삼아, 그의 시민권을 박탈하려 했다. 연방 순회법원은 골치 아픈 것을 최고법원에 떠맡겼다. 핵심 쟁점인 인종 범주와 기준에 대한 지침을 연방 대법원에 요구했다. '힌두인'도 '백인'으로 간주할 수 있는지 대법원의 의견을 구한 것이다.

대법원은 신드가 '코카서스인'이라는 사실을 인정했다. 그런 뒤, 깜짝 놀랄 만한 견해를 피력했다. '코카서스인'은 백인이 아니라는 해석을 내놓은 것이다. 불과 2개월 전 오자와 재판 때 재확인했던 '코카시안=백인'이라는 공식을 스스로 뒤집은 것이다. 대법원은 그런 판단의 근거로 상식을 들고 나왔다. 즉, 언어는 "상식적"으로, 그리고 "보통사람이 사용하는 어법"에 의해 결정되어야 한다고 주장했다. 일반인 사이에 널리 통용되는 상식을 인종 판단의 시금석으로 추켜세운 것이다.

　반면 과학적 지식은 격하시켰다. 재판부는 '자유 백인'이라는 단어가 일반인의 이해에 따라 해석되어야 할 상식적인 말이라는 태도를 보였다. 즉, 신드가 코카서스 사람이긴 하되, 흔히 '상식적'으로 알고 있는 백인은 아니라는 주장이었다. 따라서 신드의 귀화 신청은 받아들일 수 없으며, 그의 시민권은 박탈되어야 한다고 판결했다.[33] 이 판결 이후 정부 당국은 인도인으로서 시민권을 받은 자 가운데 최소 65명의 시민권을 박탈했다. 이 중 한 명은 시민권 박탈에 항의하는 유서를 남긴 뒤 자살했다.

　이처럼 시민권을 둘러싼 법정 공방 속에는 미국 사회의 일원이 되려고 발버둥치는 국외자의 절박함과 열망이 담겨 있고, 재판정의 건조한 판결문 속에는 상식과 과학적 지식 사이에서 고뇌했던 판사의 곤혹스러움과 고민이 배어 있기도 하다. 때론 솔로몬의 자리에 앉은 이들의 저열한 인종적 편견이 걸러지지 않은 채, 날것으로 그 추한 모습을 드러내기도 했다. 판사들은 인종주의적이고 편향된 견해를 거리낌 없이 판결문에 표명하곤 했다. 요즘 같으면 견책이나 탄핵 소추의 빌미가 될 만한 말들이었다.[34]

1940년대 이후부터는 시민권에 관한 기본법, 즉 미국 땅에서 태어난 사람은 모두 미국 시민이라는 원칙이 점차 다른 모든 소수인종에게까지 적용되기 시작했다. 아시아 인종 가운데 제일 먼저 시민권 취득의 혜택을 누린 집단은 중국인 거주민이었다. 제2차 세계대전 기간 중 미국과 중국은 동맹이 되어 함께 싸웠다. 이런 맥락 속에서 1943년 〈중국인 배척법〉 폐지 법안이 의회를 통과했고, 이에 따라 중국계 거주민에게 시민권 신청이 허용됐다.

한국인을 비롯한 모든 아시아 이민자에게 시민권 취득의 길이 열린 것은 1952년이었다. 사실 제2차 세계대전 때까지 〈귀화법〉에 인종적 제한을 두는 나라는 독일과 미국뿐이었다. 〈귀화법〉의 인종 차별적 요소에 대한 국내외의 비판이 늘면서, 〈귀화법〉 개정의 필요성이 더욱 드러났다. 결국, 연방 의회는 〈귀화법〉의 전면적 개혁에 착수해, 1952년 〈이민과 국적에 관한 법〉을 통과시켰다. 새 국적법은 "미국 귀화 시민이 되려는 개인의 권리가 인종, 성, 혹은 결혼 여부에 의해 거부되거나 축소되어서는 안 된다"라고 선언하고 있다.[35] 이후 백인만이 미국 시민이라는 생각은 점차 설 자리를 잃어갔다. 이처럼 시민권 취득의 '인종 선행조건'은 1790년의 〈귀화법〉으로부터 시작해서 1952년까지 160여 년간 건재함을 자랑했다.

이처럼 법은 인종을 구성하는 의미체계를 정교하게 다듬음으로써 인종을 구축했다. 초기 노예법이나 인종 간 금혼법, 귀화법, 그리고 '인종 전제조건' 사례는, 결국 인종 분류가 사회적 구분임을 보여주고 있다. 법원 판사는 판결을 통해 인간 겉모습에 의미를 부여함으로써 인종 창안에 기여했다. 특히 법원이 상식이나 사회적 관행을 인종의 법적 기

"Between White Men and Negroes", in Anti-Italianism: Essays on a Prejudice, ed. William J. Connell and Fred Gardaphe, New York: Palgrave Macmillan, 2010, pp. 23~32; Maria Laurino, *The Italian Americans: A History*, New York: W. W. Norton and Company, 2015, pp. 29~34; Marco Rimanelli and Sheryl L. Postman, ed., *The 1891 New Orleans Lynching and U.S.~Italian Relations: A Look Back*, New York: Peter Lang, 1992.

2) Ian Hayes Lopez, *White by Law: The Legal Construction of Race*, 10th Anniversary ed., New York: NYU Press, 2006, pp. 1~26; Matthew F. Jacobson, *Whiteness of a Different Color: European Immigrants and the Alchemy of Race*, Cambridge: Harvard University Press, 1998, pp. 13~136.

3) Monica McDermott and Frank L. Samson, "White Racial and Ethnic Identify in the United States", *Annual Review of Sociology 31*, 2005, pp. 245~261.

4) 반면 1950년 2.1퍼센트에 불과했던 히스패닉계 주민의 비율은, 2018년 18퍼센트로까지 가파르게 상승했다. 2050년이면 히스패닉계 비율은 24퍼센트가 될 것으로 예상된다. 미국인 네 명 가운데 한 명이 남미계가 될 것이라는 말이다 D'vera Cohn and Andrea Caumont, "10 demographic trends that are shaping the US and the world", FacTank: News in the Numbers, Pew Research Center, March 31, 2016; US Census Bureau, Quick Facts United States, https://www.census.gov.

5) David Roediger, *Working toward Whiteness: How America's Immigrants Became White*, New York: Basic Books, 2005; Matthew F. Jacobson, *Whiteness of a Different Color*, 1998; Ian H. Lopez, White by Law, 2006.

6) Audrey Smedley, *Race in North America: Origins and Evolution of a Worldview*, New York: Routledge, 2007, p. 118; Ian Haney Lopez, *Whte by Law*, p. 195. 듀크대 사학자 피터 우드가 지적했듯이, 노예제도의 정착은 서서히 이루어졌다. 뿌리를 내리는 시기도 지역에 따라 다르며, 동일 지역 내에서도 차이가 있었다. 가령 버지니아 식민지 한 켠에서는 1630년대부터 일부 농장주가 관행적으로 흑인을 노예로 삼았음을 암시하는 기록이 있는가 하면, 동시에 같은 지역에서 자유 흑인이 백인을 계약하인으로 부리는 경우도 있었다. Peter Wood, *Strange New Land*:

Africans in Colonial America, New York: Oxford University, 2003, pp. 23~34.

7) Rebecca J. Emigh, Dylan Riley, and Patricia Ahmed, "The Racialization of Legal Categories in the First U.S. Census", *Scoial Science History 39*, Winter, 2015, pp. 485~519.

8) Nell Painter, *The History of White People*, New York: W. W. Norton & Company, 2003, pp. 104~132.

9) Benjamin Franklin, "Observations Concerning the Increase of Mankind", The Papers of Benjamin Franklin, IV, ed. Leonard W. Labaree, New Haven: Yale University Press, 1961[1751]), p. 226. Matthew Jacobson, *Whiteness*, p. 40에서 재인용. 잉글랜드, 즉 영국은 5세기경 앵글로와 색슨 등 게르만족이 그레이트 브리튼섬의 원주민 켈트족을 무력으로 축축한 뒤 세운 나라다. 켈트인은 이 섬 서쪽에 웨일즈를 세웠고, 섬 북쪽엔 스코트인 등이 스코틀랜드 왕국을 수립했다.

10) Winthrop D. Jordan, *White over Black: American Attitudes Toward the Negro, 1550~1812*, Chapel Hill: The University of North Carolina, 1968, p. 102.

11) Benjamin Franklin, "Observations" 234. Winthrop Jordan, *White over Black*, p. 102에서 재인용.

12) Nell Painter, *History of White People*, pp. 131~150. .

13) M. J. Jacobson, *Whiteness*, pp. 15~38

14) John Higham, *Strangers in the Land: Patterns of American Nativism, 1860~1925*, New Brunswick: Rutgers University Press, 2002[1955]), pp. 77~86; M. Jacobson, *Whiteness*, pp. 48~56; Alan Goodman, Yolanda Moses, and Joseph Jones, *Race: Are We So Different?*, Malden, MA: Wiley~Blackwell: 2012, p. 45.

15) J. Higham, *Strangers*, pp. 77~86.

16) David Roediger, *Working toward Whiteness*, p. 9.

17) 앞의 책, p. 11; M. Jacobson, *Whiteness*, p. 43; Edna Bonacich, "Asian Labor in the Development of California and Hawaii", in Labor Immigration Under Capitalism: Asian Workers in the United States before World War II, ed. Lucie Chung and Edna Bonacich. Berkley, CA: University of California Press, 1984,

23) Louis Gates, "What Were the Earliest Rebellions by African Americans?", *The Root*, April 22, 2013.

24) Kerry Walters, *American Slave Revolts and Conspiracies: A Reference Guide*, Santa Barbara: ABC-CLIO, 2015, pp. 7~9.

25) Jennifer E. Cobbina, *Hands Up, Don't Shoot: Why the Protests in Ferguson and Baltimore Matter, and How They Changed America*, New York: New York University Press, 2019, pp. 16~17.

26) Kerry Walters, *American Slave Revolts and Conspiracies* 7~9.

27) Jason E. Shelton and Michael O. Emerson, "Extending the Debate over Nationalism Versus Integration: How Cultural Commitments and Assimilation Trajectories Influence Beliefs About Black Power", *Journal of African American Studies 14*, 2010, pp. 312~336.; Charles V. Hamilton, "The nationalist vs. the integrationist", *New York Times*, Oct. 1, 1972.

28) W. E. B. Du Bois, *The Souls of Black Folk*, 1903, pp. 25~35; Mark Bauerlein, "Booker T. Washington and W. E. B. Du Bois: The origins of a bitter intellectual battle," *Journal of Blacks in Hider Education 46*, 2004, pp. 106~114; 황혜성, 〈흑인민족주의: 역사적 변이〉, 《미국학》 20, 1997, 405쪽.

29) Leonard Steinhorn and Barbara Diggs-Brown, *By the Color of Our Skin: The Illusion of Integration and the Reality of Race*, New York: Dutton, 1999, pp. 4~6; Meghan Burke, *Colorblind Racism*, Cambridge: Polity Press, 2019, pp. 1~25.

30) Mark Vail, " 'The Integrative' Rhetoric of Martin Luther King Jr. 'S ' I Have a Dream Speech", *Rhetoric and Public Affairs* 9, 2006, pp. 51~78.

31) J. Herman Blake, "Black Nationalism", *The Annals of the American Academy of Political and Social Science 382*, 1969, pp. 15~25; Ruben Martinez, "Internal Colonialism: A Reconceptualization of Race Relations in the United States", *Humboldt Journal of Social Relations* 10, Fall/Winter 1982/83, pp. 163~176.

32) 황혜성, 앞의 글, 399~404쪽.

33) Matthew Desmond and Mustafa Emirbayer, *Race in America*, New York: W. W. Norton & Company Inc., 2016, p. 322.

34) W. E. B. Du Bois, *The Souls of Black Folks*, pp. 25~35.

35) Dexter Gordon, *Black Identity: Rhetoric, Ideology, and Nineteenth-Century Black Nationalism*, Carbondale: Southern Illinois University Press, 2003.

36) Desmond and Emirbayer, p. 323.

37) Benjamin Qualses, 조성훈 · 이미숙 옮김, 《미국 흑인사》, 서울: 백산서당, 2002, 262쪽; 황혜성, 앞의 글, 407쪽.

38) J. Herman Blake, "Black Nationalism", pp. 15~25; E. U. Essien-Udorm, *Black Nationalism: A Search for an Identity in America*, Chicago & London: University of Chicago Press, 1995.

39) Ire Berlin, "The Changing Definition of African-American", *Smithsonian Magazine*, February 2010; Monica Anderson and Gustavo Lopez, "Key facts about black immigrants in the U.S.", Factanks: News in the Numbers, Pew Research Center, January 24, 2018.

40) Rachel Swarns, "'African-American' Becomes a Term for Debate", *New York Times*, August 29, 2004.

41) Rachel Swarns, "'African-American' Becomes a Term for Debate", *New York Times*, August 29, 2004.

42) Sydney Adams, "Not all black people are African Americans. Here's Difference", CBS News, June 18, 2020; Debra Dickerson, *The End of Blackness: Returning the Souls of Black Folk to Their Rightful Owners*, New York: Anchor Books, 2004, p. 259.

43) Joshua Benton, "The Wikipedia War That Shows How Ugly This Election Will Be: An editing battle over Kamala Harris's race is a sign of what's to come", *The Atlantic*, August 13, 2020.

4장 황인종 만들기: 황색 노예와 명예 백인 사이

1) 학살 사건의 진행 과정, 시간, 인원 등에 대한 정보는 지역 신문 기사, 보고서, 저술마다 조금씩 차이가 있다. 이 부분은 사건 발생 일주일 후 발간된 지역 신문 인디펜던트지 호외−이 신문은 폭동을 지지하는 태도를 보인다−와 대학살 다음 해에 출판된 아이작 브롬리I. Bromley의 저서(1886/2018)를 기준으로 삼았다. Issac Bromley, *The Chinese Massacre at Rock Springs, Wyoming Territory, September 2, 1885*, Reprint, CreateSpace Independent Publishing Platform, 2018; Roger Daniels, *Asian America: Chinese and Japanese in the United States since 1850*, Seattle: University of Washington Press, 1988, pp. 59~64.

2) Stuart Creighton Miller, *The Unwelcome Immigrants: The American Image of the Chinese, 1785~1882*, Berkeley: Univ. of California Press, 1969, pp. 11~14; Gary Y. Okihiro, *Margins and Mainstreams: Asians in American History and Culture*, Seattle: University of Washington Press, 1994, p. 20에서 재인용.

3) Frederick M. Binder, *The Color Problem in Early National America as Viewed by John Adams, Jefferson and Jackson*, The Hague: Mouton, 1968, p. 83; Gary Okihiro, *Margines and Mainstreams*, pp. 22~23에서 재인용.

4) 캘리포니아와 하와이 세관의 기록은 몇 차례 고국을 방문했다 다시 입국한 사례도 포함하고 있다. 따라서 이민학자들은 실제 아시안 이민 숫자는 이보다 다소 적을 것으로 추정한다. Sucheng Chan, *Asian Americans: An Interpretive History*, Boston: Twayne Publishers, 1991, p. 3; 신대륙에 첫 발을 내디딘 아시아인은 필리핀인과 중국인이다. 이들은 1565년부터 1815년까지 계속된 스페인제국의 무역선의 선원이거나 잡부였다. 이들 중 필리핀 선원 일부가 1763년, 미국 남부 뉴올리언즈 인근 습지대에 필리핀 커뮤니티를 세웠다. 또한 1802년과 1830년대에 일부 중국인 장인이 하와이에 들어와 살기도 했다. Sucheng Chan, *Asian American*, pp. 25~26.

5) Edna Bonacich, "A Theory of Ethnic Antagonism: The Split Labor Market", *American Sociological Review 37*, 1972, pp. 547~559.

6) Sucheng Chan, *Asian Americans*, pp. 25~27.

7) Elmer Sandmeyer, *The Anti~Chinese Movement in California*, Chicago: Univ. of Illinois Press, 1973, p. 60.

8) Roger Daniels, *Asian America: Chinese and Japanese in the United States since 1850*, Seattle and London: University of Washington Press. 1988, pp. 29~66. 아시아인에게 미국 시민권이 허용된 것은 1952년이 지나서다.

9) 앞의 책, pp. 61~63.

10) 물론 1880년 이전에도 일본인 이주민은 있었다. 그러나 그 인원은 1,000여 명 이하로, 소규모였다. 본격적으로 일본 이민이 시작된 것은 〈중국인 배척법〉 통과 이후다. John E. Van Sant, *Pacific Pioneers: Japanese Journey to America and Hawaii, 1850~80*, Urbana and Chicago: Univ. of Illinois Press, 2000, pp. 2~3.

11) Gary Okihiro, *Cane Fires: The Anti~Japanese Movement in Hawaii, 1865~1945*, Philadelphia: Temple University Press, 1991, pp. 3~64.

12) Wayne Peterson, *The Korean Frontier: Immigrants to Hawaii, 1896~1910*, Honolulu, HA: Hawaii University Press, 1988, pp. 1~19; Sucheng Chan, *Asian Americans*, pp. 13~31.

13) H. Brett Melendy, *Asians in America: Filipinos, Koreans, and East Indians*, New York: Hippocrene Books, 1981, pp. 132~133. 이 단체는 2년 뒤 명칭을 '아시안 배척연맹'으로 변경한다.

14) Thomas Dolan and Kyle Christensen, "Korean Ethnic Identity in the United States 1900~1945", *Journal of Global Initiatives: Policy, Pedagogy, Perspective*, 5(2), 2011, p. 78.

15) Roger Daniels, *Asian America*, pp. 29~66, 100~154.

16) James W. Loewen, *Mississippi Chinese: Between Black and White*, Cambridge: Harvard University Press, 1971, pp. 24 & 60; Gary Y. Okihiro, *Margins and Mainstreams*, pp. 34~48.

17) The New York Times, "Labor Meeting at Buffalo—Opposition to the Introduction of Chinese", November 3, 1870, p. 1; Gary Okihiro, *Margins and*

Mainstreams, pp. 34 & 53.

18) U.S Congress, 44th Congress, 2nd Session. *Report of the Joint Special Committee to Investigate Chinese Immigration*, Washington D.C: Government Printing Occie, 1877, pp. 1050~1052.

19) Jennifer L. Hochschild and Brenna M. Powell, "Racial Reorganization and the United States Census 1850~1930: Malattoes, Half~Breeds, Mixed Parentage, Hindoos, and the Mexican Race", *Studies in American Political Development* 22, 2018, pp. 59~96.

20) U. S. House of Representative, 45th Congress, 1st session. *Chinese Immigration: An Address to the People of the United States upon the Social, Moral, and Political Effect of Chinese Immigration*, Washington D.C: Government Printing Office, 1877, p. 8. Hochschild and Powell, *Racial Reorganization*, p. 72에서 재인용.

21) Hochschild and Powell, *Racial Reorganization*, p. 72.

22) U.S Congress, 44th Congress, 2nd Session. *Report of the Joint Special Committee*, p. 1238.

23) Michael Keevack, *Becoming Yellow: A Short History of Racial Thinking*, Princeton, NJ: Princeton University Press, 2011, pp. 1~5.

24) US Bureau of Census, 1950, Enumerator's Reference Manual, pp. 1~469 (120). https://www.census.gov/history/pdf/1950instructions.pdf

25) Yen L. Espiritu, *Asian American Panethnicity: Bridging Institutions and Identities*, Philadelphia: Temple University Press, 1992, pp. 124~126.

26) Gary Okihiro, *Margins and Mainstreams: Asians in American History and Culture*, Seattle: Univ. of Washington Press, 1994, pp. 118~121.

27) 앞의 책, p. 120.

28) 앞의 책, pp. 49~50.

29) Ronald Takaki, *Strangers from a Different Shore: A History of Asian Americans*, Boston: Litter, Brown & Co., 1989, pp. 100~101; Gary Okihiro, *Margins and Mainstreams*, pp. 49~50.

30) G. Okihiro, *Cane Fires: The Anti~Japanese Movement in Hawaii, 1865~1945*, Philadelphia: Temple University Presss, 1991, pp. 65~81 · 95~97; G. Okihiro, *Margins and Mainstreams*, p. 136.

31) New York Times Magazine, 1966. "Success Story, Japanese American Style." January 9, 1966, pp. 20~42; Newsweek, 1971. "Success Story: Outwitting the Whites." June 21, 1971, p. 24.

32) U. S. News and World Report, 1966. "Success Story of One Minority in U. S.", Decmber 26, 1966, p. 73.

33) R. Takaki, *Strangers from a Different Shore*, pp. 474~484; Chan, *Asian American*, pp. 167~181; Claire Jean Kim, *Bitter Fruit: The Politics of Black~Korean Conflict in New York City*, New Haven: Yale University Press, 2000, pp.45~52.

34) Claire Jean Kim, *Bitter Fruit*, pp. 45~52; Claire Jean Kim, "Racial Triangulation of Asian Americans", Politics & Society, 27, March 1999, pp. 105~138.

35) Gary Okihiro, *Margins and Mainstreams*, pp. 141~142.

36) Sucheng Chan, *Asian Americans*, pp. 25~35; Erika Lee, *The Making of Asian America: A History*, New York: Simon and Schuster, 2015, pp. 59~88.

37) William Wei, *The Asian American Movement*, Philadelphia: Temeple Univ. Press. 1993, pp. 44~71.

38) Min Zhou, "Are Asian Americans Becoming Whites?", Contexts 3, 2003, pp. 29~37; Connie Kang, "Yuji Ichioka, 66; Led Way in Studying Lives of Asian American", *Los Angeles Times*, Sept. 7, 2002. 백악관 산하 행정관리예산국은 1997년 '행정훈령 15호' 개정판을 통해 아시아인 범주에 대한 변경을 시도했다. 그때까지 '아시아인 또는 태평양제도인the Asian or Pacific Islander'으로 분류하던 것을, '아시아인Asian'과 '토착 하와이 또는 다른 태평양제도인Native Hawaiian or Other Pacific Islander' 두 개로 쪼갠 것이다. 그 이유는 토착 하와이인이 자신들이 아시아인으로 분류되는 것을 반대했기 때문이었다. 이들은 7,000명의 서명이 담긴 청원서를 통해, 자신들이 미국 원주민인 만큼 "American Indian and Alaska

Native" 범주 속에 포함되어야 한다고 주장했다. 그러나 토착 인디언 집단은 이에 대해 난색을 표명했다. 이들이 자신들 범주에 끼어드는 것을 반대한 것이다. 결국 인구조사국은 또 하나의 인종 범주를 새로이 만들기로 했다. The White House Office of Management and Budget, Revisions to the Standards for the Classification of Federal Data on Race and Ethnicity, 1997.

5장 한국인의 인종화와 인종차별

1) '헤멧 사건'은 다음 자료를 종합해 작성했다: H. Brett Melendy, *Asians in America: Filipinos, Koreans, and East Indians*, New York: Hippocrene Books, 1981, pp. 134~136; Richard S. Kim, *The Quest for Statehood: Korean Immigrant Nationalism and U.S. Sovereignty, 1905~1945*, New York: Oxford University, 2011, pp. 3~7; 신한민보, 7월 4일, 1913; Los Angeles Times, June 27, 1913; Los Angeles Times, June 28, 1913; Los Angeles Times, July 6, 1913; New York Times, June 28, 1913; New York Time, June 29, 1913; Wikipedia, s.v. "Rock Springs Massacre."

2) Cecilia M. Tsu, *Garden of the World: Asian Immigrants and the Making of Agriculture in California's Santa Clara Valley*, New York: Oxford University Press, 2013, pp. 53~82, 107~138; Sucheng Chan, *This Bitter-Sweet Soil: The Chinese in California Agriculture, 1860~1910*, Berkeley: University of California Press, 1986, pp. 272~368.

3) Telegram, David Lee, President, Korean National Association to Wm. Jennings Bryan, June 30, 1913. U.S. State Dept. Decimal File 311.954 H37. H. B. Melendy, *Asians in America*, p. 135에서 재인용.

4) 최봉윤, 《미국 속의 한국인》, 서울: 종로서적, 1983, 143 · 155쪽.

5) Yen Le Espiritu, *Asian American Panethnicity: Bridging Institutions and Identities*, Philadelphia: Temple University Press, 1993, pp. 9~18.x

6) 방선주, 〈한인 미국 이주의 시작: 1903년 공식이민 이전의 상황진단〉, 《한국사론》 39: 《미주지역 한인 이민사》, 과천: 국사편집위원회, 2003, 4~7쪽.

7) Richard Kim, pp. 6~7; Sucheng Chan, *Asian Americans: An Interpretive History*, Boston: Twayne Publishers, 1991, p. 3.

8) Ronald Takaki, *Strangers from a Different Shore: A History of Asian Americans*, Boston: Little, Brown & Co., 1989, p. 270. 이 숫자는 미국 연방 인구조사에 나온 수치와 차이가 있다. 연방 인구조사에는 1910년 하와이와 미 본토에 모두 5,003명 의 한인이 살고 있었으며, 이 중 4,533명이 하와이에 거주하는 것으로 나온다. 또한, 미 본토에는 475명의 한인이 거주하고 있고, 이 중 304명이 캘리포니아에 사는 것 으로 기록하고 있다. 연방 인구조사에 잡히는 인구는 실제 거주 인구보다 항상 적게 나오는 경향이 있다.

9) H. B. Melendy, *Asians in America*, p. 134; Kenyon S. Chan and Shirley Hune, "Racialization and Panethnicity: From Asians in America to Asian American", in Toward *a Common Destiny: Improving Race and Ethnic Relations in America*, ed. By Anthony Jackson and Willis Hawley, SF: Jossey-Bass Publishers, 1995, pp. 206 ~208; Takaki, *Strangers From a Different Shore*, pp. 1~16.

10) Chan and Hune, pp. 210~214; Wayne Patterson, *The Korean Frontier in America: Immigration to Hawaii, 1896~1910*, Honolulu: University of Hawaii, 1988, p. 108.

11) The Federal Reporter, With Key-number Annotations, 273, St. Paul West Publishing Co., 1921, pp. 207~214.

12) Gary Okihiro, *Margins and Mainstreams: Asians in American History and Culture*, Seattle: University of Washington Press, 1994, pp. 118~147; R. Takaki, pp. 21~78.

13) 1790년 이래 인구조사에서 인종 관련 질문은– "race or color– 하나였지만, 1980년 인구조사 때 '히스패닉계' 여부를 묻는 질문이 하나 더 추가되면서 두 개가 됐다.

14) Margo Anderson, *The American Census: A Social History*, New Havens: Yale University Press, 1988, pp. 213~235; Dorothy Roberts, *Fatal Attraction: How*

Science, Politics, and Big Business Re-create Race in the Twenty-first Century, New York: The New Press, 2011, pp. 25~54; Sharon Lee, "Racial classifications in the US Census: 1890~1990", *Ethnic and Racial Studies* 16, 1993, pp. 75~94.

15) Jennifer Hochschild and Brenna Powell, "Racial Reorganization and the United States Census 1850~1930: Mulattoes, Half-Breeds, Mixed Parentage, Hindoos, and the Mexican Race", Studies in American Political Development 22,2008, p. 71; John E. Van Sant, *Pacific Pioneers: Japanese Journey to America and Hawaii, 1850~80*, Urbana and Chicago: Univ. of Illinois Press, 2000, pp. 2~3.

16) Sharon Lee & Sonya Tafoya, "Rethinking US Census racial and ethnic categories for the 21st century", Journal of Economic and Social Measurement 31, 2006, p. 233~252; Hochschild and Powell, "Racial Reorganization", p. 72.

17) 이 도표는 연방 인구조사국이 2002년 펴낸 "Measuring America: The Decennial Censuses From 1790 to 2000" (https://www.census.gov/prod/2002pubs/pol02marv-pt2.pdf)와 History, https://www.census.gov/history를 토대로 작성됐다.

18) Thomas Dolan and Kyle Christensen, "Korean Ethnic Identity in the United States 1900~1945", *Journal of Global Initiatives: Policy, Pedagogy, Perspective 5*, 2011, p. 75.

19) U.S. Census Bureau, "Inforgraphic: Measuring Race and Ethnicity Across the Decades, 1790~2010"; "Korean-American Population by State 1910~2010 US Census", KoreanAmericanStory.org, Inc. http://koreanamericanstory.org/wp-content.

20) 미국 인구조사에 나타난 한국인 이주민 총계나 각 인종집단의 총인원 숫자는 원 사료의 종류와 출판 연대, 그리고 계산 방식에 따라 조금씩 차이가 있다.

21) U. S. Bureau of Census, "Instructions to Enumerators, 1920", 27. https://www.census.gov/history/pdf.

22) Yen Le Espiritu, p. 118.

23) H. B. Melendy, pp. 132~133; Raymond Leslie Buell, "The Development of the Anti-Japanese Agitation in the United States", *Political Science Quarterly 37*, 1922, p. 617. 이 단체는 1907년 12월 이름을 '아시아인 배척동맹Asiatic Exclusion League'으로 바꿨으며, 2차 세계대전 때까지 존속했다.

24) H. B. Melendy, p. 131; R. L. Buell, pp. 617~620.

25) Erika Lee, *At America's Gates: Chinese Immigration during the Exclusion Era, 1882~1943*, Chapel Hill: University of North Carolina Press, 2003, pp. 7 & 31~35.

26) H. B. Melendy, pp. 111 & 134.

27) 최봉윤, 앞의 책, 143쪽; H. B. Melendy, p. 156.

28) Alan L. Olmstead and Paul W. Rhode, *A History of California Agriculture*, Los Angeles: Giannini Foundation, University of California Agriculture and Natural Resources, 2017, pp. 1~22.

29) 앞의 자료, pp. 1~22.

30) City of Ontario Planning Department, Historic Context of The City of Ontario's Citrus Industry, February 2007, pp. 13~40; Joe Blackstock, "The real reason the citrus orchards disappeared from the Inland Valley", Daily Bulletin, December, 27, 2016.

31) 김원룡, 《재미한인 50년사》, 서울: 혜안, 2004, 72~73쪽; David Yoo, *Contentious Spirits: Religion in Korean American History, 1903~1945*, Palo Altos: Stanford University Press, 2010. P. 97; Bong-Youn Choy, Koreans in America, Chicago, Nelson-Hall Inc., 1979, p. 109.

32) Choy, p. 109.

33) Choy, p. 109; Yoo, p. 97.

34) 국사편찬위원회, 《윤치호 일기》 제1권 (국역 윤치호 영문 일기 1), 1888년 11월 2일. 한국사 총서, 한국사 데이터베이스.

35) 장리욱, 〈세상은 달라지고 있다〉, 《삼도》 제3권 12호, 1972년 12월, 36~37쪽. 최봉윤, 109~110쪽에서 재인용.

36) 최봉윤, 108쪽.

37) Michael Macmillan, "Unwanted Allies: Koreans as Enemy Aliens in World War II", The Hawaiian Journal of History 19, 1985, p. 180 and 200. 1940년 당시 하와이에는 모두 6,851명의 한인이 거주하고 있었다. 이 가운데 2,390명은 한국에서 하와이로 온 1세였고 4,461명은 현지에서 태어난 2세였다. 미국 본토에는 749명의 1세, 962명의 2세가 살고 있었다.

38) H. B. Melendy, p. 167.

39) H. B. Melendy, p. 168; Paula Yoo, *Sixteen Years in Sixteen Seconds: The Sammy Lee Story*, Lee & Low Books, 2005.

40) H. B. Melendy, pp. 156~158; Richard Kim, pp. 130~132; 최봉윤, 앞의 책, 175~177쪽.

41) 최봉윤, 앞의 책, 177쪽; Macmillan, p. 184.

42) MacMillan, pp. 184~186.

43) U. S. National Archives, Record Group 165, Regional File, Box 2266, Folder 4 &5: Korea-Propaganda Releases (1939~41). Richard Kim, p. 133에서 재인용; Melendy, p. 157.

44) R. Kim, pp. 132~133. Macmillan, pp. 182~183. 맥밀런은 군사 계엄사령부에서 정한 제약이 한국인에겐 엄격하게 적용되지는 않았다고 적고 있다.

45) Richard Kim, pp. 149~151

46) Richard Kim, pp. 120~122, 149~151.

47) H. B. Melendy, p. 157; 최봉윤, 앞의 책, 177~178쪽; 《한국민족문화대백과사전》, s.v. 〈한인국방경비대〉.

48) Korean National Herald-Pacific Weekly, February, 1942. H. B. Melendy, pp. 56~157에서 재인용.

49) H. B. Melendy, p. 158; MacMillian, p. 185.

50) Honolulu Star-Bulletin, 27 July 1943, 8:2. MacMillian, p. 185에서 재인용.

51) 최봉윤, 앞의 책, 176쪽; Yoo, Reera, "'Living Legend' Susan Ahn Cuddy Passes Away at 100", Character Media, June 25, 2015; Library of Congress, "Fred F.

Or Collection," Veterans History Project, American Folklife Center, http://memory.loc.gov/diglib/vhp/bib/86287

52) Richard Kim, pp. 119~122 and 149~155.

6장 히스패닉 만들기: 민족집단인가, 인종집단인가?

1) 이 에피소드는 다음 자료를 토대로 작성됐다. Francisco Balderrama and Raymond Rodriguez, *Decade of Betrayal: Mexican Repatriation in the 1930s*, Albuquerque: University of New Mexico Press, 2006, pp. 73~77; Diane Bernard, "The time a president deported 1 million Mexican Americans for supposedly stealing U. S. jobs", Washington Post, August 13, 2018; Alex Wagner, "America's Forgotten History of Illegal Deportations", The Atlantic, March 6, 2017.

2) 미국 정부나 멕시코 정부가 통계를 집계하지 않은 탓에 이 기간 동안 추방된 멕시코인의 정확한 숫자는 아무도 모른다. 위에서 인용한 책의 저자인 Balderrama 교수와 Rodriguez 교수는 추방된 인원을 180만 명으로 추산하는 데 당시 미국 내 멕시코인의 숫자를 감안할 때 다소 과장된 수치로 보인다.

3) Mark H. Lopez, Jens M. Krogstad, and Jeffrey S. Passel, "Who is Hispanic?", Factank: News in the Number, Pew Research Center, Nov. 11, 2019.

4) David Weber, *The Spanish Frontier in North America*, New Haven, CT: Yale University Press, 1992, pp. 1~14.

5) Walt Wittman, *The Complete Poetry and Prose of Walt Wittman*, 2 vols., New York: Pellegrini and Cudahy, 1948, 2:402; David Weber, *The Spanish Frontier*, pp. 1~2 & 335~360.

6) Antonio Flores, Mark Lopez, and Jens M. Krogstad, "U.S. Hispanic Population reached new high in 2018, but growth has slowed", Factank: News in the Numbers, Pew Research Center, July 8, 2019.

7) 이 부분은 다음 자료에 크게 의존했다: David Weber, *The Spanish Frontier*, pp.

1~14, 30~59, 60~91, 147~171, & 230~270; Ruben G. Rumbaut, "The Making of a People", in Hispanics and the Future of America, ed. By National Research Council, Washington D. C.: The National Academies Press, 2006, pp. 24~29; Wendy D. Roth, *Race Migration: Latinos and the Cultural Transformation of Race*, Palo Altos, CA: Stanford University Press, 2012, p. 76.

8) David Weber, *Spanish Frontier*, p. 1. 영국이 북미 대륙 최초의 영구 정착지 '제임스타운'을 세운 때는 1607년이며, 청교도를 싣고 온 배가 보스턴 인근 플리머스 바위에 도착한 해는 1620년이다.

9) 스페인 탐험대는 지금의 텍사스, 뉴멕시코, 애리조나, 오클라호마, 콜로라도, 테네시, 앨라배마, 아칸소, 미주리, 캔자스 지역을 탐사했다. 스페인 탐사대의 흔적이 남아있는 곳에는 이들의 방문 사실을 알려주는 공원, 기념비, 사적지 표시판 등이 설치돼 있다.

10) Ulysses S. Grant, *Personal Memoirs of General U. S. Grant*, New York: Charles L. Webster & Co., 1885, p. 16.

11) Sarah Deutsch, *No separate refuge: Culture, class, and gender on an Anglo~Hispanic frontier in the American Southwest, 1880~1940*, New York: Oxford University Press, 1987, pp. 13~40.

12) George O' Tool, *The Spanish War: An American Epic 1898*, New York: Norton & Company, 1984.

13) Juan Gonzalez, *Harvest of Empire: A History of Latinos in America*, Revised ed., New York: Penguin Books, 2011, pp. 27~57; Ruth Enid Zambrana, *Latinos in American Society: Families and Communities in Transition*, Ithaca: Cornell University Press, 2011, pp. 14~34.

14) Ruben G. Rumbaut, "The Making of a People", p. 20; Christina Mora, *Making Hispanics: How Activists, Bureaucrats, and Media Constructed a New American*, Chicago: Univ. of Chicago Press, 2014, pp. 50~82.

15) Ruben G. Rumbaut, "The Making of a People", pp. 21~22; U. S. Census Bureau, Revision to the standards for the classification of federal data on race

and ethnicity, 1997.

16) '치카노'는 멕시코인을 낮추어 부르는 속어다. 그러나 멕시코계 지도자는 여기에 새로운 의미를 부여해, 모든 멕시코계의 민족의식을 고양시키는 촉진제이자, 멕시코인의 우수성을 알리는 상징적 용어로 이 단어를 사용했다. 종종 '치카노 파워'로 불리기도 한다.

17) Christina Mora, *Making Hispanics*, pp. 50~82.

18) Ibid., pp. 83~118;

19) Wendy D. Roth, *Race Migrations: Latinos and the Cultural Transformation of Race*, Palo Altos, CA: Stanford University Press, 2012, pp. 30 & 176~178; Ruben G. Rumbaut, "The Making of a People", pp. 37~44.

20) Ibid., pp. 37~44.

21) U. S. Bureau of Census, "Directive No. 15: Race and Ethnic Standards for Federal Statistics and Administrative Reporting", May 12, 1977; Jeffrey Passel and Paul Taylor, "Who's Hispanic?", Factank: News in the Numbers, Pew Research Center, May 28, 2009.

22) Christina Mora, *Making Hispanics*, pp. 155~170; Mark H. Lopez, Jens M. Krogstad, and Jeffrey S. Passel, "Who is Hispanic?", Factank: News in the Number, Pew Research Center, Nov. 11, 2019.

23) 행정훈령 15호 개정안은 'Hispanic or Latino'를 다음과 같이 정의하고 있다. "a person of Cuban, Mexican, Puerto Rican, South or Central American, or other Spanish culture or origin, regardless of race. The term, 'Spanish origin,' can be used in addition to 'Hispanic or Latino." U. S. Office of Management and Budget, "Revisions to the standards for the classification of federal data on race and ethnicity", October 30, 1997: x.

24) Christina Mora, *Making Hispanics*, pp. 119~154.

25) Alejandro Portes and Ruben G. Rumbaut, *Legacies: The Story of the Immigrant Second Generation*, Los Angeles: University of California Press, 2001, pp. 147~191; R. G. Rumbaut, "The Making of a People", pp. 37~44.

26) Wendy Roth, *Race Migration*, pp. 32~61 & 176~178.

27) Ibid.

28) Mark H. Lopez, Jens M. Krogstad, and Jeffrey S. Passel, "Who is Hispanic?", Factank: News in the Number, Pew Research Center, Nov. 11, 2019.

29) Antonio Flores, Mark Lopez, and Jens M. Krogstad, "U.S. Hispanic Population reached new high in 2018, but growth has slowed", Factank: News in the Numbers, Pew Research Center, July 8, 2019.

30) Krogstad, Jens M, Luis Noe~Bustamante, and Antonio Flores, "Historic highs in 2018 voter turnout extended across racial and ethnic groups", Factank: News in the Numbers, Pew Research Center, May 1, 2019; Antonio Flores, Mark H. Lopez, and Jens M. Krogstad, "U. S. Hispanic population reached new high in 2018, but growth has slowed", Factank: News in the Numbers, Pew Research Center, July 8, 2019.

7장 인종, "인류의 가장 위험한 신화"

1) Jonathan P. Spiro, *Defending the Master Race: Conservation, Eugenics, and the Legacy of Madison Grant*, University of Vermont Press, 2009, pp. 143~166, and 355~383.

2) Spiro, *Defending the Master Race*, pp. 145 & 357.

3) Madison Grant, *The Passing of the Great Race*, Burlington, Iowa: Ostara Publications 2011[1916], pp. 68~90.

4) Spiro, *Defending the Master Race*, pp. 143~166; Highham, *Strangers in the Land*, pp. 300~330.

5) Aristide R. Zolberg, *A Nation by Design: Immigration Policy in the Fashioning of America*, Cambridge: Harvard University Press, 2008, pp. 166~292; Roger Daniels, *Guarding the Golden Door: American Immigration Policy and*

Immigrants since 1882, New York: Hill and Wang, 2004, pp. 27~58.

6) Rebecca M. Kluchin, *Fit to Be Tied: Sterilization and Reproductive Rights in America, 1950~1980*, Piscataway: Rutgers University Press, 2009, pp. 16~17.

7) Frank Snowden, *Before Color Prejudice: The Ancient View of Blacks*, Cambridge: Harvard University Press, 1983, pp. 35~60. 고대 사회에서도 생물학적 특징에 근거한 인종 개념이 존재했다고 주장하는 학자도 있다. 예를 들어 텔아비브대 벤자민 이삭B. Issac 교수는 '원형적 인종주의'라 불릴 수 있는 초기 형태의 인종주의가 그리스로마 시대 때에 있었다고 주장한다. Benjamin Isaac, *The Invention of Racism in Classical Antiquity*, Princeton, NJ: Princeton University Press, 2004, pp. 1 & 55~158.

8) Ivan Hannaford, *Race: The History of an Idea in the West*, Washington DC: The Woodrow Wilson Center Press, 1996, pp. 17~86; Audrey Smedley, *Race in the North America: Origin and Evolution of a Worldview*, 2nd ed., Boulder,CO: Westview, 1999; 박경태, 《인종주의》, 서울: 개념사, 2009, 50~53쪽.

9) Ivan Hannaford, *Race*, pp. 14~16.

10) George Frederickson, *Racism: A Short History*, Princeton: Princeton University Press, 2002, pp. 27~31.

11) George Frederickson, pp. 27~47.

12) Hannaford, *Race*, pp. 161~167.

13) Omi & Winant, *Racial Formation*, pp. 112~125.

14) George Frederickson, *Racism*, pp. 12~13.

15) Imanuel Kant, "Of the Different Human Race", in The Idea of Race ed. Robert Bernasconi and Tommy Lott, Indianapolis, IN: Hackett Publishing Company, 2000[1777], pp. 8~22; Jon M. M. Mikkelson, *Kant and the Concept of Race: Late Eighteenth~Century Writings*, Albany: State of New York University Press, 2013, pp. 1~2; Emaneul Chuckwudi Eze, "The Color of Reason: The Idea of 'Race' in Kant's Anthropology", in Postcolonial African Philosophy: A Critical Reader, Cambridge: Blackwell Publishing Co, 1997, pp. 103~140.

16) Ivan Hannaford, *Race*, pp. 5, 12, and 149~150.

17) Matthew Desmond and Mustafa Emirbayer, *Race in America*, New York: W. W. Norton & Company, 2016, p. 47.

18) Charles Darwin, *The Descent of Man, and Selection in Relation to Sex* (Part 1), Vol. 21. In The Works of Charles Darwin, New York: New York University Press, 2010, [1871].

19) Adam Rutherford, *A Brief History of Everyone Who Ever Lived: The Human Story Retold Through Our Genes*, New York: The Experiment LLT, 2017, pp. 214~264.; Marks, Jonathan, "Race: Past, Present and Future", in *Revisiting Race in a Genomic Age*, ed. Barbara Koenig, Sandra Soo~Jin Lee, and Sarah Richardson, New Brunswick: Rutgers University Press, 2008, pp. 21~38.

20) Erick Hobsbawm, "Introduction: Inventing Traditions", in *The Invention of Traditions*, ed. Eric Hobsbawm and Terrence Ranger, Cambridge: Cambridge University Press, 1983, pp. 1~14.

21) 앞의 책, "Mass~Producing Traditions: Europe, 1870~1914", pp. 263~308.

22) Benedict Anderson, *Imagined Communities: Reflections on the Origin and Spread of Nationalism*, London: Verso, 1983.

23) Gordon W. Allport, *The Nature of Prejudice, 25th Anniversary Edition*, New York: Basic Books, 1954/1979, pp. 6~9.

24) Hayes Lopez, *White by Law*, xvi.

25) Nell I. Painter, *The History of White People*, New York: W. W. Norton & Company, 2010, xii. 페인터는 인종이 존재한다고 믿는 것도 인종주의의 예로 간주했다. 이는 너무 포괄적인 정의라 생각되어 이 부분을 생략했다. 그 대신 차별을 정당화하는 요소를 추가했다.

26) David Roediger, *Working toward Whiteness: How America's Immigrants Became White*, New York: Basic Books, 2005, pp. 18~27.

1) 존 롤프와 제임스 요새에 관한 부분은 다음 자료를 참고해 작성했다: James Horn, *A Land as God Made It: Jamestown and the Birth of America*, New York: Basic Books, 2006; Allan Brandt, *The Cigarette Century: The Rise, Fall, and Deadly Persistence of the Product That Defined America*, New York: Basic Books, 2007; Emily Jones Salmon, "John Rolfe (d. 1622)", in Encyclopedia Virginia. Virginia Foundation for the Humanities, 2014; Joseph Stromberg, "Starving Settlers in Jamestown Colony Resorted to Cannibalism", Smithsonian.com, April 30, 2013.

2) 영국은 이전에도 두 차례 북미 대륙에 식민지를 세우려 했지만 실패했었다. 제임스타운이 세워지고 13년이 지난 1620년, '메이플라워' 호를 타고 온 청교도 이주민이 지금의 보스턴 인근 플리머스에 상륙했다.

3) Allan Brandt, *The Cigarette Century: The Rise, Fall, and Deadly Persistence of the Product That Defined America*, New York: Basic Books, 2007, pp. 20~21.

4) Rebecca Anne Goetz, "Rethinking the 'Unthinking Decision' : Old Questions and New Problems in the History of Slavery and Race in the Colonial South", *The Journal of Southern History 75*, August 2009, pp. 599~612.

5) 앞의 책, pp. 44~98.

6) E. Morgan, *American Slavery, American Freedom*, pp. 154~157.

7) E. H. 카, 황문수 옮김, 《역사란 무엇인가》, 범우사, 1977, 11~42 쪽.

8) E. H. 카, 황문수 옮김, 《역사란 무엇인가》, 42쪽.

9) 1670년 영국 왕 찰스 2세는 사우스캐롤라이나 지역에 새 식민지를 개척했다. 여기에 정착한 초기 영국인은 상당수가 남미의 영국 식민지인 바베이도스에서 왔다. 이들 농장주들은 자신들이 부리던 많은 흑인 노예와 함께 이주해 왔다. 이들은 남미에서 법제화된 노예법을 새 정착지에도 적용했다. 이에 따라 노예제가 남부 지역에 점차 퍼지기 시작했다. Peter Wood, *Strange New Land: Africans in Colonial America*, London: Oxford University Press, 2003, pp. 23~34.

10) Anne Goetz, *Rethinking*, pp. 599~612.

11) Winthrop D. Jordan, *White Over Black*, pp. 48~56.

12) Peter H. Wood, *Black Majority: Negroes in Colonial South Carolina from 1670 through the Sonton Rebellion*, New York: Norton & Company, 1974. 1903~1905년 사이 하와이로 건너 간 초기 한인 이민자도, 실은 계약노동자 신분이었다.

13) 앨런 브링클리, 황혜성 등 옮김, 《있는 그대로의 미국사》, 휴머니스트, 2005, 125쪽.

14) Allan Brandt, *The Cigarette Century*, pp. 21~22; Audrey Smedley, Race, pp. 123~160.

15) 앨런 브링클리, 《있는 그대로의 미국사》, 133쪽; 1620년부터 1780년까지 북미 대륙의 영국 식민지로 들어온 흑인의 숫자는 총 28만 7,000명으로 추산된다. 기간별로 세분화하여 보면 대략 다음과 같다. 1620~1700: 2만 1,000명; 1701~1760: 18만 9,000명; 1761~1770: 6만 3,000 명; 1771~1780: 1만 5,000명. Randall Miller and John D. Smith, *Dictionary of Afro~American Slavery*, New York: Greenwood Press, 1988, p. 678.

16) E. Morgan(1975), George Fredrickson(2002), P. Morgan(1998), Anthony Parent, Jr.(2003), Theodor Allen(1997) 등이 이런 주장을 펼치는 대표적 학자다.

17) Audrey Smedley, *Race*, pp. 104~107; Edmund Morgan, *American Slavery, American Freedom*, pp. 1 & 154~157.

18) 웨이크포리스트대 사학자 앤서니 페어런트A. Parent 교수도 제임스타운에 도착한 첫 아프리카인이 처음부터 노예로 간주되지 않았다고 보았다. 메릴랜드대 아이라 벌린Ira Berlin 교수 역시 초기 흑인은 도착 당시의 신분에 상관없이 연한계약노동자로 취급됐다고 주장한다. 앨런 브링클리 교수도 같은 견해를 피력했다. 버지니아 식민지인은 흑인을 일정 기간 일한 뒤 풀려날 계약노동자, 즉 하인으로 여겼다는 것이다.

19) Peter Wood, *Strange New Land*, pp. 23~34. 영국엔 노예제가 없었다. 이런 상황은 1650년대에 들어와 서서히 바뀌었다. 영국이 카리브 지역의 바베이도스(1624)와 자메이카(1655)를 식민지화한 뒤, 사탕수수농장을 여기저기 세우기 시작했기 때문이다. 초기엔 이곳 농장 노동자 대부분이 현지 원주민이거나 아일랜드인이었다. 이

들의 숫자가 감소하면서 남아메리카의 영국인 사탕수수농장도 흑인 노예를 수입하기 시작했다. 서인도제도의 영국 식민지는 이내 영국 노예무역 중심지로 떠올랐다.

20) Edmund Morgan, *American Slavery*, American Freedom, p. 327.

21) Audrey Smedley, *Race*, pp. 104~107.

22) Edmund Morgan, *American Slavery, American Freedom*, pp. 154~157.

23) 앞의 책, p. 334.

24) Audrey Smedley, *Race*, p. 105.

25) Theodore Allen, *The Invention of White Race: The Origin of Racial Oppression*, volume 2, London: Verso, 1997.

26) 앞의 책, pp. 214 & 218.

27) Anthony Parent, *Foul Means: The Formation of a Slave Society in Virginia, 1660~1740*, Chapel Hill: The University of North Carolina Press, 2003, pp. 135~172.

28) Winthrop Jordan, *White Over Black*, p. 95.

29) A. Smedley, *Race in North America*, pp. 147~155.

30) W. E. B. Du Bois, *Black Reconstruction in America 1860~1880*, New York: The Free Press, 1935, p. 700; Michelle Alexander, *The New Jim Crow: Mass Incarceration in the Age of Colorblindness*, New York: The New Press, 2010, pp. 34~35.

9장 교회, 성경을 비틀어 인종을 짜내다

1) Niebuhr, Gustav. "Baptist Group Votes to Repent Stand on Slaves", *New York Times*, June 21, 1995; Jonathan Merritt, "Why Southern Baptists can't shake their racist past", *The Washington Post*, June 14, 2017. 결의안 전문은 다음 사이트에서 찾아볼 수 있다: http://www.sbc.net/resolutions/899/resolution~on~racial~reconciliation~on~the~150th~anniversary~of~the~southern~baptist~conv

ention

2) Emerson and Smith, *Divided by Faith*, pp. 5~50.

3) Daniel R. Brunstetter, *Tensions of Modernity: Las Casas and His Legacy in the French Enlightenment*, New York: Routledge, 2012, pp. 62~93.

4) Omi & Winant, *Racial Formation*, pp. 112~115.

5) Alan Taylor, *American Revolutions: A Continental History 1750~1804*, New York: W. W. Norton & Company, 2016, pp. 13~15; Alan Taylor, *American Colonies: The Settling of North America*, London: Penguin Books, 2001, pp. 23~66.

6) 앞의 책, pp. 143~147.

7) Alan Taylor, *American Colonies*, p. 40.

8) Tzvertan Todorov, *The Conquest of America: The Question of the Other*, Norman, OK: Univ. of Oklahoma Press, 1999, pp. 125~182; David Forsythe, *Encyclopedia of Human Rights*, Volume 4. Oxford University Press, 2009. 역사학자 크로스비의 말은 Allan Tayler, *American Colonies*, p. 40에서 재인용.

9) Angel Losada, *Bartolome de las Casas in History: Toward an Understanding of the Man and His Work*. The Norther Illinois University Press, 1971, pp. 284-289; Kenan Malik, *Strange Fruit: Why Both Sides are Wrong in the Race Debate*, London: OneWorld Publishing, 2008, pp. 71~73;

10) A. Reis Monteiro, *Ethics of Human Rights*, New York: Springer, 2014, pp. 54~56; Kenan Malik, *Strange Fruit: Why Both Sides are Wrong in the Race Debate*, London: OneWorld Publishing, 2008, pp. 71~73; Enrique Dussel, "Bartolome de Las Casas: Spanish Historian and Missionary", in *Encyclopaedia Britannica*. https://www.britannica.com/biography/Bartolome~de~Las~Casas

11) David B. Davis, *In the Image of God: Religion, Moral Values, and our Heritage of Slavery*, New Haven: Yale University Press, 2001.

12) Rory Carroll, "Pope says sorry for sins of church", *The Gurdian*, Mar. 13, 2000; Jim Yardley and William Neuman, "In Bolivia, Pope Francis Apologizes for

Church's 'Grave Sins'", *New York Times*, July 9, 2015.

13) 대서양 노예무역 자료 가운데 가장 방대하고 체계적이며 신뢰성이 높다고 평가되는 것이 '대서양 노예무역 데이터베이스The Trans Atlantic Slave Trade Database, http://slavevoyages.org' 다. 에모리대와 하버드대가 주축이 되어 미 국립 인문학기금NEH(National Endowment for Humanities)의 지원을 받아 이 자료집을 만들었다. 유럽, 남미, 아프리카 지역의 역사학자와 지리학자와 경제학자, 그리고 여러 나라 도서관과 박물관이 집대성 작업에 참여했다.

14) Henry Louis Gates Jr., "How Many Slaves Landed in the US?", *The Root*, January 06, 2014; Desmond and Emirbayer, *Race in America*, pp. 58~59.

15) Audrey Smedley, *Race in North America*, pp. 83~93; 김종서, 〈미국적 신앙의 뿌리와 공민종교의 성립〉, 미국학연구소 편, 《미국 사회의 지적 흐름》, 서울대학교출판부, 1998, 352~353쪽.

16) David Rodiger, *Working Toward Whiteness*, pp. 143~144.

17) Audrey Smedley, *Race in North America*, pp. 161~163.

18) 영국 정착민과 인디언의 관계는 지역에 따라 다소 차이가 있다. 미국 북부의 뉴잉글랜드 지역 청교도들은 인디언을 개종시키려 심혈을 기울였다. 그러나 이들의 선교는 개종한 토착 원주민을 영국인의 지역 사회로 동화시키지는 못했다는 평가를 받는다. 남부의 버지니아 식민지는 청교도적이고 도덕적인 통제가 부족한 편이었다. 따라서 버지니아 식민지인은 인디언을 대함에 있어 다소 무자비하고, 냉담하고, 탐욕스러웠다는 평을 듣는다. A. Smedley, *Race in North America*, pp. 83~87 & 88.

19) Dwight Hoover, *The Red and the Black*, Chicago: Rand McNally, 1976, p. 31; A. Smedley, Race, pp. 83~87.

20) Winthrop Jordan, *White Over Black*, p. 23.

21) 앞의 책, pp. 3~43; A. Smedley, *Race in North America*, pp. 151~155; Robert E. Hood, *Begrimed and Black: Christian Traditions on Blacks and Blackness*, Minneapolis: Augsburg/Fortress, 1994, pp. 155~180.

22) Gary Nash, *Red, White and Black: The Peoples of Early America*, revised edition, BerEnglewood Cliffs, J. J.: Prentice~Hall, 1982, p. 151.

23) Emerson and Smith, *Divided by Faith*, pp. 23~24.

24) Winthrop Jordan, *White Over Black*, pp. 487~491 & 493~494.

25) Lester B. Scherer, *Slavery and the Churches in Early America, 1619~1919*, Grand Rapids, MI: Eerdmans, 1975, p. 64; Audrey Smedley, Race, p. 152.

26) Emerson and Smith, *Divided by Faith*, pp. 30~37.

27) 앞의 책, p. 35.

28) John Peter Langes, *Commentary on the Holy Scriptures: Critical, Doctrinal and Homiletical*, translated. Philip Schaff, Grand Rapids, MI: Zondervan Publishing House, 1950[1875], p. 336; John Calvin, *Commentary on Genesis Calvin Translation Society edition of Calvin's commentaries*, vol. 1, Edinburgh: 1843~1855, p. 304. John L. Thomson ed., *Reformation Commentary on Scripture: Old Testament, Downers Grove*, IL: Inter Varsity Press, 2012, pp. 311~312에서 재인용.

29) Martin Luther, *Luther's Works*, American Edition vol. 2, St. Louis: Concordia; Philadelphia: Fortress, 1955~1986, p. 167. John L. Thompson ed., *Reformation Commentary*, pp. 310~311에서 재인용.

30) C. F. Keil and F. Delitzsch, *Commentary on the Old Testament: The Pentateuch*, translated James Martin, Grand Rapids: William B. Eerdmans Publishing Company, 1971, pp. 155~160; John J. Ahn, "Ham, Hamites", in *The New Interpreter's Dictionary of the Bible D~H*, volume 2, Nashiville, TN: Abingdon Press, 2007, pp. 724~725.

31) Gordon J. Wenhan, *Word Biblical Commentary*, vol. 1, Waco, TX: Work Books Publisher, 1987, p. 201.

32) John Peter Langes, *Commentary on the Holy Scriptures: Critical, Doctrinal and Homiletical*, translated. Philip Schaff, Grand Rapids, MI: Zondervan Publishing House, 1950[1875], pp. 336~338.

33) S. Haynes, "Original Dishonor: Noah's Curse and the Southern Defense of Slavery", *The Journal of Southern Religion*, 3, 2000, pp. 4~14; Edith Sanders, "The

Hamitic Hypothesis: Its Origns and Functions in Time Perspective", *Journal of African History 10*, 1969, p. 521~532.

34) Keil and Delitzsch, *Commentary on the Old Testament*, p. 158; J. P. Langes, *Commentary on the Holy Scriptures*, p. 338.

35) S. Haynes, "Original Dishonor", pp. 4~14.

36) 펜실베니아대학 유대문학 연구가 데이빗 골든버그는 구약 성서가 쓰인 고대 히브리어의 언어학적, 의미론적 분석을 통해 '함'이란 단어를 '흑인성'이나 '암흑' 또는 '열기'와 연결 짓는 것은 무리라는 주장을 제기한 바 있다. David M. Goldenberg, *The Curse of Ham: Race and Slavery in Early Judaism, Christianity, and Islam*, New ed., Princeton, NJ: Princeton University Press, 2005, pp. 144~156.

37) W. Osborne, "Table of Nations", in *Dictionary of the Old Testament: Pentateuch*, ed. T. Desmond Alexander and David W. Baker, Downers Grove, IL : IVP, 2003, pp. 588~596; G. A. Turner, "Ham", in *The International Standard Bible Encyclopedia*, Revised edition, Grand Rapids, MI: William Eerdmans Publishing Company, 1982, p. 601; Benjamin Braude, "The Sons of Noah and the Construction of Ethnic and Geographical Identities in the Medieval and Early Modern Periods", The William and Mary Quarterly, 54, January, 1997, pp. 103~142.

38) Augustine, Contra Faustum 12.23, Corpus scriptorum ecclesiasticorum latinorum (Vienna, 1866~) 25:351 "The middle son[Ham] is the people of the Jews" who rejected Christ (Noah) and therefore will be slaves." David Goldenberg(2005)에서 재인용; Winthrop Jordan, *White Over Black*, p. 18.

39) Jack P. Lewis, *A Study of the Interpretation of Noah and the Flood in Jewish and Christian Literature*, Leiden: E. J. Brill, 1968, pp. 177~178.

40) Jack P. Lewis, *A Study of the Interpretation of Noah and the Flood in Jewish and Christian Literature*, Leiden: E. J. Brill, 1968, pp. 177~178; S. Haynes, "Original Dishonor", 4~14; Edith Sanders, "The Hamitic Hypothesis: Its Origns and Functions in Time Perspective", *Journal of African History* X , 1969, pp.

521~532.

41) Winthrop D. Jordan, *White Over Black*, p. 18.

42) Benjamin Braude, "The Sons of Noah and the Construction of Ethnic and Geographical Identities in the Medieval and Early Modern Periods", *The William and Mary Quarterly 54*, January, 1997, pp. 103~142.

43) *Luther's Works*, vol. 2: *Lectures on Genesis*, Chapters 6~14, ed. Jaroslav Pelikan, trans. George V. Schick, St. Louis, i960, p. 175, Benjamin Braude, "The Sons of Noah" p. 131에서 재인용.

44) Benjamin Bradue, "The Sons of Noah", pp. 138~139.

45) C. D. McConnell. "Racism," in *The New Interpreter's Dictionary of the Bible* Vo. 4, ed. Katherine D. Sakenfeld, Nashville, TN: Abingdon Press, 2009, pp. 978~979; Walter C. Kaiser, Peter H. Davids, F.F. Bruce and Manfred T. Brauch, *Hard Sayings of the Bible*, Madison: InterVarsity Press, 1996, p. 116.

46) G. Frederickson, *Racism*, p. 6.

10장 과학, 인종 서열을 지어내다

1) Elizabeth C. Agassiz, *Louis Agassiz: His Life and Correspondence*, Blackmask Online, 2002[1895]), pp. 105~120. 이 책은 아가시의 부인이 루이스 아가시 사후 그의 서신을 모아 연대별로 묶은 것이다.

2) Stephen Jay Gould, *The Mismeasure of Man*, p. 44.

3) Stephen Jay Gould, *The Mismeasure of Man*, p. 45. 이 편지는 아가시가 죽은 뒤, 그의 아내 엘리자베스 아가시가 남편 서신을 모아 펴낸 책에선 빠져 있었다. 그녀가 민감한 부분을 포함하지 않았기 때문이었다. 그런데 먼 훗날 스티븐 굴드 하버드대 교수가 편지 원본을 학교 도서관에서 찾아냈다. 그는 원본에서 삭제된 부분을 글자 그대로 정확히 번역해, 자신의 저서에 실었다.

4) Stephen Jay Gould, *The Mismeasure of Man*, pp. 69~72.

5) A. Goodman, Y. Moses, and J. Jones, Race, p. 20; Hanna Augstein, "From the Land of the Bible to the Caucasus and Beyond", in *Race, Science and Medicine, 1700~1960*, ed. Walfraud Ernst and Bernard Harris, London: Routledge, 1999, p. 59.

6) Hanna Augustein, "From the Land of the Bible", p. 64; Raj Bhopal, "The beautiful skull and Blumenbach's errors: the birth of the scientific concept of race", The BMJ, 335, 2007, pp. 1308~1309; Stephen Jay Gould, "The Geometer of Race,", pp. 65~69.

7) Winthrop Jordan, *White Over Black*, pp. 435~445.

8) Thomas Jefferson, *Notes on the State of Virginia*, ed. William Peden, 2nd ed., ChapelHill: North Carolina University Press,1955[1787], p. 146.

9) 앞의 책, p. 150.

10) E. Morgan, "Slavery and Freedom", p. 13. 모간 교수는 독립전쟁 당시 자유 옹호 자들이 흑인 노동자들의 지속적인 노예제를 묵인한 것은, 인종적 편견뿐만 아니라, 18세기 공화적 자유의 개념에 내재하는 가난한 이에 대한 불신을 공유했기 때문일 수도 있다고 덧붙였다.

11) Stephen J. Gould, *The Mismeasure of Man*, p. 22.

12) Arthur Lovejoy, *The Great Chain of Being: A Study of the History of an Idea*, Cambridge: Harvard University Press, 1936. A. Smedley, *Race in North America*, p. 183에서 재인용.

13) S. J. Gould, *The Mismeasure of Man*, p. 35; A. Smedley, *Race in North America*, pp. 174~175 and 184.

14) 르네상스 때 몇몇 신학자가 성경의 창조설에 대한 이견을 제시한 바 있다. Giordano Bruno(1548~1600)는 한 번 이상의 창조가 있었을 가능성을 제기했으며 이로 인해 이단으로 낙인이 찍혀 화형당했다. 1655년 캘빈주의자인 보르도의 신학자 Issac de la Peyrere는 아담 전에 많은 사람 이미 창조됐다는 견해를 밝혔다. 그는 창세기의 아담은 단지 유대인의 시조일 뿐이라고 보았다. 그는 이내 투옥됐으며 자신의 주장 을 취소하도록 강요받았다. 이후 그는 평생 수도원에서 기거해야만 했다.

15) Adam Dewbury, "The American School and Scientific Racism in Early American Anthropology", in *Histories of Anthropology Annual 3* edited Regna Danell and Frederic W. Gleach, Lincoln, NE: University of Nebraska Press, 2007, pp. 121~147; A. Smedley, *Race in North America*, pp. 236~237; S. J. Gould, *The Mismeasure of Man*, pp. 42~43.

16) A. Smedley, *Race in North America*, pp. 236~237.

17) Adam Dewbury, *The American School*, pp. 121~147.

18) A. Smedley, *Race in North America*, p. 240.

19) A. Smedley, *Race*, p. 241; 앨런 브링클리, 《있는 그대로의 미국사》, 426~429쪽.

20) A. Smedley, *Race*, p. 242.

21) S. J. Gould, *The Mismeasure of Man*, pp. 30~69.

22) Jason Lewis et al, "The Mismeasure of Science: Stephen Jay Gould versus Samuel George Morton on Skulls and Bias", PLoS Biol 9,2011: e1001071. https://doi.org/10.1371/journal.pbio.1001071; Michael Weisberg, "Remeasuring man", Evolution & Development 16, 2015, pp. 166~178; Kaplan JM, Pigliucci M, and Banta JA. "Gould on Morton, Redux: What can the debate reveal about the limits of data?", Stud Hist Philos Biol Biomed Sci C. 52, 2015, pp. 22~31.

23) Siddhartha Mukherjee, *The Gene: An Intimate History*, New York: Scribner, 2016, pp. 329~330; S. J. Gould, *The Mismeasure of Man*, pp. 42~50.

24) S. J. Gould, *The Mismeasure of Man*, p. 48.

25) 이들 사진은 오랫동안 잊혔다가 미국 독립 200주년이 되던 1976년 하버드대학 피바디 박물관 다락에서 발견됐다. Molly Rogers, *Delia's Tears: Race, Science, and Photography in Nineteenth Century America*, New Heaven: Yale University Press, 2010, pp. 1~5; Brian Wallis, "Black Bodies, White Science: Louis Agassiz's Slave Daguerreotypes", *American Art* 9, 1995, pp. 38~61.

26) Adam Dewbery, "The American School", p. 142.

27) Reginald Horsman, "Josiah C. Nott", in Encyclopedia of Alabama,

Birmingham, AL: Alabama Humanity Foundation, 2008.

28) Alan Goodman et al., *Race: Are We So Different?*, p. 27.

29) 베르트랑 조르당, 《0.1 퍼센트의 차이》, 20~29쪽; Robert Bernasconi and Tommy Lott, ed., *The Idea of Race*, pp. 45~51. 기독교인이었던 고비노는 나중에 교회의 가르침을 따라 자신의 시각을 수정했다. 인류가 6,000년 전 한 형제자매로 창조됐다는 단일 기원론으로 진영을 바꾼 것이다. 그러나 인종 간 지적·신체적·미적 차이에 대한 인종주의적 시각은 계속 유지했다

30) Siddhartha Mukherjee, *The Gene: An Intimate History*, pp. 331~332.

31) G. Frederickson, *Racism*, p. 89.

32) Henry Goddard, "Mental Tests and the Immigrant", *The Journal of Delinquency* 2, 1907, pp. 243~277; Leila Zenderland, *Measuring Minds: Henry Herbert Goddard and the Origins of American Intelligence Testing*, Cambridge: Cambridge University Press, 1998; Richard Hernstein and Charles Murray, *The Bell Curve: Intelligence and Class Structure in American Life*, New York: Free Press, 1994; Vincent Sarich and Frank Miele, *Race: The Reality of Human Differences*, Boulder, CO: Westview Press, 2004.

33) Claude S. Fischer et al, *Inequality by Design: Cracking the Bell Curve Myth*, Princeton, NJ: Princeton University Press, 1996.

34) 베르트랑 조르당, 《0.1퍼센트의 차이》, 195 & 199쪽; 인간 변이를 나타내는 근사치로서의 인종 개념을 포함하자는 주장에 대해서는 다음 글을 참조하시라: Michael Yudell et al, "Taking race out of human genetics: Engaging a century~long debate on the role of race in science", *Science 351*, Issue 6273, 2016, pp. 564~565; Staffan Muller Wille, "Claude Levi~Strauss on Race, History, and Genetics", *Biosocieties* 5, no.3, September 1, 2010, pp. 330~347.

11장 눈먼 법, 인종 울타리를 세우다

1) 차의석 일대기는 웨인 페더슨이 다듬고 서문을 추가한 차의석의 자서전을 토대로 작성했다. Easurk E. Charr, *The Golden Mountain: The Autobiography of a Korean Immigrant, 1895~1960*, 2nd edition, Urbanaand Chicago: University of Illinois Press,1996[1961]), H. Brett Melendy, *Asians in America: Filipinos, Koreans, and East Indians*, New York: Hippocrene Books, 1981, pp. 136~138.

2) 파크 칼리지는 장로교 계통 대학으로, 1875년 기독교 일꾼 양성을 목표로 설립됐다. 연세대 총장을 역임한 백낙준 박사도 이 학교 출신이다. 대학 창립 초기엔 해외 선교사의 자녀들이 많이 다녔으며, 평신도의 기부금에 의존해 대학이 운영됐다. 그런 탓에 종종 심한 재정난에 부딪히곤 했다. 1975년 말일성도 계통 재단에 인수된 뒤 2000년에 유니버시티로 승격했다. 지금은 전국 여러 곳에 위성 캠퍼스를 두고 온라인 학위 과정을 개설하고 있다.

3) Petition of Easurk Emsen Charr, in The Federal Reporter 273, St. Paul West Publishing Co., 1921, pp. 207~214.

4) Ian Haney Lopez, *White by Law*, pp. 27~34.

5) Richard Delgado and Jean Stefancic, *Critical Race Theory: An Introduction*, 3rd ed., New York: NYT Press, 2017, pp. 8~10.

6) Derick Bell, *Faces at the Bottom of the Well: The Permanence of Racism*, New York: Basic Books Publisher, 1992, ix.

7) Ian Haney Lopez, *White by Law*.

8) Cheryl I. Harris, "Whiteness As Property", *Harvard Law Review* 106, no.8, 1993, pp. 1707~1791.

9) Richard Delgado and Jean Stefancic, *Critical Race Theory: An Introduction*, 2nd ed., New York: New York University Press, 2012, p. 3; 스토리텔링 접근법에 대한 비판은 다음 책에서 찾아볼 수 있다. Daniel Farber and Suzanna Sherry, *Beyond All Reason: The Radical Assault on Truth in American Law*, Oxford: Oxford University Press, 1997, pp. 34~51.

10) 듀크대 사학자 피터 우드(2003)가 지적했듯이, 노예제도의 정착은 서서히 이루어졌다. 정착 시기도 지역에 따라 다르며, 동일 지역 내에서도 차이가 있었다. 가령 버지니아 식민지 한 켠에서는 1630년대부터 일부 농장주가 관행적으로 흑인을 노예로 삼았음을 암시하는 기록이 있는가 하면, 동시에 같은 지역에서 자유 흑인이 백인을 계약 하인으로 부리는 경우도 있었다. Peter Wood, *Strange New Land: Africans in Colonial America*, pp. 23~34 .

11) 앨런 브링클리, 《있는 그대로의 미국사》, 134쪽.

12) 나는 '하이포디센트 원칙'을 '하위신분계승제下位身分繼承制'로 번역한다. 한국어, 중국어, 일어 사전과 다른 서적을 뒤져봐도, 마땅한 용어가 없어서인지 대부분 원어를 그대로 쓰고 있는 실정이다. 그 반대 개념인 '하이퍼디센트hyperdescent'는 '상위신분계승제上位身分繼承制'로 번역할 수 있을 것이다.

13) Audrey Smedley, *Race in North America*, p. 118; Ian Haney Lopez, White by Law, p. 195.

14) Joshua Rothman, *Notorious in the Neighborhood: Sex and Families across the Color Line in Virginia, 1787~1861*, Chapel Hill: University of North Carolina Press, 2003, pp. 4~5.

15) Roger Daniels, *Aisan America*, pp. 29~66 and 100~154; Sucheng Chan, *Asian Americans*, pp. 45~62.

16) Ian Haney Lopez, *White by Law*, p. 34.

17) '러빙 대 버지니아주' 재판은 제3장 각주 참조. 2001년 버지니아 의회는 '인종 보전법'과 관련해 시행된 우생학 조치에 사과하는 법안을 채택했으며, 그다음 해 마크 워너 주지사도 사과 성명을 발표했다. William Branigin, "Warner Apologizes to Victims of Eugenics", *Washington Post*, May 3, 2002.

18) Ian Haney Lopez, *White by Law*, pp. 27~34.

19) 앞의 책, p. 31에서 재인용. 거주 연한 조건은 후에 5년, 7년, 12년으로 늘어난다.

20) Eric Foner, "Confederate Statues and 'Our' History", *New York Times*, August, 20, 2017.

21) Audrey Smedley, *Race in North America*, pp. 250~253; David R. Roediger,

How Race Survided U. S. History, pp. 77~78; Dorothy Roberts, *Fatal Invention*, pp. 11~12.

22) Matthew F. Jacobson, *Whiteness of a Different Color*, pp. 227 & 234; Ian Hayes Lopez, *White by Law*, p. 37.

23) Louis DeSipio and Harry Pachon, "Making Americans: Administrative Discretion and Americanization", *Chicano~Latino Law Review 12*, 1992, pp. 52, 54.

24) John Wigmore, "American Naturalization and the Japanese", *American Law Review 28*, 1894, p. 818. Haney Lopez, *White by Law*, p. 44에서 재인용.

25) Ian Haney Lopez, *White by Law*, pp. 47~55; John Tehranian, "Performing Whiteness: Naturalization Litigation and the Construction of Racial Identity in America", *The Yale Law Journal*, 109, Jan. 2000, pp. 817~848.

26) '백인'과 '코카시안'에 대한 혼동이 그 좋은 예다. 당시 판사를 비롯해 일반인은 이 둘을 같은 개념으로 여겼다. 그러나 과학적 분류는 달랐다. 예를 들면 당시 지도적 인류학자는 시리아인과 인도인을 코카시안으로 분류했다. 실제로 블르멘바흐가 제시한 코카서스인 범주 속에는 아르메니아인, 페르시아인, 북부 인도인, 그리고 일부 북부 아프리카인이 포함돼 있었다. 문제는 이들의 피부가 검다는 점이다. '상식적'으로 생각하는 백인의 모습과는 거리가 있었다. Ian Haney Lopez, *White by Law*, pp. 53~55.

27) John S. W. Park, "Ah Yup, In Re (1878)", in *Asian Americans: An Encyclopedia of Social, Cultural, Economic, and Political History*, ed. Xiaojian Zhao and Edward J. W. Park, Santa Barbara, CA: Greenwood, 2013, pp. 8~10.

28) Ian Haney Lopez, *White by Law*, pp. 52~53.

29) The Federal Reporter, With Key~number Annotations, 273, St. Paul West Publishing Co., 1921, pp. 207~214.

30) 앞의 자료, pp. 207~214.

31) Bill Ong Hing, *Making and Remaking Asian America Through Immigration Policy, 1850~1990*, Stanford: California. Stanford University Press, 1993, pp.

226~229.

32) Bill Ong Hing, *Making and Remaking Asian*, pp. 226~229; Haney Lopez, pp. 56~61; Ronald Takaki, *Strangers From a Different Shore*, pp. 208~211.

33) Bill Ong Hing, *Making and Remaking Asian*, pp. 229~231; Haney Lopez, *White by Law*, pp. 61~65; Ronald Takaki, *Strangers From a Different Shore*, pp. 367~368.

34) Don E. Fehrenbacher, *Slavery, Law, and Politics: The Dred Scott Case in Historical Perspective*, London: Oxford University Press, 1981[1978], pp. 183~213; Frank U. Quillan, *The Color Line in Ohio: A History of Race Prejudice in a Typical Nothern State*, Ann Arbor: George Wahr, 1913, p. 24.

35) Aristide R. Zolberg, *A Nation By Design*, pp. 311~324. 1952년 통과된 〈이민과 국적에 관한 법〉은 법안을 공동 발의한 의원의 이름을 따서 흔히 '매캐런-월터 법안McCarren~Walter Act' 으로 불린다. 이 법안은 공산주의 동조자를 비롯해 미국 사회에 바람직하지 못하다고 여겨지는 이들의 미국 이민을 제한하는 데 더 중점을 둔 법안이었다.

끝머리: 혐오와 차별 허물기

1) Michael Yudell, D. Roberts, R. DeSalle, and S. Tishkoff, "Taking race out of human genetics", *Science*, Vol. 351, 6273, 05 Feb. 2016, pp. 564~565.

2) Ashley Montagu, *Man's Most Dangerous Myth: The Fallacy of Race*, New York: Columbia University Press, 1942.

3) Robert C. Bannister, *Social Darwinism: Science and Myth in Anglo~American Social Thought*, Philadelphia: Temple University Press, 2000, pp. 97~136; Thomas Gossett, *Race: The History of an Idea in America*, New York: Oxford University Press, 1997, pp. 144~175.

찾아보기

누가 백인인가?
—미국의 인종 감별 잔혹사

2020년 10월 19일 1판 1쇄 발행
2021년 2월 25일 1판 3쇄 발행
지은이   진구섭
펴낸이   박혜숙
디자인   이보용
펴낸곳   도서출판 푸른역사
          우) 03044 서울시 종로구 자하문로8길 13
          전화: 02)720-8921(편집부) 02)720-8920(영업부)
          팩스: 02)720-9887
          전자우편: 2013history@naver.com
          등록: 1997년 2월 14일 제13-483호

ⓒ 진구섭, 2021

ISBN 979-11-5612-174-9   03900